Bernd Helge Fritsch

Die Glücksbalance

Bernd Helge Fritsch

Die Glücksbalance

Das magische Dreieck

» Leben – Arbeit – Zen «

Impressum

homepage: www.berndhelgefritsch.com
mail to: office@berndhelgefritsch.com

Gestaltung & Layout:
Daniel Saathen

Coverdesign:
Daniel Saathen

Verlag: BoD · Books on Demand GmbH, In de Tarpen 42,
22848 Norderstedt, bod@bod.de
Druck: Libri Plureos GmbH, Friedensallee 273, 22763 Hamburg
ISBN: 978-3-7693-5203-0

Inhalt

Vorwort 15

Startschuss zum magischen Dreieck
» Leben & Arbeit & Zen « 17

Die Absolute Bejahung 17
Tausend Möglichkeiten 19
Anleitung zum Unglücklichsein 22
Die Welt ist meine Vorstellung 23
Was bedeutet für dich „Erfolg"? 26
Gibt es Rezepte für Erfolg? 28
Leben - Arbeit - Zen 30
Zen ist die einfachste und natürlichste Sache der Welt. 35

Ziele – Our spirit of life 36

Pursuit of Happiness 36
1. Glückliche Menschen haben eine Vision – etwas, wofür sie leben. 37
2. Glückliche Menschen lieben ihre Arbeit 40
Die Qualität deiner Ziele bestimmt die Qualität deines Lebens 43
Achte auf deine Träume! 44
Was willst du vom Leben? 46
Die klare Ausrichtung 47
Bedeutet Erfolg Geldmacherei und Herzinfarkt? 50
Bereitschaft zur Veränderung 52
Jobnomaden 55
Auf Gott vertrauen statt Ziele setzen? 57
Ziele und Zen 59

Ziele finden- Workshop deiner Visionen 62

Deine großen Lebensziele 62
Spiel Nr.1: Erforsche deine Träume 65
Spiel Nr.2: Erforsche deine besonderen Qualitäten 67
Spiel Nr.3: Ziele für die Entfaltung deiner Persönlichkeit 69
Spiel Nr.4: Ziele im privaten Bereich 74
Spiel Nr.5: Ziele im Beruf 76
Unsinnige Ziele - Widersprüchliche Ziele - mutige Ziele 79

Ziele verwirklichen – Wer beginnt, der gewinnt 82

Wie erreiche ich mein Ziel? 82
Die Kraft deines Un(ter)bewusstseins 82
Wunsch, Ziel, Strategie, Tatkraft 85
Emotionen lenken das Unterbewusstsein 87
Deine Strategie 89
Die Komfortzone verlassen 93
Begeisterung und Leidenschaft 95
Gemeinsam stark sein – Brain-Trust 98
Freundschaften 100
Sauer verdientes Geld? Vom Mythos der harten Arbeit 101
Motivation durch Leidenschaft 106
Clearingprogramm - Sofort beginnen 107
Das Leben auf morgen verschieben 111
Sich nicht ablenken lassen - Prioritäten setzen 112
Erfolgsfaktor Beharrlichkeit 113
Ziele und Wege überprüfen - Flexibel bleiben 115
Zehn wertvolle Anregungen zur Erfolgsvermeidung 115

Danke für diesen Misserfolg! 117

Glückliche hadern nicht mit ihrem Schicksal 117
Danke für diesen Misserfolg 120

1. Sich ärgern bringt nichts ... 120
2. Jedes Missgeschick ist eine Chance ... 123
Glückliche sind dankbarer ... 125
Gescheitert oder fortgeschritten? ... 125
Blicke zurück ... 127
Dem Schicksal antworten – Verantwortung übernehmen ... 128
Wie arm wir heutzutage sind ... 129
Problem-Workshop ... 131

Schlicht und einfach Zen ... 137

Zeitlosigkeit ... 137
Bodhidarma ... 139
Was Zen nicht ist ... 142
Praktisch gesagt: Zen ist Achtsamkeit. ... 145
Alles fließt ... 146
Meditation, Gebet und Kontemplation ... 149
Zen und Meditation ... 150
Was Meditation nicht ist - und was sie sein könnte ... 152
Eine Meditationsübung ... 153
Ziele setzen ... 155
Glückswahrnehmung ... 159
Die unverrückbare Weisheit ... 159

Selbstmanagement - Mit Charisma erfolgreich! ... 161

Du bist Autor und Regisseur deines Lebens. Schreibe dein eigenes Drehbuch! ... 161
Anregungen zum Ungenießbarsein ... 162
Mahatma Gandhi ... 163
Leidenschaft ist ansteckend ... 164
Sieben Wege zum Charisma ... 166
1. Folge deiner Wahrheit! ... 167
2. Schenke Anerkennung! ... 170
3. Leidenschaft und Begeisterung ... 172
4. Mut zum Risiko ... 173

5. Ausdrucksfähigkeit 176
6. Visionen und Kreativität 177
7. Im Hara ruhen - Verweilen im Hier und Jetzt 179
Leader statt Vorgesetzte 179
Leader mit Überzeugungskraft 181
Deine Kernfähigkeiten 182
Charisma und Zen 183

Personal Branding - Verkaufe dich selbst! 184

Mach dir einen Namen - Verkaufe dich gut! 184
Coco Chanel 187
Marken verkaufen sich besser! 188
Jeder ist sein eigenes Unternehmen 191
Wie starte ich durch? 193
1. Standortbestimmung 193
2. Verberge deine Spontaneität und deine Verrückt-heiten nicht 194
3. Zeige deine Einmaligkeit - pflege deine Individualität! 195
4. Mach dich unentbehrlich - bring mehr Nutzen! 197
5. Suche deine Nische - geh DEINEN Weg! 200
6. Gib dein Bestes oder lass es gleich ganz bleiben! 201
7. Deine Zeit ist so kostbar wie dein Blut 202

Gesundheit - Quelle der Lust und Quelle des Erfolgs 206

Stubenhocker 207
Glückshormone 208
Motor ohne Service 209
Gesundheitsapostel 211
Verantwortung für die Gesundheit 213
Richtige Ernährung verschafft Lust und Energie 215
Zen und Ernährung 216

Bevorzuge vegetarische Kost! 217
Achte auf die Fette! 219
Iss lebendige Nahrung! 220
Iss mit Zen - iss mäßig und bewusst! 222
Übergewicht, Rauchen, Alkoholmissbrauch 223
Die Sucht beginnt im Gehirn 227
Fitness und Sport steigern deinen Erfolg 229
Business und Fitness 232
Sport und Zen 233

Humor - Das Leben ist ein spannendes Spiel 234

Humor ist, wenn man trotzdem lacht 234
Lachen ist die beste Medizin 237
Lachen, als ob... 238
Das Leben - ein Spiel 240
Spielverderber 241
Lachforschung - Gelotologie 243
Lachen verursacht Eustress 245
Hasya-Yoga 248
Humortest 249

Erkenne deine Glaubenssätze – erkenne wer du bist! 251

Deine Persönlichkeit ist Ausdruck deines Glaubens 252
Das höhere Selbst 252
Du kannst glauben, was du willst 254
Workshop deiner Glaubensvorstellungen 256
So nicht! Ich werde erfolgreich sein! 262
Gesetze des Lebens 266
Die sechs wichtigsten Spielregeln 267

Was ist dir wichtig? - Die Hierarchie deiner Werte **273**

Abraham Maslow 273
Die Freiheitspyramide 275
Unsere Werte - unser Kompass 277
Deine Werte 281

Smalltalk - Mit Charme geht es leichter! **284**

Smalltalk macht Sinn 284
Keine Angst vor Banalitäten 286
Nicht ins Fettnäpfchen treten 288
Gemeinsame Interessen 288
Nicht glänzen wollen 289
Sympathie entsteht nicht von selbst 290
Networking 291
Führungskräfte kommen schnell zur Sache 292
Smalltalk im Assessment-Center 293
Toleranz 296
Den anderen ins Gespräch bringen 297
Aktiv zuhören 298
Von sich selbst erzählen? 298
Kleine Komplimente kommen immer gut an 299
Achte auf deine Körpersprache 299
Fachthemen und Ratschläge 300
Selbstvertrauen 300
Auch Schluss machen will gelernt sein 302

Leicht unterwegs mit Intuition und Kreativität **303**

Wie entscheide ich mich? 303
Was sagt „mein Bauch“? 306
Ganzheitlich entscheiden 307
Teste deine Kreativität 308

Kreativitätssperren 310
Ideenkiller 311
Wie kann ich meine Intuition stärken, meine Kreativität steigern? 312
Die meditativ-visuelle Methode 313
Brainstorming 314
Mindmapping 317
Cluster-Technik 318
Lenkung durch das höhere Selbst 319
Fragen, Fragen, Fragen 320
Kann ich meiner Eingebung vertrauen? 321
Das Koan - die Methode des Zen 321

Quellenverzeichnis: 325

Vorwort

Was immer sie dir zeigen, es ist nur Begrenztheit. Trau deinem Verstand, hebe ins Bewusstsein, was in dir ist, und du wirst wissen und fliegen.

*Richard Bach, (*1936), US-amerikanischer Autor*

Der vernünftige Mensch passt sich der Welt an; der unvernünftige besteht auf dem Versuch, die Welt sich selber anzupassen. Deshalb hängt aller Fortschritt von den Unvernünftigen ab.

George Bernard Shaw, (1856-1950), anglo-irischer Dramatiker, Nobelpreis für Literatur 1925

George Bernhard Shaw schrieb auch die Worte *„Der Vorteil von Büchern ist, dass man ohne sie auskommen kann!"* Dies gilt - bei aller (Un?-) Bescheidenheit des Autors ☺ - selbstverständlich nicht für das Buch, das du gerade in deinen Händen hältst.
Wieso?
Die Antworten darauf findest du in jedem einzelnen Kapitel.
Dieses Buch ist eine Einladung an dich. Eine Einladung, dich mit Leidenschaft auf das wundersam schöne Abenteuer des Lebens einzulassen.
Ich maße mir nicht an, zu wissen was für dich richtig ist. Ich lade dich bloß ein, ein Stück deines Weges mit mir gemeinsam zu gehen. Denn ich bin überzeugt, dass dir dieses Buch manche Unterstützung geben kann, deinen Erfolg und dein Glück zu finden.
Übrigens: das „Smiley"-Symbol ☺, das hin und wieder in den Zeilen auftaucht, bedeutet, dass ich beim Schreiben der vorangehenden Worte ein wenig schmunzeln musste. Anders gesagt: „Bitte nicht allzu ernst nehmen!"

Ein Wort an die Frau: Ich verwende in diesem Buch der Einfachheit halber (und dem ursprünglichen deutschen Sprachgebrauch entsprechend) die männliche Grundform von Hauptwörtern, auch wenn beide Geschlechter gemeint sind. So schreibe ich z.B. „der Teamführer" anstelle des neuerdings üblichen „der/die Teamführer/in". Das wäre mir über die ganze Breite des Buches zu umständlich, und außerdem finde ich, dass es langweilig wirkt. Ich danke für dein Verständnis. Und noch ein Wort, auch an den Mann: Viele haben noch immer nicht begriffen, welche Rolle die Frauen in der modernen Wirtschaft spielen. Tom Peters, US- amerikanischer Business- Bestseller hat es erkannt. Seine Ansage: ***„Frauen sind klüger als Männer. Frauen sind bessere Manager als Männer. Frauen bestimmen."*** Frauen sind eher befähigt mit der New Economy zurecht zu kommen. Denn sie denken weniger in Hierarchien und fühlen sich wohl in Netzwerkorgansiationen. Frauen haben es auch leichter, **das magische Dreieck: „Lust & Arbeit & Zen"** zu begreifen und umzusetzen als Männer. Denn sie neigen von ihrem Wesen her eher zu einer Balance zwischen Beruflichem, Privatem und der spirituellen Dimension.

Apropos: Ich spreche den Leser in diesem Buch per „du" an. Nicht aus Distanzlosigkeit oder um mich anzubiedern, sondern weil ich diese Anrede als lebendiger und freundlicher empfinde als das förmliche „Sie".

Startschuss zum magischen Dreieck » Leben & Arbeit & Zen «

Es gibt nur zwei Wege, sein Leben zu leben: Der eine ist, nicht an Wunder zu glauben, und der andere ist, alles als ein Wunder anzusehen.

Albert Einstein (1879 - 1955), deutsch- US -amerikanischer Physiker, 1921 Nobelpreis für Physik

Glück ist kein Ziel, sondern ein Prozess, ein
Entschluss, ein bewusstes Ja zur Gegenwart.

*Paul Wilson, (*1946), US-amerikanischer Erzähler*

Die Absolute Bejahung

Drei Männer sterben bei einem Unfall und entschweben in den Himmel. Als sie dort ankommen, sagt Petrus zu ihnen: „Hier im Himmel haben wir nur eine einzige Regel: Nicht auf die Enten treten!" Sie gehen also durch die Himmelspforte - und tatsächlich: Enten über Enten, soweit das Auge reicht. Es ist nahezu unmöglich, nicht auf eine Ente zu treten. Obwohl sie ihr Bestes geben, die Regel einzuhalten, tritt bald der erste Mann auf eine Ente. Petrus ergreift ihn, führt ihn zu der hässlichsten Frau, die er je gesehen hat, kettet die beiden aneinander und sagt: „Zur Strafe, dass du auf eine Ente getreten bist, wirst du den Rest der Ewigkeit mit diesem Weib verbringen!"
Am nächsten Tag tritt der zweite Mann auf eine Ente. Petrus, dem nichts entgeht, eilt herbei und führt ihn zu einer anderen abscheulichen Frau. Er kettet sie aneinander, mit derselben Bemerkung wie beim ersten Mann.

Der dritte Mann hat dies alles beobachtet und achtet sorgfältig darauf, wohin er seinen Fuß setzt, damit ihn nicht dasselbe Schicksal ereilt. Er bringt es fertig, monatelang umherzugehen, ohne auf eine Ente zu

treten. Eines Tages kommt Petrus zu ihm mit der überwältigendsten Frau, die er je gesehen hat: Eine große Brünette mit strahlenden Augen, zart gebräunter Haut und höchst ansprechenden Kurven. Petrus kettet sie wortlos aneinander. Sobald sich Petrus entfernt hat, bemerkt der Mann: „Wüsste gern, wie ich es verdient habe, den Rest der Ewigkeit mit Dir verbunden zu werden." Sie: „Ich hab keine Ahnung, was mit dir los ist ... ICH bin auf eine Ente getreten!"
Wenn jemand aus seiner gewohnten Art, die Welt zu betrachten, wachgerüttelt wird, wenn jemand sein Umfeld plötzlich aus einer völlig neuen Perspektive betrachtet, nennen wir das einen Paradigmenwechsel. Die vorstehende amüsante Anekdote könnte die Erzählung eines Zen- Meisters sein. Allein sich den Himmel mit freilaufenden Enten angefüllt vorzustellen kann schon ein kleines „Aha- Erlebnis" auslösen. - Wir alle haben irgendwelche diffusen, meist religiös gefärbten Vorstellungen darüber, was nach dem Tod sein wird. Womöglich kommen wir wirklich in einen paradiesischen Zustand namens Himmel. Werden wir dort einem wachsamen, bösartigen, strengen Petrus begegnen? ☺
Der dritte Mann in unserer Geschichte bekommt die Chance für einen **Paradigmenwechsel**, als er von der Brünetten erfährt, weshalb gerade er mit ihr verbunden wird: Zunächst betrachtet er die Welt aus seiner subjektiven Sicht. Er kann es nicht fassen, weshalb er so überreichlich belohnt wird... Die Pointe dieses Witzes besteht darin, dass es Petrus offenbar weniger darum geht, ihn besonders zu belohnen. Petrus gebraucht ihn vielmehr, um die schöne Brünette in gleicher Weise zu bestrafen, wie er dies zuvor mit den beiden anderen Männern gemacht hat.

Der Zen-Meister versteht es, seinen Schüler mit radikalen und provokativen Methoden aus dessen gewohnten, eingefahrenen Denkweisen herauszulocken. Er öffnet ihm die Augen für neue, total veränderte

Sichtweisen. Um das zu erreichen, reißt er ihm die - von seiner üblichen Denkweise eingefärbte - Brille unsanft herunter. Wie Daisetz Suzuki in seinem Buch „Die große Befreiung" beschreibt, pflegte Meister Tokusan jedes Mal, wenn er in den zendo, die Meditationshalle, eintrat, seinen langen Stock zu schwingen und zu sagen: „Wenn ihr ein Wort äußert, so will ich euch dreißig Schläge geben. Wenn ihr kein Wort äußert, gibt es ebenfalls dreißig Schläge auf euren Kopf!" -Tokusan zerbricht die gewohnte Vorstellung: „Wenn du schön brav meditierst, wirst du belohnt!" Er fordert von seinen Schülern ein radikales Umdenken, einen Paradigmenwechsel. Erleuchtung ist nur für den möglich, der sich aus seinem gewöhnlichen Denken befreien kann. Suzuki erklärt: *„Es öffnet sich das innere Auge unter einem Hagel von dreißig Schlägen.* ***Die absolute Bejahung muss aus dem glühenden Krater des Lebens selbst aufsteigen.****"*

> Wir brauchen nicht so fortzuleben, wie wir gestern gelebt haben. Macht Euch nur von dieser Anschauung los, und tausend Möglichkeiten laden uns zu neuem Leben ein.
>
> *Christian Morgenstern (1871 - 1914), deutscher Schriftsteller*

> Wir leben in einer Zeit vollkommener Mittel und verworrener Ziele.
>
> *Albert Einstein*

> Abenteuer und Risiko gehören zu einem erfüllten Leben. Ohne Abenteuer verdorren wir wie eine Primel.
>
> *Rupert Neudeck, Chef des Notärztekommitees Cap Anamur*

Tausend Möglichkeiten

„Tausend Möglichkeiten laden uns zu neuem Leben ein", sagt Christian Morgenstern. ***„Wir brauchen nicht so fortzuleben, wie wir gestern gelebt haben!"*** Was für den Zen-Schüler gilt, der nach Erleuchtung strebt, gilt für jeden Menschen, der sein Leben verändern will. Nur wenn wir

radikal genug sind, alle unsere antrainierten Vorstellungen darüber aufzugeben, was richtig ist und wie wir zu leben haben, können wir zu neuen Ufern aufbrechen. Menschen, die dynamisch und kreativ leben, können dies, weil sie sich von Denkmustern wie: „Das geht nicht!", „Ich kann nicht!", „Das war schon immer so!", „Ich kann da nichts ändern, ich komm da nicht heraus!" befreit haben. Kolumbus veränderte die Welt, weil er bereit war, mit der herkömmlichen Vorstellung zu brechen, dass die Erde eine Scheibe sei. Er hatte keine Angst davor, vom Rand der Erdscheibe ins Bodenlose zu stürzen. Er glaubte fest daran, mit seinen Schiffen auf der anderen Seite des Ozeans Indien erreichen. Dass er tatsächlich ganz wo anderes gelandet ist, als er beabsichtigt hatte, spielt dabei keine Rolle. Er hatte den Mut, aufzubrechen, anstatt im Käfig des herkömmlichen Denkens zu verkommen.
Ich werde in diesem Buch noch auf den „**Mythos der harten Arbeit**" zurückkommen. Den meisten westlichen Menschen ist von Jugend auf eingeredet worden, dass nur das „**sauer verdiente Geld**" etwas wert sei. Wer mit heiterer Leichtigkeit Erfolg hat, der sollte ein schlechtes Gewissen haben, es sich ja nicht gut gehen lassen, sondern zur Strafe sich mehr als bisher anstrengen! Ich möchte dich anregen auch diese Begrenzung in deinem Denken zu durchbrechen. Weder sich phantasielos treiben zu lassen, noch verbissene Plackerei führt zu überzeugendem Glück und Erfolg. Also wie packen wir es an?

> Es ist immer Zeit für etwas Neues.
>
> *Niki Lauda, Formel I Weltmeister, Fluglinien-unternehmer*

Meine Eltern und viele meiner Freunde und Kollegen hatten entsetzt die Hände über den Kopf zusammengeschlagen, als ich vor etlichen Jahren beschloss, mein gut gehendes Anwaltsbüro meinem Partner anzuvertrauen, um für längere Zeit nach Asien zu reisen, das Leben zu studieren, Bücher zu schreiben und Vortragender in Sachen Erfolg zu werden. Heute, im Nachhinein, gratulieren mir viele, mir nahestehende Menschen zu diesem Schritt. Einige haben mir offen gesagt, dass sie mich beneiden und dass sie es leid sind, immer in derselben Tretmühle ihre Runden zu drehen.

Mein Leitgedanke für dieses Buch war, aufzuzeigen, wie einfach und leicht Erfolg möglich ist. Dieses erste Kapitel sollte ursprünglich beschreiben, wie phantastisch schön es ist, in der heutigen Zeit zu leben und wie sehr uns die moderne Technik das Leben erleichtert: Wir müssen die Wäsche nicht mehr mühsam mit der Hand waschen; Autos, Eisenbahn und Flugzeuge bringen uns im Nu an jeden beliebigen Ort der Erde; im Supermarkt können wir aus einer Überfülle an Angeboten auswählen; Elektrizität, fließendes Wasser bequeme Beheizung sind für uns so alltäglich, dass wir uns darüber gar nicht mehr freuen können; unzählige Verdienst- und Berufsmöglichkeiten stehen uns zur Verfügung. Mit einem Wort, wir leben in einem Paradies, in einer Welt des Überflusses.

Als ich dann später nachlas, was ich so über die Herrlichkeit dieser Welt geschrieben hatte, kamen mir mächtige Zweifel- nicht am Inhalt. Ich bin ein unverbesserlicher Optimist. Ich vermag in allem, was auf den ersten Blick schmerzhaft und tragisch erscheinen könnte, einen übergeordneten tieferen Sinn erkennen. Meine Zweifel hatten einen anderen Grund. Ich fragte mich: „Wer will denn deine Schwärmereien lesen, wie schön unsere Welt und das Leben in ihr angeblich sind?" Meine eigenen Zeilen erschienen mir auf einmal langweilig, farblos und leer. Wem nützt eine Anleitung für ein glücklicheres und zufriedeneres Leben? - Die meisten Menschen lechzen nach Spannung und Sensationen. Wenn ihr Dasein dennoch mutlos und langweilig dahinplätschert, dann machen sie ersatzweise aus nichtigen Kleinigkeiten in Beziehung oder Beruf ein hübsches Drama.

Anleitung zum Unglücklichsein

Paul Watzlawick hat mit seiner „Anleitung zum Unglücklichsein“ einen Bestseller geschrieben. Sein Buch wurde nicht nur deshalb ein großer Erfolg, weil es gekonnt und witzig geschrieben ist: Es hält uns einen Spiegel vor, in dem wir erkennen können, wie **süchtig nach Tragödien** wir sind. Die Tageszeitungen, die von Milliarden Menschen täglich gelesen werden, leben ebenso wie die Nachrichten in Radio und Fernsehen nicht von Berichten über die Schönheit der Welt, sondern von Krieg, Mord, Verbrechen und Katastrophen aller Art. Dank moderner Technik und tüchtiger Reporter bekommen wir jede Scheußlichkeit, die sich irgendwo auf der Welt zuträgt, schneller ins Haus geliefert, als das vergossene Blut trocknen kann. Watzlawick schreibt: *„Unglück, Tragödie, Katastrophe, Verbrechen, Sünde, Wahn, Gefahr - das ist der Stoff, aus dem die großen Schöpfungen bestehen. Dantes Inferno ist ungleich genialer als sein Paradiso. . . Machen wir uns nichts vor:* ***Was oder wo wären wir ohne unsere Unglücklichkeit? Wir haben sie bitter nötig; im wahrsten Sinne des Wortes.***“

In seiner „Anleitung zum Unglücklichsein“ findet sich auch die köstliche Geschichte von dem Mann und dem Hammer: Ein Mann will in seiner Wohnung ein Bild aufhängen. Er hat jedoch keinen Hammer, um den Nagel einzuschlagen. Also beschließt er, sich beim Nachbarn einen solchen auszuborgen. Es kommen ihm jedoch Zweifel: „Der Nachbar hat mich doch neulich nur ziemlich flüchtig gegrüßt, ob er wohl etwas gegen mich hat?... Also ich würde ihm sofort meinen Hammer borgen, aber er, ich weiß nicht... Der wird das sicher nicht tun... Aber wie kommt er eigentlich dazu? Wie kann man einem Menschen so einen Gefallen abschlagen? Was bildet sich der eigentlich ein?... Na warte, dem werde ich mal ordentlich meine Meinung sagen!“ Also eilt der Mann aus seiner Wohnung und läutet stürmisch beim Nachbarn. Dieser öffnet, und bevor er noch guten Tag sagen kann, schreit unser Mann ihn an: „Sie

können sich ihren verdammten Hammer behalten, sie gemeiner Kerl!" Wir lieben das Drama auf der Bühne, im Kino, in den Medien und im eigenen Leben. Und das ist gut so. Ein Problem hat nur derjenige, der das von ihm selbst inszenierte Drama nicht zu durchschauen und zu genießen weiß, sondern sich als Opfer mieser Umstände wähnt.
Dieses Buch ist keine „Anleitung zum Glücklichsein". Es ist eine Hilfestellung, das Schauspiel unseres Lebens zu durchschauen und in das spannende „Abenteuer Leben" mit all seinen Schönheiten und Herausforderungen einzusteigen.

> Das Leben ist bezaubernd, man muss es nur durch die richtige Brille sehen.
>
> *Alexandre Dumas, (1824 - 1895), französischer Schriftsteller*

> Glück ist kein Geschenk der Götter, es ist die Frucht einer inneren Einstellung.
>
> *Erich Fromm, (1900 - 1980), deutsch-US-amerikanischer Psychoanalytiker*

> Die Welt ist meine Vorstellung ... wiewohl der Mensch allein sie in das reflektierte, abstrakte Bewusstsein bringen kann.
>
> *Arthur Schopenhauer, (1788 - 1860), deutscher Philosoph*

Die Welt ist meine Vorstellung

Die Welt ist für jeden so, wie er über sie denkt. Für uns ist sie genauso, wie wir sie zu betrachten gelernt haben. Sie ist für uns so, wie die Medien, die Werbung, die Wissenschaftler, unsere Umgebung und letztlich wir selbst es uns einreden. Ich möchte mich hier gar nicht näher auf die philosophische Frage einlassen, ob es überhaupt eine objektive Wirklichkeit gibt. Denkbar ist es, dass es nur subjektive Welten gibt - und zwar genau so viele, wie Menschen auf unserer Erde leben. Diese unzähligen „Welten" überdecken sich teilweise, teilweise aber auch nicht.

Überall dort, wo keine Deckung besteht, gibt es Potential für Konflikte. Die Welt der Moslems sieht etwas anders aus als die Welt der Christen. **Wie unbedeutend wären diese Unterschiede, wenn wir uns bewusst machen könnten, dass nicht die Welt unser Denken bestimmt, sondern unser Denken die Welt!?**
Wie sehr unser Denken unser Leben beherrscht, zeigen die Erkenntnisse der Psychologie und der Medizin. Der berühmte französische Apotheker Emile Coué erklärte seinen Patienten: *„Nur Sie selbst können sich heilen!"*. Der Patient sollte sich selbst suggerieren, das er gesundet. Coué schrieb vor, zwanzigmal morgens und abends folgenden Satz zu sagen: ***„Mir geht es von Tag zu Tag in jeder Hinsicht besser und besser."*** Mit dieser Methode erzielte er unglaubliche Heilerfolge. Interessanterweise setzte diese Therapie noch nicht einmal voraus, dass die Patienten an eine bevorstehende gesundheitliche Verbesserung glaubten. Es war allein die suggestive Wirkung der oftmals wiederholten Worte, die eine Veränderung im Körper der Patienten verursachte.
Stell dir vor, du hast eine wunderschöne gelbe, saftige Zitrone in der Hand. Sie ist naturbelassen, ihre Schale ist unbehandelt und nicht gewachst. Du riechst an ihr, nimmst die zarte Säure der Frucht wahr. Jetzt schälst du die Zitrone, teilst die Frucht auf und beißt herzhaft in eine Zitronenspalte. Hast du bemerkt, wie sich bei dieser Vorstellung Speichel in deinem Mund gebildet hat, wie sich einzelne Muskeln deines Körpers zusammenzogen, als du dir den Geschmack der Zitronensäure vorgestellt hast? Dein Körper reagiert auf die imaginierte Zitrone fast genauso lebhaft wie beim Genuss einer „wirklichen".
Was folgt daraus? Deine Gedanken sind absolut keine harmlosen Spielereien, sondern sie bestimmen wesentlich deinen Körper mit. Noch viel entscheidender ist der Einfluss der Gedanken auf deine Gefühle und auf dein Unterbewusstsein. Wie im Kapitel *„Wer beginnt, der gewinnt"* näher ausgeführt wird, unterscheidet dieses Unterbewusstsein nicht, ob ein Gedanke „richtig" oder „falsch" ist, ob er mit der Realität

übereinstimmt oder nicht. Das Unterbewusstsein glaubt deinen Gedanken und versucht sie in die Wirklichkeit umzusetzen. Wer denkt, dass er scheitern wird, den unterstützt sein Unterbewusstsein dabei genauso, wie es demjenigen hilft, der optimistisch in die Zukunft blickt. **Wie du denkst, so wird dir geschehen!**

Was folgt nun wiederum daraus? Ein kluger Mensch ist nicht erfolgreich, weil er günstige äußere Lebensbedingungen vorfindet, sondern weil er die Welt kraft eigenen Denkens und Handelns so gestaltet, dass sich Glück und Erfolg zwangsläufig einstellen.

Des menschlichen Lebens letztes Ziel ist Glückseligkeit.

Thomas von Aquin, (1225 oder 1226 - 1274), italienischer Philosoph und Dominikanerpater

Alle Tiere wissen es, nur der Mensch nicht, dass das höchste Lebensziel Freude ist.

Samuel Butler der Jüngere (1612 - 1680), englischer Satiriker, zeitweise Schafzüchter in Neuseeland

Glücklich zu sein ist eines der besten Mittel, um ein guter Mensch zu werden.

Eugene O´Neill, (1888 - 1953), US-amerikanischer Dramatiker,1936 Nobelpreis für Literatur

Was bedeutet für dich „Erfolg"?

Vielleicht antwortest du wie der Dichter und Philosoph Ralf Waldo Emerson:

„Oft und viel lachen;
die Achtung intelligenter Menschen und die Zuneigung von Kindern gewinnen;
Schönheit bewundern."

Oder ist die richtige Antwort für dich:

Karriere machen, berühmt werden;
das Leben in Reichtum und Fülle genießen;
mit einer kleinen Jacht die Welt umsegeln?

So viele Menschen es gibt, so verschieden sind ihre Wunschvorstellungen von einem erfüllten Leben. Hinter allen Wünschen steht die Absicht, für sich und/oder andere Wohlbefinden und die Empfindung von Glück zu schaffen.

Meine Überzeugung ist: **Wir sind nicht nur auf dieser Erde, um bloß da zu sein, sondern um glücklich zu sein.** Wenn wir das tun, was uns wirkliche Freude verschafft, erfüllen wir den Sinn und den Auftrag des Lebens. Im Grunde ist das Leben auf Lust, Freude und Erfolg ausgerichtet. - Wenn ich das öffentlich vertrete, wird mir gelegentlich entgegnet: „Aber das ist ja höchst egoistisch!" Meine Antwort darauf lautet: „Selbstverständlich!"

Gesunder Egoismus ist etwas durchaus Schönes und Lebensnotwendiges. Das Problem der meisten Menschen ist, dass sie zu wenig auf ihr Glück achten, dass sie sich selbst gering schätzen, dass sie kein Selbstvertrauen haben. **Sie lieben sich selbst nicht und haben es deshalb auch schwer, andere zu lieben**. Denn nur wer selbst liebt, der ist auch in Harmonie mit seinen Nächsten. Zugegeben, es gibt auch einen „ungesunden Egoismus". Die ungesunden Egoisten können sich im Grunde selbst nicht ausstehen; sie sind ständig auf der Flucht vor sich selbst, sehen nicht die Schönheit dieser Welt, sind unter ihrer rauen Schale von Angst erfüllt. Das ist der Grund, weshalb sie zwanghaft um Sicherheit, Macht und Reichtum kämpfen.

Erfolgreich sein bedeutet glücklich sein. Aber wie wird man glücklich, und zwar möglichst umfassend und möglichst dauerhaft? In einer Welt des Überflusses, in der wir (zumindest in den Ländern der „westlichen Hemisphäre") leben, ist dieses Thema besonders aktuell. Denn trotz der gewaltigen Möglichkeiten, die uns das moderne Leben mit seinen Errungenschaften liefert, scheinen die Menschen nicht unbedingt glücklicher zu sein als in vergangenen Zeiten. Gerade die Fülle an äußeren Möglichkeiten verwirrt die Menschen. Die unzähligen Angebote machen uns unsicher darüber, was wir wählen sollen und welcher Weg für uns der richtige ist.

Gibt es Rezepte für Erfolg?

Ich habe unzählige Erfolgsbücher gelesen und viele Erfolgstrainer gehört. Die Essenz ihrer Empfehlungen lässt sich in kurzen Worten so zusammenfassen:

- Selbstvertrauen gewinnen;
- positiv Denken;
- über das Mittelmaß hinausgehen;
- sich selbst und andere begeistern;
- auf eine dynamische und gesunde Lebensweise achten;
- Lebens-Ziele erkennen und eindeutig formulieren;
- die richtige Strategie erarbeiten;
- unbeirrt den eigenen Weg gehen.

Es gibt viele gute Erfolgsrezepte, und wir werden uns in diesem Buch mit den wesentlichen unter ihnen auseinandersetzen. Doch ich will etwas vorausschicken. Nur äußerlich angewendet kann keine Erfolgsformel auf Dauer wirksam sein. Du kennst wahrscheinlich das Gefühl der „Erleuchtung", wenn du ein neues Buch gelesen oder soeben ein Seminar besucht hast. „Ja, das ist es! So werde ich in Hinkunft handeln und Erfolg haben!" Dann vergehen zwei, drei Wochen, die Begeisterung lässt nach und letztlich... bleibt alles beim Alten. Bei der Behandlung von Krankheiten ist es ganz ähnlich: Wenn nur die Symptome eine Krankheit mit Medizin unterdrückt oder durch einen chirurgischen Eingriff „weggemacht" werden, so kann dies allein nie zu sprühender Gesundheit, überschäumender Energie und voller, herzhafter Lebensfreude führen. Bald wird sich dasselbe Leiden oder ein ähnliches wieder einstellen. Dann müssen erneut irgendwelche Medikamente eingenommen werden, um wieder einen halbwegs zumutbaren körperlichen Zustand herbeizuführen... Manche dieser Mittel sind tatsächlich fürs erste

gut geeignet, um Schmerzen zu lindern oder um die Folgen einer Krankheit vorübergehend einzudämmen. Doch letztlich kann stets nur eine tiefgreifende Veränderung der Lebensführung die wahren Ursachen von Krankheit auf Dauer beheben. **Grundlegende Heilung verlangt nach grundlegender Verwandlung.** Das bloße Einnehmen von Pillen verändert den Menschen nicht und wird auf Dauer schädliche Nebenwirkungen hervorrufen. Vermeidung von ungesundem Stress und unnötiger Sorgen, befreite, fröhliche Gedanken, eine Umstellung der Ernährung, viel Bewegung, mehr Naturverbundenheit könnten beispielsweise eine radikale und anhaltende Erneuerung herbeiführen. Dasselbe gilt für Erfolg im Leben und im Beruf. Oberflächenbehandlungen beseitigen manchmal Symptome und schaffen vielleicht sogar hier und da kurzfristigen Nutzen. **Doch der wirkliche Erfolg im Leben wird immer ein Spiegel der gesamten Persönlichkeit sein.** Erfolg, der den ganzen Menschen „ergreift", der dauerhaftes Glück und Befriedigung schafft, muss aus der Tiefe des Menschen kommen. Deshalb skizziert dieses Buch einen Weg, der nicht nur in der Anwendung von Rezepten besteht. Es bezieht sich dabei auf eine Ebene deiner Persönlichkeit, die wir „Zen" nennen können. Was das bedeutet, werde ich in den weiteren Kapiteln dieses Buches erläutern. Vorläufig soll ein kleines Gleichnis ein erstes Schlaglicht darauf werfen, worum es bei Zen geht:
Ein Marathonläufer, der mit verkrampften Gesichtszügen als erster durchs Ziel geht und nach der Ziellinie erschöpft zusammenbricht, der hat zwar seine Mitläufer besiegt, aber er hat nicht gewonnen. Gewonnen hat derjenige, der unterwegs mit sich selbst im Einklang war, dem es beim Laufen gelungen ist, seine mentalen Grenzen zu sprengen. Nur jener Läufer, der mit einem heiteren Lächeln auf den Lippen das Ziel erreicht - ganz egal, wie lange er für die Strecke gebraucht hat -, ist ein Gewinner.

Wer im Leben keinen Erfolg hat, braucht sich deshalb nicht für einen Idealisten zu halten.

Henry Miller, (1891 - 1980), US-amerikanischer Dramatiker und Maler

Leben - Arbeit - Zen

Ich umschreibe die Zauberformel für Erfolg mit: **„Leben & Arbeit & Zen"**. Was heißt das nun?
Um es zu verdeutlichen, will ich ein wenig aus meinem Leben erzählen. Schon von früher Jugend an fühlte ich mich stark auch zur sogenannten „geistigen Dimension des Lebens" hingezogen. Als Vierzehn- oder Fünfzehnjähriger habe ich begeistert die Werke Rudolf Steiners und Friedrich Nietsches, des heiligen Augustinus und vieler anderer philosophischer Autoren gelesen. „Was ist der Sinn des Lebens? Gibt es ein vorherbestimmtes Schicksal im Leben des Menschen? Was ist meine Lebensaufgabe?" Das waren Fragen, die mich immer wieder intensiv beschäftigten. Ich bekam zwar nicht so rasch eindeutige Antworten, doch reifte nach und nach zumindest eine Erkenntnis in mir: „Du bist dem Schicksal nicht hilflos ausgeliefert. Du kannst selbst entscheiden, wie sich dein Leben gestalten soll."
Wenn nur die Philosophie (griechisch: Die Liebe zur Weisheit) in mir gelebt hätte, so wäre ich vielleicht Hochschulprofessor oder Priester geworden. Ich ging jedoch schon als Kind gern in die Berge, liebte das Schifahren und spielte leidenschaftlich Basketball. Mit der Pubertät brach auch das sexuelle Verlangen stürmisch über mich herein. Es hat mich getröstet, dass sogar Aurelius Augustinus, wie er in seinen „Bekenntnissen" schildert, in seiner Studentenzeit stark den körperlichen Genüssen zugetan war. Das ging mir auch so. Allerdings wurde ich später leider - oder vielmehr zum Glück- nicht ein Heiliger wie er ☺. Ich lernte eine liebe Frau kennen; wir heirateten und schon bald darauf war

ein Kind unterwegs. Jetzt war ich gefordert, Geld zu verdienen, um die weltlichen Bedürfnisse der jungen Familie zu erfüllen.

Neben meinen äußeren Erfolgen, die sich früh einstellten, und meinen sinnlichen Interessen blieb ich stets der geistigen Seite des Lebens verbunden. Resultate im Außen zu erzielen, war gut und schön, aber mir war es zu wenig. Ich verspürte deutlich die Sehnsucht nach einem festen Halt in mir selbst, um in der verwirrenden Vielfalt des Lebens zurecht zu kommen. Also hatte ich schon in meiner Mittelschulzeit damit begonnen, regelmäßig zu meditieren. Bald wurde mir die tägliche Meditation, meine Gewohnheit, innezuhalten und meine Mitte zu finden, so selbstverständlich wie das Zähneputzen. Ich erkannte, dass ich mit Hilfe meiner Meditation jeden Tag wunderbar einfach und unglaublich wirksam meinen „**Energie-Akku**" aufladen konnte. So stand mir für das „Abenteuer Leben" schier unendliche Energien zur Verfügung. Immerhin durfte ich auf meinem Weg ein Anwaltsbüro aufbauen und leiten, Bücher schreiben, einen Wirtschaftsbetrieb gründen und führen, dazu kamen noch meine anderen Liebhabereien wie Tennis, Paragleiten, Tauchen, Schifahren, Reisen und ein turbulentes Privatleben: Für jede Leidenschaft hatte ich Begeisterung, Hingabe und Zeit übrig. Ich wollte meine Grenzen finden und siehe, es gab keine. Wenn ich spät in der Nacht in mein Haus kam, so fiel ich nicht gleich wie tot in mein Bett, sondern ich gönnte mir noch eine halbe Stunde Besinnung und Meditation. Anschließend genügten wenige Stunden Schlaf, um wieder „Bäume ausreißen" zu können.

Doch wie es im Leben oft kommt, wer steil aufsteigt, kann auch tief abstürzen, insbesondere wenn er ohne Sicherungsseil unterwegs ist. In der ersten Hälfte meines vierten Lebensjahrzehnts geriet ich in die heftigsten innerlichen und äußerlichen Turbulenzen meines Lebens. Einen Absturz mit meinem Paragleiter überlebte ich nur mit viel Glück; Ein Unternehmen, das ich gegründet hatte, kam in ernstliche Schwierigkeiten und schließlich wurde ich durch eine starke Beziehungskrise gebeutelt. Psychisch schwer angeschlagen, hatte ich das Gefühl in einen bodenlosen Abgrund zu fallen. Als Rechtsanwalt hingegen, stand ich zwar am Gipfel meines beruflichen Erfolges und hätte ganz einfach tagaus, tagein weiter werken und noch viel mehr Geld machen können. Doch eine laute Stimme in mir sagte: „So will ich und kann ich nicht weiter machen! Zu viel Ehrgeiz, zu viel Kampf, zu wenig Harmonie, zu wenig Beschaulichkeit, ich tu nicht das, was mir Freude macht und mich wirklich befriedigt. Es ist Zeit für eine radikalen Schnitt. Jetzt will ich mir das Leben von einer anderen Seite anschauen!" Es begann für mich eine neue „Lehr- und Wanderzeit". Ich zog mich für einige Zeit zurück auf die Insel Kreta. Sodann verbrachte ich ein Jahr in Italien bei einem Erfolgslehrer und Ernährungsforscher, ich wurde sein Schüler und für einige Zeit sein enger Mitarbeiter. Anschließend unternahm ich ausgedehnte Reisen, vorwiegend nach Asien. Ich lebte für einige Zeit in einem Ashram in Nordindien, meditierte in buddhistischen Klöstern, studierte und praktizierte Zen, und ich vertiefte mich in die Weisheiten Krishnamurtis und Ramana Maharshi, der christlichen Mystiker und der moslemischen Sufis.

Ich bin heute dankbar für die heftige Midlife-Crisis die ich durchleben durfte. Das äußere Leben wird immer wieder von Höhen und Tiefen bestimmt. Wo viel Sonne ist, ist auch viel Schatten. Ich durfte lernen, auch mit Hindernissen und schweren Krisen umzugehen und kann heute das, was ich aus diesen Erfahrungen gelernt habe, weitergeben. *(Siehe Kapitel „Danke für diesen Misserfolg")*

Die Frucht dieser langjährigen Studien war die Erkenntnis: Wahrhaftiger Erfolg ergibt sich aus dem harmonischen Zusammenwirken von

Glück und Freude im privaten Leben,
Erfüllung im Beruf und
Spiritualität.

So ist ganzheitliches Leben möglich. Die Lust am Dasein korrespondiert mit der Erfüllung unserer Lebensaufgabe. Äußerer Erfolg hat nur dann einen Wert, wenn er mit innerer Entwicklung und innerem Halt im Einklang steht.
Es kristallisierte sich für mich die Formel des Erfolges heraus: „Verbinde leidenschaftliche Hingabe an das äußere Leben mit innerer Achtsamkeit!" Somit bilden die Eckpunkte des magischen Erfolgs- Dreiecks: **Leben - Arbeit – Zen**

> Um die Magie zu entdecken, muss man sie sehen wollen - nicht nur in großen Dingen, sondern auch in den kleinsten.
>
> *Paul Wilson (*1946), US-amerikanischer Erzähler, Essayist*

Was ist so magisch, so geheimnisvoll an diesem Dreieck? Wenn bestimmte Kräfte im Leben zusammenwirken, so ergibt sich das, was man „**Synergieeffekt**" nennt. Die einzelnen Elemente bewirken gemeinsam etwas grundlegend Neues. Durch das spirituelle Element des Zen bekommt unser Leben und unsere berufliche Tätigkeit eine besondere, völlig neue Qualität, die in Worten schwer zu beschreiben ist. **Zen gibt unserem Streben einen Sinn, der über das bloße Dasein, über die üblichen Freuden und über das herkömmliche Geldverdienen hinausgeht.**

Menschen mit „Zen" erkennen wir an einem besonderen Charisma, an einer ungewöhnlichen Ausstrahlung. Dabei ist es egal, ob sie jemals Zen studiert und praktiziert haben. „Zen" haben alle Menschen, die in sich ruhen, die aus ihrer Mitte wirken, die bewusst oder unbewusst eine starke Verbindung zum Kern ihres Wesens haben.

Welche Konsequenzen ergeben sich aus dem magischen Dreieck?

Leben:

Erfreue dich an jeder Stunde, denn **Leben kannst du nur im Hier und Jetzt**. Diese Stunde, der heutige Tag ist die / der wichtigste in deinem Leben! Erkenne deine Lebensaufgaben! Lass dich nicht davon abhalten deine Träume zu verwirklichen!

Arbeit:

Erschließe die fantastischen Fähigkeiten, die auch in dir schlummern. Lebe deine Berufung! Mach aus deinem Beruf eine Quelle der Freude und Energie. **Du musst nicht so weiterleben wie du es bisher gewohnt bist! Mit einer starken Vision öffnen sich alle Tore!** Und Reichtum ist keine Schande.

Zen:

Verbinde dich mit der unendlichen Kraft deines Unterbewusstseins. Jeder Mensch trägt in sich ein höheres Bewusstsein, das dir jenseits vom äußeren Auf und Ab einen festen Halt und die Quelle tiefer Glückseligkeit vermitteln kann.

Es mag sein, dass sich mancher Leser denkt, Zen mag sehr interessant sein, doch das ist sicher eine schwierige Angelegenheit. Diesen Lesern möchte ich versichern:

Zen ist die einfachste und natürlichste Sache der Welt.

Zen ist die einfachste und natürlichste Sache der Welt und zugleich birgt Zen jedoch auch ein großes Geheimnis. Charlotte Joko Beck, Leiterin des San Diego Zen-Center, sagt, **es geht im Zen um ganz praktische Dinge: Im Büro besser arbeiten, seine Kinder besser zu erziehen, bessere Beziehungen haben zu können.** Das ist die eine Seite des Zen. Auf der anderen Seite gibt es Mönche, die Jahrzehnte lang meditieren, um Zen zu verstehen und schließlich Satori (Erleuchtung) zu erlangen. - Was Zen wirklich ist, lässt sich nicht in Worte fassen. Wir werden uns im Kapitel *„Schlicht und einfach Zen"* eingehender mit der Bedeutung von Zen auseinandersetzen, doch gleich vorweg sei erwähnt: Zen lässt sich nicht mit dem Verstand erfassen. Zen können wir nur selbst erfühlen, erleben, durchleben.

In jedem Kapitel dieses Buches werde ich eine Seite von Zen ansprechen. Damit soll eine Brücke zwischen Leben und Business einerseits und Zen andererseits geschlagen werden: Auf diese Weise können wir uns - so wir auch die nötige Aufmerksamkeit mitbringen - dem Geheimnis, der Schönheit und der gewaltigen Kraft des Zen allmählich annähern.

> Verglichen mit den großen Kulturen des Fernen Ostens steckt die unsere noch in den Kinderschuhen, wenn es darum geht, zu lernen, Kontrolle über den Körper und seine Erfahrungen zu erlangen.
>
> *Mihaly Csikszentmihalyi US- amerikanischer Glücksforscher*

> Optimale Erfahrung hängt von der Fähigkeit ab, zu steuern, was sich in jedem Augenblick im Bewusstsein abspielt.
>
> *Mihaly Csikszentmihalyi, US- amerikanischer Glücksforscher*

Ziele – Our spirit of life

Ein Mensch hat Erfolg, wenn er morgens aufsteht und abends zu Bett geht und in der Zwischenzeit genau das tut, was er tun will.

*Bob Dylan, (*1962), US-amerikanischer Folk- und Protestsänger*

Menschen, die ihr Leben sinnvoll finden, haben gewöhnlich ein Ziel, das herausfordernd genug ist, um all ihre Energie in Anspruch zu nehmen, ein Ziel, das ihren Leben Bedeutung verleiht.

Mihaly Csikszentmihalyi, US- amerikanischer Glücksforscher

Pursuit of Happiness

In den Vereinigten Staaten, dem „Land der unbegrenzten Möglichkeiten", gehen die Uhren in vielerlei Hinsicht anders als in Europa. Das hängt ganz wesentlich damit zusammen, dass die Amerikaner auf Grund ihrer jungen Geschichte nicht so sehr traditionellen Denkweisen verhaftet sind, wie die Menschen Europas. Während in Europa jahrhundertelang Arbeit, Dienst, Pflichterfüllung, Gehorsam an oberster Stelle der Werteskala standen, gibt es in den USA ein **„Recht auf Streben nach Glück"**. Dieses Recht („Pursuit of Happiness") ist bereits in der Unabhängigkeitserklärung von 1776 verankert und hat somit Verfassungsrang. Einzigartig auf der Welt wird auf einigen Universitäten der USA sogar Glücksforschung betrieben. Ich finde das großartig. An den Schulen und Universitäten Europas bekommt man zwar eine Unmenge an Wissen zur Verfügung gestellt; wie der Mensch allerdings sein Leben glücklich und erfolgreich meistern kann, dafür interessiert sich keine unserer öffentlichen Bildungsanstalten. Es kann aber heute nicht mehr sinnvoll sein, möglichst viel Wissen anzuhäufen, das schon morgen nicht mehr aktuell ist (und obendrein jedem, der über einen Internetanschluss verfügt, auf Mausklick zur Verfügung steht). Die Zeiten, da der

Bildungsprozess auf den Besuch von Schule und Universität beschränkt und mit dem Erwerb eines Zeugnisses oder eines akademischen Titels abgeschlossen war, sind endgültig vorüber. Was die Menschen der Zukunft in erster Linie benötigen werden, ist ökologisches und vernetztes Denken. Sie werden Kreativität, Kooperationsfähigkeit, Teamgeist und Überzeugungskraft entwickeln müssen. Sich in der modernen Welt orientieren, seine Lebensaufgaben erkennen, mit Rückschlägen und Hindernissen umgehen zu können, ist um ein Vielfaches wichtiger geworden, als über Tausende Fakten Bescheid zu wissen. Um sich in der bewegten Lebens- und Arbeitswelt von morgen behaupten zu können, wird die **Bereitschaft zu lebenslangem Lernen** eine Grundvoraussetzung sein.

Zurück zur Glücksforschung: Die Professoren Mihaly Csikszentmihalyi (University of Chicago), Ed Diener (University of Illinois), David Myers (Hope College, Michigan) und Martin Seligman (Uni Pennsylvania) gelten als führende Experten auf diesem Gebiet. Sie erforschen, woran es liegt, dass manche Leute fröhlicher, leichter und glücklicher leben als andere. Auf die Ergebnisse ihrer Untersuchungen werde ich in diesem Buch noch mehrfach eingehen. An dieser Stelle will ich zwei Feststellungen der modernen Glücksforschung aufgreifen:

1. Glückliche Menschen haben eine Vision – etwas, wofür sie leben.

Glückliche Menschen wachen am Morgen entspannt auf, springen gern aus dem Bett und freuen sich auf den Tag. Wie machen sie das? Professor Ed Diener: „Sie setzen sich selbst immer wieder Ziele. Langfristige Ziele, die sich in kleinen Schritten erreichen lassen. Wir unterschätzen, was auf lange Sicht möglich ist."
Großartige Menschen haben große Ziele. Wenn dein Ziel nur darin besteht, deine Rechnungen zu bezahlen und auf deine Pensionierung zu

warten, dann wirst du kaum unwiderstehliche Strahlkraft oder Leidenschaft entwickeln.

Man fragt mich gelegentlich, wo ich die Energie hernehme, um all das zu tun: Bücher schreiben, Firmen beraten, Seminare gestalten, reisen, für andere da sein, die mich um Rat fragen, Haus bauen, joggen, Radtouren unternehmen, meditieren ... Ich kann darauf nur antworten: „Wenn du Mut hast das zu tun, was dir Freude macht, wirst du dieselben unerschöpflichen Energien in dir finden. Wenn du deinen Weg erkannt hast, wenn du für dein Ziel begeistert bist, sind Zeit und Energie kein Problem mehr für dich."

Ich hatte in der Schule stets miserable Noten. Ich war überhaupt nicht motiviert, das trockene Wissen in mich hineinzustopfen, den mir die Lehrer vorsetzten. Ich hatte im Gymnasium nur ein Ziel: Keine Klasse wiederholen zu müssen und mein Abitur zu erlangen. Sonst nichts. Und dieses Ziel habe ich auch erreicht ...

Nach Abschluss des Gymnasiums hatte ich zuerst keinen Plan, was ich weiter unternehmen sollte. Ich hatte die vage Idee, Schauspieler zu werden. Man hatte mir davon abgeraten: Es wäre ein brotloser Beruf, und außerdem wäre ich angeblich zu groß gewachsen ... Die Reife und den Mut, es dennoch anzugehen, hatte ich damals nicht. Da ich kein Blut sehen konnte, ohne ohnmächtig zu werden, und mir keinesfalls vorstellen wollte, in einem Seziersaal an Leichen herumzuschneiden, schied das Berufsziel „Arzt" ebenfalls aus. Schließlich entschloss ich mich, Nationalökonomie und Jura zu studieren, um Rechtsanwalt zu werden. Ich war der Meinung, über eine entsprechende Begabung für diesen Beruf zu verfügen, und zudem wollte ich möglichst schnell Geld verdienen, um mich von meinem Elternhaus unabhängig zu machen.

Dieser Entschluss entsprach eigentlich nicht meinen Träumen, weder von einem Studium noch von einem Beruf. Aber ich hatte mir gesagt: **„Das will ich und das mach ich jetzt auch!"** – und damit eine klare, zweifelsfreie Wahl getroffen. Diese eindeutige Entscheidung veränderte

mein Leben mit einem Schlag radikal. Auf einmal war ich für mich und meine Umgebung nicht mehr der gelangweilte, faule und etwas „unfähige“ Bernd. Ich stürzte mich voller Elan in mein Studium, ich konnte mich für einige Fächer regelrecht begeistern, und ich machte meine Prüfungen in Rekordzeit und mit sehr gutem Erfolg. Daneben blieb mir immer noch genügend Zeit, um es mir auch gut gehen zu lassen: Ich reiste kreuz und quer durch Europa (aus Geldmangel meist per Anhalter). In den Sommerferien arbeitete ich gelegentlich am Fließband in einer Glasfabrik, bei einer Tankstelle oder als Briefträger. So verdiente ich mir mein Taschengeld und damit auch bald mein erstes Auto, einen gebrauchten VW- Käfer (Für Kenner: Baujahr 1959, geteilte Heckscheibe, alle Gänge unsynchronisiert – heute wäre er ein Pracht-Oldtimer!☺).
Ein halbes Jahr studierte ich in Paris. Dort besuchte ich allerdings weniger die Vorlesungen auf der Universität, sondern ich spielte mit Hingabe Basketball in der Studentenmannschaft der Sorbonne und widmete mich dem „savoir vivre“, den Freuden der französischen Lebensart ... Mit Vollendung meines zweiundzwanzigsten Lebensjahres hatte ich bereits „meinen Doktor“ und begann den Anwaltsberuf auszuüben. Bald eröffnete ich mein eigenes kleines Büro. Wenige Jahre später war die Anwaltsgemeinschaft, die ich inzwischen gegründet hatte, eine der größten und erfolgreichsten der Stadt.
Immer wenn ich mir ein starkes Ziel gesetzt hatte, kostete es mich keine Überwindung, dieses Ziel auch zu erreichen. Aus meiner Vision erwuchs die nötige Energie und Beharrlichkeit wie von selbst. Die beste Antriebskraft sind Ziele, die eine Herausforderung darstellen. Ich erinnere mich an zwei geniale Mitschüler in meiner Klasse am Gymnasium: Sie waren beide keine Streber, doch sie brillierten mit Leichtigkeit und erhielten dementsprechende Zeugnisse. Was lag näher als die Annahme, dass diese beiden auch im Studium und im späteren Berufsleben hervorragende Erfolge verbuchen werden! Doch das Gegenteil war der Fall: Der eine von ihnen studierte nacheinander an verschiedenen Fakultäten, spielte viel Schach, konnte sich für keine Aufgabe richtig

entscheiden und brach schließlich seine Studien ab. Er versuchte sich in unterschiedlichen Berufen, die keineswegs seinen Begabungen entsprachen, konnte sich aber nirgendwo behaupten. Heute lebt er von der Unterstützung seiner Angehörigen.
Der andere benötigte unzählige Semester, um sein Technikstudium zu beenden. Jetzt ist er Angestellter in einem Ingenieurbüro. Er erfüllt seinen Job brav wie ein Beamter. Er ist nicht besonders glücklich dabei, hat aber sein Auskommen ...
Ich schätze diese beiden ehemaligen Mitschüler als wertvolle Persönlichkeiten mit hervorragenden Fähigkeiten. Weshalb konnten sie ihr riesiges Potential nicht umsetzen? Meiner Ansicht nach fehlte ihnen eine Vision, für die es sich zu leben lohnt. Sie waren bei ihrem Studium keineswegs unfähig oder bequem, doch hatten sie nur lauwarme Ziele. So ist es wohl kein Wunder, wenn ihnen der Antrieb und die Begeisterung fehlte, aus ihrem Leben ein rauschendes Fest zu machen.

> Das Komische am Leben ist: Wenn man darauf besteht, das Beste zu bekommen, dann bekommt man es auch.
>
> *W. Somerset Maugham (1874 - 1965), englischer Schriftsteller*

> Ohne Leidenschaft gibt es keine Genialität.
>
> *Theodor Mommsen, (1817 - 1903), deutscher Jurist und Historiker, 1902 Nobelpreis für Literatur*

> Wer mit Leidenschaft an etwas herangeht, ist unbesiegbar.
>
> *Rainhard Fendrich, österreichischer Pop-Sänger*

2. Glückliche Menschen lieben ihre Arbeit

Glückliche Menschen sind bereit, sich mit ganzer Kraft für neue Aufgaben und Ziele einzusetzen. Die US-Glücksforschung hat nachgewiesen, dass Glücksgefühle keineswegs beim Faulenzen, sondern bei hingebungsvoller Arbeit entstehen. Laut Prof. David Myers mobilisiert der Körper bei konzentrierter Aktivität das Glückshormon Serotonin. Dabei ist entscheidend, dass die Tätigkeit den eigenen Begabungen entspricht. Die meisten Menschen wissen nicht einmal, in welchen Bereichen sie begabt sind, und unterschätzen oft auch ihre Fähigkeiten. Dazu Myers: ***„Finden kann man seine Talente nur durch das Ausprobieren neuer Anforderungen, also durch Arbeit."*** Erst die Bereitschaft, neue Herausforderungen anzugehen, bringt unsere Fähigkeiten zum Durchbruch. Zuversicht und Selbstvertrauen wachsen erst im Tun. Durch Handeln lernen wir uns selbst kennen. Hingebungsvolle Arbeit führt zu Erfolg und Glücksgefühl. Unterforderung schwächt unsere Fähigkeiten. Unterforderung macht unglücklich.

Rund die Hälfte aller deutschen Arbeitnehmer haben keine Freude an ihrer Arbeit. Eine erschreckende Zahl! Wie es wohl kommt, dass die Deutschen dennoch fantastische wirtschaftliche Erfolge aufweisen können...? Das hängt wohl mit der deutschen Gründlichkeit zusammen, und mit ihrem Lebensgrundsatz „Augen zu und durch!". Eine Vielzahl der Deutschen ist anscheinend dazu bereit, zu schuften, ohne auf ihre Gefühle und auf ihre wirklichen Interessen zu achten. Doch wer sich in seiner Arbeitswelt ständig unfrei und unwohl fühlt, macht sich krank. Herzprobleme, Bluthochdruck, Nervosität, psychische Störungen, Rauchen, Neigung zu Alkoholmissbrauch sind typische Erscheinungen, die auftreten, wenn sich jemand täglich zu Tätigkeiten zwingt, die er nicht tun mag.

Auf der griechischen Insel Kreta, wo ich längere Zeit verbrachte, pflegt man einen anderen Lebensstil. Nicht nur die gute Luft und das gesunde Olivenöl bewirken, dass sich die Kreter einer höheren durchschnittlichen Lebenserwartung und eines wesentlich besseren Gesundheitszustandes erfreuen können als die Mitteleuropäer. Inselgriechen hetzen sich nicht. Nach einer wissenschaftlichen Untersuchung bewegen sie sich im Durchschnitt halb so schnell als die Bewohner in den

Großstädten Mitteleuropas. Es würde ihnen auch kaum einfallen, sich mit Widerwillen zu einer Arbeit zu zwingen.
In allen Menschen schlummern ungeahnte Fähigkeiten. Doch die können sich nur dann entfalten, wenn der richtige Nährboden dafür geschaffen wird. Eher selten wird der Beruf als wichtiger Lebensinhalt und als Quelle für ein erfülltes, glückliches Leben angesehen. Zu viele Menschen verbringen viel zu viel Zeit damit, auf den Abend und aufs Wochenende zu warten, um erst dann zu tun, „was sie wollen". Die Erwerbstätigkeit wird hingegen als lebensnotwendiges Übel hingenommen. Viele schätzen ihre Arbeit nicht; dennoch haben sie Sorge, ihren Arbeitsplatz zu verlieren. Sie erstreben bloß ihr monatliches Einkommen und das Gefühl, einen Lebensinhalt (oder vielmehr eine „Beschäftigung") zu haben, auch wenn dieser nicht einmal annähernd ihren Wunschvorstellungen entspricht.
Statistiken zeigen: Menschen, die ihre Arbeit nicht gerne ausführen, befürchten eher den Verlust ihres Jobs als solche, die viel Freude an ihrer Tätigkeit haben. Das ist nicht weiter verwunderlich: Wer seine Arbeit liebt, erbringt sicherlich die bessere Leistung – und behält daher eher seinen Arbeitsplatz. Und wer seinem Beruf gegenüber positiv eingestellt ist, dem fällt es beim Verlust seines Arbeitsplatzes auch leichter, ein neues Tätigkeitsfeld zu finden.

Es gibt drei Sorten von Menschen: solche, die sich zu Tode sorgen; solche, die sich zu Tode arbeiten; und solche, die sich zu Tode langweilen.

Sir Winston Churchill (1874 - 1965), britischer Premierminister, 1953 Nobelpreis für Literatur

Sorge dafür, das zu haben, was du liebst. Oder du wirst gezwungen werden, das zu lieben, was du hast.

George Bernard Shaw

Niemals wird dir ein Wunsch gegeben, ohne dass dir auch die Kraft verliehen wurde, ihn zu verwirklichen. Es mag allerdings sein, dass du dich dafür anstrengen musst.

Richard Bach

Die Qualität deiner Ziele bestimmt die Qualität deines Lebens

Jede Bewegung, die du ausführst, wird dadurch verursacht, dass du dir zuvor ein Ziel gesetzt hast. Wenn du zum Kühlschrank gehst, besteht dein Ziel wahrscheinlich darin, deinen Hunger (oder zumindest deinen Appetit) zu stillen. Wenn du den Weg zum Büro antrittst, besteht dein Ziel darin, an deinen Arbeitsplatz zu kommen. Ohne Ziele steht das Leben still. Jede Handlung, die du unternimmst, hat ein Ziel – auch wenn dir dieses Ziel manchmal gar nicht bewusst ist. Wenn du morgens, ohne darüber nachzudenken, schlaftrunken in Richtung Badezimmer wankst, besteht dein Ziel darin, das Bad zu erreichen und eine Dusche zu nehmen. Du hast immer Ziele – auch wenn du dir keine Gedanken darüber machst, was du eigentlich vorhast. Gewöhnlich sind unsere Ziele angelernt und vorprogrammiert. Meist denken wir nicht weiter darüber nach, was wir vom Leben wollen.

Dein Leben wird umso erfolgreicher verlaufen, je mehr du dir deiner Ziele bewusst wirst. Wir werden immer nur das erreichen, was wir anstreben. Wenn sich jemand darauf beschränkt, seine Tage irgendwie herunterzubiegen und mit seichten Freuden zu dekorieren, wird sein Leben dementsprechend lustlos dahinplätschern. Es wird einem dünnen Rinnsal gleichen, das sich ziellos seinen Weg sucht – nur um am Ende irgendwo im Sand zu versickern. Wer aber starke, leidenschaftliche Visionen hat, gewinnt damit auch die Kraft, ein reißender Strom zu

werden, der schließlich in der unendlichen Weite des Meeres seine Erfüllung findet.
Jeder Mensch möchte glücklich sein und ein erfülltes Leben führen, doch kaum einer hat klare Vorstellungen davon, welche Gestalt sein Glück annehmen soll. Die meisten Menschen verfügen über keinerlei präzise Vorstellungen, wie sie ihr Leben formen wollen, welche Ziele zu erreichen für sie wichtig ist. Sie taumeln durch den Tag, getrieben von irgendwelchen Notwendigkeiten, und machen das, was sie schon immer getan haben oder was andere gerade von ihnen erwarten. Wie wird der Erfolg solcher Menschen ausschauen? Werden sie je das beglückende Gefühl erfahren, ihre Träume zu leben?
Lebe Deinen Traum und verträume nicht Dein Leben!

> Die meisten Menschen stehen morgens auf, weil sie pinkeln müssen.
>
> *Klaus Kobjoll Hotelier und Erfolgstrainer*

> Wenn Ihr Leben keine Vision hat, nach der man strebt, nach der man sich sehnt, die man verwirklichen möchte, dann gibt es kein Motiv, sich anzustrengen.
>
> *Erich Fromm*

> Der Erfolg ist jedem sicher, der ihn sich wünscht. Unterschätze niemals deine Träume! Du musst einen Pakt mit ihnen schließen. Sie sind die Quelle einer unerschöpflichen Kraft, die dir erlaubt, zu siegen. Hinter dem Hindernis eröffnet sich eine ganz neue Freiheit, ein viel weiterer Horizont.
>
> *Drukpa Rinpoche , (gest. 1989), tibetanisch- buddhistischer Meister*

Achte auf deine Träume!

Der Same für jedes große Werk ist eine Idee, ein Traum. Martin Luther King zum Beispiel hatte einen solchen großen Traum: Eine friedliche Revolution in den USA, die seinen schwarzen Schwestern und Brüdern die Gleichberechtigung mit den Weißen bringen sollte. Er hat so vielen Menschen wie möglich von seinem Traum erzählt und ihn so lange verfolgt, bis er Früchte trug. Vielen Menschen mangelt es an Fantasie. Sie haben das Träumen verlernt. Sie haben den Glauben an Märchen und Träume verloren. Sie wagen es nicht mehr, nach den Sternen zu greifen. Irgendwann in ihrem Leben haben sie sich die Finger verbrannt – und seither wollen sie mit heißen, flammenden Ideen nichts mehr zu tun haben. Paulchens Eltern mögen ihn ermahnt haben: „Du musst endlich vernünftig werden, das Leben ist hart, da ist kein Platz für Deine hochtrabenden Wünsche!" Also hat sich Paulchen auf seinem Weg zu Paul dafür entschieden, nur noch lauwarme Dinge anzufassen und auf die Glut des Lebens zu verzichten.

Wer nicht mehr träumen kann und keine Visionen hat, der kann auch nichts von all dem erlangen, was das Leben spannend und reich macht. Abenteuer und Leidenschaften mögen andere erleben. Er sieht sich das lieber im Fernsehen an. Freilich: Wer die Einsicht gewinnt, dass Träume dazu neigen, in Erfüllung zu gehen, der kann auch wieder lernen, auf jene magische Weise zu träumen. Dazu muss er allerdings auch die Fähigkeit erwerben, mit seinen Träumen richtig umzugehen. Und das ist leichter, als man gewöhnlich glaubt!

Der erste Schritt dorthin besteht darin, deinen Wünschen und Träumen mehr Aufmerksamkeit zu schenken. Du hast gute Ideen, nennst sie aber sofort „unerreichbar" oder „unrealistisch" und verwirfst sie wieder. So huschen diese wertvollen Impulse gerade einmal für Sekunden durch dein Gehirn, und das war's dann ... Nimm dir ein wenig Zeit, deine Ideen aufzuschreiben. Dadurch bekommen sie mehr Profil. Sie werden konkreter, greifbarer. Du vergisst sie nicht gleich wieder, kannst sie jederzeit wieder anfassen und mit ihnen Umgang pflegen.

> Wir müssen erkennen, dass es Aberglaube ist, wenn wir annehmen, Gott würde handeln, wenn wir müßig bleiben.

Martin Luther King, (1929 - 1968), US-amerikanischer Geistlicher, Politiker und Bürgerrechtler, 1964 Friedensnobelpreis

Was willst du vom Leben?

Morgens läutet der Wecker. „Was, jetzt schon aufstehen?" Ein hastiges Frühstück, es ist schon viel zu spät, und ab durch das morgendliche Verkehrsgewühl zum Arbeitsplatz. Der Tag verläuft „ohne besondere Vorkommnisse" – der gewohnte Trott, unterbrochen nur durch etwas Ärger mit dem Chef, einem Kunden oder durch irgendein anderes lästiges Problem. Abends kommt man ausgelaugt nach Hause; wer Glück hat, hat einen Hund, der ihn dazu drängt, ein paar Schritte um den Häuserblock zu machen. Im Übrigen steht ein bequemer Fauteuil für das meist ziemlich öde Fernsehprogramm bereit. Am Wochenende wird spät aufgestanden, dann gibt es flaue Diskussionen mit dem Partner über das zu absolvierende Freizeitprogramm, bei dem dann womöglich die halbwüchsigen Kinder auch noch mitmischen. Kompromisse werden geschlossen ... So richtig glücklich ist keiner darüber. Aber dieser Tag wird vorübergehen. Wie alle anderen auch.

Die Frage: „Was willst du in deinem Leben erreichen, was ist dein großes Ziel?" dürfte die meisten Menschen in große Verlegenheit bringen. Viele denken: „Ein großes Ziel? Was soll das? Ich bin froh, wenn ich irgendwie über die Runden komme." Viele kommen gar nicht auf die Idee, sich Gedanken über Lebensziele zu machen. Werfen wir einen Blick auf den traditionell üblichen Jahresrückblick zu Silvester und den Brauch, Vorsätze fürs kommende Jahr zu fassen. Wer besinnt sich dabei wirklich? Gewöhnlich feiert man ein bisschen, es fließt viel Alkohol, man wünscht einander Gesundheit und viel Erfolg im neuen Jahr und beschenkt einander mit kleinen kitschigen Plastik- Rauchfangkehrern und

Marzipanschweinchen als „Glücksbringer". Denkt jemand dabei ernsthaft nach, wie dieses Glück eigentlich ausschauen soll?
Man könnte sich zum Jahreswechsel auch Zeit nehmen, sein Leben des vergangenen Jahres nochmals wie einen inneren Film ablaufen zu lassen und tief in sich hineinzuhorchen, was das neue Jahr mit sich bringen möge. Machst du dir zu Neujahr konkrete Gedanken, wie dein Glück im kommenden Jahr ausschauen wird? Nein? Macht nichts! Du kannst es auch jetzt tun, gleich heute. Beginne einfach damit, dein Leben bewusster zu gestalten. Wer wirklich sein Glück in die Hand nehmen will, für den ist nicht nur Silvester ein Tag der Besinnung auf seinen Lebensinhalt, sondern jeder Tag des Jahres. Denn jeder einzelne Tag trägt uns die Chance zu, unser Leben außergewöhnlich und einzigartig schön zu gestalten.
Schon der bloße Entschluss, neu zu leben, mutig deine Träume in die Wirklichkeit zu tragen, entfesselt ungeahnte Kräfte.
Das kannst du jederzeit überprüfen. Wer immer nur das tut, was er schon immer getan hat, wird auch nur das bekommen, was er immer schon bekommen hat.
Das Leben ist wirklich zu schön, um es nur dahinplätschern zu lassen. Mach aus ihm einen mitreißenden Strom!

> Ein Musiker muss musizieren, ein Maler muss malen, ein Dichter muss schreiben, wenn er in Frieden mit sich leben will.
>
> *Abraham Maslow, (1908-1970) Forscher und Psychologe*

> Zielklarheit - Das sind achtzig Prozent des Erfolges.
>
> *Brian Tracy, US- amerikanischer Erfogstrainer*

Die klare Ausrichtung

Viele Menschen wissen ziemlich genau, was sie **nicht** wollen. Aber eine klare Vorstellung darüber, **was sie wollen**, von ihren Zielen also und

ihren Anforderungen an ihre Zukunft, haben sie keine Ahnung. Das erstaunt mich jedes Mal aufs Neue. Oft höre ich von Menschen, was sie an ihrem Berufs- oder in ihrem Familienleben alles **stört**. Mit anderen Worten: Ihr Denken dreht sich hauptsächlich um ungeliebte Zustände. Wen wundert es, dass diese dadurch immer mehr Bedeutung gewinnen und immer unerträglicher werden? Nur wer sich Klarheit darüber verschafft, was er will, wer sich Ziele setzt, an denen er seinen Weg orientiert, kann Wandlung und Veränderung zum Besseren erfahren.
Wie viele Menschen haben wohl konkrete Ziele und sind sich bewusst darüber, wie sie ihr Leben gestalten wollen? Die Statistik sagt: drei Prozent. Das heißt, dass rund 97 Prozent der Menschen ihr Leben und ihr Glück nicht bewusst formen, sondern irgendwie geschehen lassen.
Auf die Frage: „Was sind Ihre Wünsche, was möchten Sie gerne haben?" bekamen die Statistiker brauchbarere Antworten als auf die Frage nach dem Lebensziel. Einige Antworten lauteten zum Beispiel: „Ein schönes Haus im Grünen.", „einen Partner, mit dem man sich gut versteht.", „einen besser bezahlten Job". Viele wollten gerne das Rauchen aufgeben, mehr für die Fitness tun, mehr Freizeit haben oder eine Weltreise machen.
Die meisten Menschen haben viele, viele Wünsche. Manche Wünsche gehen in Erfüllung, noch mehr Wünsche bleiben Träume. Wer kennt nicht dieses unbefriedigende Gefühl des Mangels, der unerfüllten Sehnsucht: „Hätt ich doch nur... Könnt' ich doch nur... Würd' ich doch nur...!" Das Entscheidende dabei jedoch (das den meisten Menschen fehlt), ist die Vision, die ihrem Leben erst eine eindeutige Richtung gibt.

Wünsche neigen dazu, einander zu widersprechen. „Ich möchte ein Haus im Grünen, aber ich möchte auch zentral in der Stadt wohnen, um nicht weit zur Arbeit fahren zu müssen und um die Annehmlichkeiten des Stadtlebens genießen zu können." – „Ich möchte mehr Geld haben, aber ich möchte mich nicht aus meinem bequemen Sofa erheben, um etwas dafür zu tun." – „Ich möchte körperlich fit sein, aber ich mag nicht Laufen oder Trainieren gehen, und ich verzichte sicher nicht auf meine geliebte Schokolade oder meinen Schweinebraten." Solche gegensätzlichen Ansprüche lösen innere Konflikte aus. Sie machen uns unzufrieden, und auf die Dauer machen sie uns krank, wenn wir ihnen nicht bewusst begegnen. Wenn ich eindeutig weiß, was ich will, bin ich bereit, gewisse damit verbundene Unannehmlichkeiten in Kauf zu nehmen. Wer mal in dieser, mal in jener Stadt Seminare leitet, wird viel auf Reisen sein und so manche Nacht nicht in den eigenen vier Wänden verbringen können, auch wenn er diese noch so sehr liebt. Wer einen Berg besteigen will, wird selbstverständlich akzeptieren, dass damit gewisse Anstrengungen verbunden sind. Für ihn entsteht daraus kein innerer Widerspruch.

Hier zeichnet sich schon erstmals die Lösung ab, wie wir aus dem Strudel von Wünschen, Hoffnungen und Unbefriedigtsein herauskommen: Solange wir nicht klar vor Augen haben, was wir wollen, was unser Ziel ist und wofür wir bereit sind, uns hundertprozentig einzusetzen, solange drehen wir uns im Kreis. Wir mögen dies und jenes versuchen, das eine oder andere beginnen, von einem Reiz zum nächsten hasten, doch an unserer Situation wird sich dabei nur wenig verändern. Die meisten werden das Gefühl nicht los, ihre Wünsche, Hoffnungen und Sorgen strömten in alle Richtungen, uferlos, unkontrolliert und unfassbar. Was ihnen fehlt, ist der Rahmen für ihr Lebensbild:

Ziele, Glaubensinhalte, Werte.

Es stimmt, dass Geld nicht glücklich macht.
Allerdings meint man damit meist das Geld der anderen.

George Bernard Shaw

Die landläufige Meinung, Erfolg verderbe die Menschen, weil er sie eitel, egoistisch und selbstgefällig mache, ist irrig. Im Gegenteil, Erfolg macht sie zumeist bescheiden, tolerant und gütig. Versagen macht Menschen bitter und grausam.

William Somerset Maugham

Geld ist der sechste Sinn: der Mensch muss ihn haben - denn ohne ihn kann er die anderen fünf nicht voll ausnützen.

William Somerset Maugham

Geld ist nichts. Aber viel Geld – das ist etwas anderes.

George Bernard Shaw

Bedeutet Erfolg Geldmacherei und Herzinfarkt?

Viele Menschen haben ein gespanntes Verhältnis zu Erfolg. Erfolg ist für sie gleichbedeutend mit Geldmacherei und Herzinfarkt. Doch gibt es vielerlei Arten von Erfolg. Auch sein Kind zur Schwelle des Erwachsenseins zu begleiten, ist Erfolg! Mit dem Rauchen aufzuhören, ist Erfolg! Jemanden eine Freude zu bereiten, ist Erfolg! Tatsächlich wird jedes Leben erst durch Erfolg möglich. Jeder Baum, jedes Tier, jeder Mensch, ob jung oder alt, braucht Erfolg. **Erfolg ist Leben; denn Leben heißt Wachstum**. Es dreht sich für uns nicht nur um diesen oder jenen Erfolg, sondern um den lebenslänglichen Prozess des Wachsens.

Erfolg findet in erster Linie in unserem Gehirn statt. Was entscheidet wirklich über die Qualität unseres Erfolgs? Ob und wie sehr wir uns zufrieden und glücklich fühlen mit dem, was uns das Leben schenkt und mit den kleinen oder großen Fortschritten, die wir uns selbst erarbeitet haben. Unser Erfolg besteht sicher nicht darin, ein größeres Auto als unser Nachbar zu besitzen. Unser Lebensgefühl ist unser Erfolg. Ich kenne viele Leute, die mit sich, ihrem Schicksal und ihren Erfolgen immer unzufrieden sind. Vor allem depressive Menschen leiden darunter, dass sie weder bei sich noch bei anderen Fortschritt, Schönheit oder sonst etwas Erfreuliches sehen und anerkennen können.

Wir könnten natürlich unsere Ansprüche und Wünsche auf ein Minimum reduzieren (wenn wir es nur könnten!☺) und so leben wie der Philosoph **Diogenes** im Griechenland des vierten vorchristlichen Jahrhunderts. Diogenes war schon zu Lebzeiten eine Legende – in erster Linie wegen seiner provokanten und seltsam anmutenden Denk- und Lebensweise: Er lebte in größter Einfachheit. Sein Heim soll ein Weinfass gewesen sein. Es wird erzählt, dass eines Tages König Alexander der Große zu Diogenes kam, um von der Weisheit des berühmten Mannes zu profitieren. Zum Schluss des Gespräches zwischen den beiden Männern wollte Alexander seinem Gastgeber gegenüber großzügig sein – und so sagte er zu ihm, er könne sich von ihm, dem großen Welteroberer, etwas wünschen. Worauf Diogenes entgegnete: *„Geh mir aus der Sonne!"*

Alexander wollte die Welt erobern, um seinen Traum von Glück zu erfüllen. Diogenes wünschte sich nichts weiter, als dass der Feldherr einen Schritt zur Seite tun möge, um die Strahlen der Sonne weiter genießen zu können. Sicher ist jedes von diesen Zielen „in Ordnung". Was letztlich zählt, ist, ob jemand sein individuelles Glück erreicht.

Diogenes dürfte auf diese einfache Weise sein Glück gefunden haben. Das bedeutet aber natürlich durchaus nicht, dass wir heute in allen Einzelheiten seinem Vorbild folgen müssen. In unserer Zeit – und in unseren doch deutlich kühleren Breiten – wäre es recht unangenehm, nur spärlich bekleidet in einem leeren Fass zu hausen ☺.

Glückliche Menschen sind bescheiden, und sie wissen die kleinen Freuden des Lebens zu genießen. Das schließt aber nicht aus, dass sie sich auch an Fülle und Wohlstand erfreuen können. Ich kenne etliche reiche Leute. Unter ihnen gibt es manche, die sich ohne zu zögern „glücklich" nennen würden. Aber es sind auch genug unter ihnen, die trotz ihres Überflusses zutiefst unzufrieden sind. Nur Menschen, die es verstehen, ihrem Leben Ziel und Inhalt zu geben, können wahrhaft erfolgreich **und** glücklich sein.

> Nicht weil es schwer ist, wagen wir es nicht, sondern weil wir es nicht wagen, ist es schwer.
>
> *Lucius Annaeus Seneca (ca. 4 v. Chr - 65 n. Chr.),*
> *römischer Politiker, Philosoph und Schriftsteller*

> Der Mensch hat dreierlei Wege, klug zu handeln: Erstens durch Nachdenken, das ist der edelste, zweitens durch Nachahmen, das ist der leichteste, und drittens durch Erfahrung, das ist der bitterste.
>
> *Konfuzius (Kung-fu-tse), (551 - 479 v. Chr.), chinesischer Philosoph*

> Die besten Reformer, die die Welt je gesehen hat, sind die, die bei sich selbst anfangen.
>
> George *Bernard* Shaw

Bereitschaft zur Veränderung

Wie bereits gesagt: Es gibt viel zu viele Menschen, die nicht ihre Berufung leben, die keine Freude an ihrer Arbeit haben, die durch ihre Arbeit nicht Energie gewinnen, sondern sie verlieren. Was ihnen vor allem fehlt, ist die nötige Fantasie, um sich auszumalen, was sie anders machen könnten – und der nötige Mut, ihre Träume Wirklichkeit werden zu lassen. Die moderne Arbeitswelt erfordert ein hohes Maß an Flexibilität und Selbstvertrauen. Der Rat „Junge, geh zur Post, da hast es im Winter schön warm!" ist nicht mehr zeitgemäß. Auch die Zeiten, in denen ein Vierzehnjähriger schon sicher sein konnte, wie sein weiteres

Berufsleben verlaufen würde (Lehrling, Geselle, Meister, Rentner) sind vorüber. Die Menschen besinnen sich heute nämlich mehr denn je ihrer Individualität. Sie lassen sich von niemandem mehr ihren Berufsweg vorschreiben. Zudem kann niemand mehr, weder ein junger Mensch am Beginn seiner Laufbahn noch seine Eltern oder sonst jemand, mit Sicherheit vorhersagen, welcher Beruf in fünf oder zehn Jahren noch Chancen bieten wird. Dazu verändern sich die ökonomischen Gegebenheiten viel zu rasch. Heute verdienen fertig studierte Ärzte ihr Geld als Taxifahrer, weil sie keinen Job bekommen, der ihrer Ausbildung entspricht. Fachleute der Informationstechnologie werden aus dem Ausland, vielfach aus Indien (!), angeworben. Ein Informatiker mag nach sechsmonatiger Grundausbildung bessere Berufsaussichten haben als die meisten Akademiker (die durchschnittlich sechs Jahre lang studiert haben).
Und schon wieder ist alles anders: Eine herbe weltweite Absatzkrise in den Bereichen Computer und Telekommunikation, und schon sind Tausende Fachleute aus dieser Branche arbeitslos, die sich gestern noch enorm hoher Jahresgagen erfreut hatten.

Vor kurzem hörte ich den Vortrag eines anerkannten deutschen Erfolgstrainers. Er warnte eindringlich davor, mehrfach den Beruf zu wechseln und einmal diese, dann wieder jene Arbeit auszuüben. Er meinte, Spitzenleistungen könne einer nur dann erbringen, wenn er sich frühzeitig für einen Beruf entschiede und seine Karriere konsequent vom Lehrling zum selbständigen Meister durchliefe. Er stellte es geradezu als Schande hin, mit 40 oder 50 Jahren einen neuen Job anzugehen.
Nun, ich teile die Ansicht, dass zielloses Hin und Her nicht zum Erfolg führen dürfte. Zugleich trete ich aber ganz entschieden dafür ein, dass **jeder zu jeder Zeit** bereit sein sollte, sich grundlegend zu verändern und neue Herausforderungen anzunehmen, wenn ihn seine bisherige

Aufgabe nicht mehr befriedigt oder wenn sie ihm keinen entsprechenden finanziellen Anreiz bietet.

Mahathma Ghandi sagte:

- Wenn du etwas drei Jahre gemacht hast, betrachte es **sorgfältig**;
- wenn du es fünf Jahre gemacht hast, betrachte es **misstrauisch**;
- wenn du es zehn Jahre gemacht hast, **mach es anders!**

Ghandi wollte damit darauf aufmerksam machen, dass wir uns jederzeit und immer wieder die Frage stellen dürfen: „Ist das, was ich bis gestern gemacht habe, heute noch richtig? Sind die eingefahrenen Geleise, auf denen mein Zug fährt, noch brauchbar?" Was für einen Lebensabschnitt gut, wichtig und richtig gewesen sein mag, kann in der nächsten Etappe schon ein Hemmschuh für unsere Entwicklung sein. Alles ist im Fluss, wir verändern uns laufend, die Welt ist jeden Tag neu. So wie kein Unternehmen dauerhaft Erfolg haben kann, wenn es sich nicht den fortwährend wechselnden Herausforderungen stellt, so kann auch jeder Einzelne auf die Dauer nur glücklich sein, wenn er stets für Neuerungen in seinem Leben offen bleibt.

Die Epoche der Massenarbeit und der Massenproduktion ist vorüber. Globalisierung, Digitalisierung und der Drang zu mehr Freiheit und Individualität bringen die bislang stabilen Strukturen der Wirtschaft kräftig durcheinander, ebenso wie die jahrhundertelang gewohnten Denkmodelle hinsichtlich Partnerschaft und Familie. **Die Revolution im Bereich Arbeitsplätze ist schon voll im Gange**. Niemand kann heute mehr darauf vertrauen, seinen Arbeitsplatz ein Leben lang behalten zu können. Das gilt für die Leute mit den blauen Overalls ebenso, wie für die Jobs mit den weißen Hemdkragen. Wir, und das gilt auch für ältere Jahrgänge, die nicht gleich „weg vom Fenster" sein wollen, müssen uns darauf einstellen, unseren Job und auch unser Tätigkeitsfeld mehrmals zu wechseln.

Wie im Berufsleben, so befinden wir uns auch im Beziehungs- und Familienbereich mitten in einer Umbruchsphase. Fast jede zweite Ehe wird geschieden. Die Zahl der Eheschließungen geht dramatisch zurück. Immer mehr Menschen entscheiden sich für Partnerschaften „auf Zeit". Immer mehr Menschen ziehen die Freiheiten eines Singledaseins den Verpflichtungen einer festen, auf die Dauer angelegten Bindung vor. Mit anderen Worten: Sowohl im Berufs- als auch im Privatleben ist mehr denn je Beweglichkeit gefragt.

> Es gibt im Leben keine Sicherheit. Es gibt nur Möglichkeiten.
>
> *Douglas MacArthur, US-General*

> Nichts gegen Kreativität. Aber müssen es denn immer gleich neue Ideen sein?
>
> *Ole Anders, deutscher Publizist*

> Nachdem wir das Ziel aus unseren Augen verloren hatten, verdoppelten wir unsere Anstrengungen.
>
> *Mark Twain (1835 - 1910), US-amerikanischer Erzähler*

Jobnomaden

Gundula Englisch erklärt in ihrem Buch „Jobnomaden": ***„Der typische Arbeitsplatz des Industriezeitalters – das dauerhaft abgesicherte und vollzeitige Arbeitsverhältnis – verschwindet, und immer weniger Menschen trauern ihm nach."*** Wirtschafsprognosen rechnen damit, dass im Jahr 2010 die Mehrzahl der Beschäftigten nur Teilzeitjobs haben werden. Die Zahl der Klein- und Kleinstunternehmer nimmt rapide zu. In Deutschland ist die Zahl der Einzelunternehmer in den letzten Jahren von 400.000 auf knapp zwei Millionen gestiegen. Teilweise zwingt die schwierige Arbeitsmarktsituation ehemalige Angestellte – wie auch junge Leute, die frisch in den Arbeitsprozess einsteigen – zum Schritt in die Selbstständigkeit. Und immer mehr Leute entscheiden sich aus eigenem Antrieb für jene Freiheit, Eigenverantwortung und Mobilität, die das selbstständige Unternehmertum mit sich bringt.

In den USA gibt es bereits fünfundzwanzig Millionen sogenannter „Free Agents", die sich vor allem die grenzenlosen Möglichkeiten der Internetwirtschaft zunutze machen, um ihre eigenen Vorstellungen von Arbeits- und Lebensstil zu verwirklichen. „**Free Agents**" sind mobile Projektarbeiter. Sie stellen ihre Arbeitskraft nicht einem einzelnen Arbeitgeber zur Verfügung, sondern bearbeiten vorübergehend für eine Firma – oder auch für mehrere Firmen zugleich – vertraglich definierte Projekte. Sie werden nicht nach Arbeitszeit entlohnt, sondern dafür, dass sie eine vorher vereinbarte Leistung erbringen. Die meisten derartigen Projektarbeiter fühlen sich interessanterweise nicht nur freier in ihrer Arbeitsgestaltung, sondern auch sicherer, was ihr Einkommen anbelangt. Die Verteilung der Einkommensquelle auf mehrere Auftraggeber verhindert nämlich die Zwangslage, von einem einzigen Arbeitgeber wirtschaftlich abhängig zu sein. Der herkömmliche Arbeitnehmer hingegen hat nur die Wahl, entweder tagein, tagaus an einem Platz zu arbeiten oder arbeitslos zu sein. Ein nicht unerhebliches Risiko, oder?

> Der Berufene: Ist das Werk vollbracht, so verharrt er nicht dabei.
>
> *Laotse, (6. oder 4. oder 3. Jahrhundert v. Chr.),*
> *chinesischer Philosoph,*

Die wirklich glücklichen Menschen, denen ich begegnet bin, waren diejenigen, die in der Hingabe an eine Aufgabe aufgegangen sind.

Albert Schweitzer, (1875 - 1965), deutsch-französischer Arzt, Theologe, Musiker und Philosoph, 1952 Friedensnobelpreis

Auf Gott vertrauen statt Ziele setzen?

Im Rahmen meiner Seminare habe ich nicht wenige Menschen kennengelernt, die es bewusst ablehnen, sich Ziele zu setzen. Es sind zumeist junge, idealistische Menschen, oft mit religiösem Hintergrund, die es ablehnen, „etwas machen zu wollen". Sie setzen vielmehr voraus, dass Gott sie auf den richtigen Weg führen und ihnen das Richtige zukommen lassen würde. Nun, ich finde es großartig, wenn jemand bereit und fähig ist, das anzunehmen, was ist und was das Schicksal mit sich bringt. Doch das allein ist zu wenig. Diese Idealisten übersehen vor allem eines: Nämlich, dass sie selbst bei den kleinsten Anforderungen des täglichen Lebens gar nicht anders können, als immer wieder Entscheidungen zu treffen und Ziele zu setzen. *„Gehe ich heute zu meiner Arbeit?" – „Was werde ich essen?" – „Widme ich einem anderen Menschen einen Teil meiner Zeit?" – „Lese ich dieses oder jenes Buch?"* Alle diese kleinen alltäglichen Fragen erfordern Ziele und Entscheidungen. Warum sollten wir nicht gleichermaßen die größeren Ziele, die Lebensziele in die eigene Hand nehmen? Hat nicht Gott (nach der Schöpfungsgeschichte des Alten Testamentes) den Menschen zu seinem Ebenbilde geschaffen? Hat er ihn nicht mit der herrlichen Fähigkeit ausgestattet, selbst schöpferisch tätig zu werden? Hätten die unsterblichen Kunstwerke Michelangelos, Goethes, Mozarts jemals entstehen können, wären deren Urheber nicht von schöpferischer Leidenschaft durchdrungen gewesen? Könnten wir heute in Wohlstand und Überfluss leben, hätten nicht dynamische, tatkräftige Erfinder und Unternehmer ihre großen Ziele angestrebt und verwirklicht? Könntest du heute das sein, was du bist, ohne dass deine

Eltern und Lehrer sich bemüht hätten, dir deine Entwicklung zu ermöglichen?

Auch jene Menschen, die es ablehnen, sich Ziele zu setzen, haben solche Ziele. Sie sind sich ihrer bloß nicht bewusst. Auch sie wollen zum Beispiel ein schönes Heim schaffen oder ein harmonisches Familienleben führen. Ein Mensch, der tatsächlich ziellos lebt, wird zwangsläufig unter Energie- und Antriebslosigkeit leiden. Es müssen nicht notwendigerweise berufliche oder materielle Ziele sein, die uns Lebensgeist und Lebenskraft geben. Wer jedoch ohne jede Herausforderung, ohne erfüllende Aufgabe zu existieren versucht, wird in der Regel schlaff und freudlos werden.

Ob jemand siebzehn oder siebzig Jahre alt ist, spielt hier keine Rolle: **Wer keine Lebens- Ziele verfolgt, ist bereits ein alter Mensch, ein Greis**. Jeder, der leben will, braucht eine Aufgabe, die ihn motiviert und seine Kräfte herausfordert. Zahlreiche Studien haben belegen können, dass Rentner rasch verfallen, psychisch wie physisch, wenn sie keine wesentliche Aufgabe in ihrem Leben erkennen und wenn sie nicht mehr das Gefühl haben, einen sinnvollen Beitrag zum Leben ihrer Umgebung leisten zu können. Ohne Ziele erscheint das Leben sinnlos. Ohne Ziele verlieren die Menschen, vor allem ältere Menschen, ihren Lebenswillen.

Wer sich keine Ziele setzen will, hat im Grunde ein besonderes Ziel. Es ist die Sehnsucht, frei von Zielen und Wünschen eins zu werden mit dem zeitlosen Augenblick. Ich verstehe dieses Bedürfnis, denn für mich ist sogar die wiederholte Erfahrung dieses Zustandes eine Art Lebensnotwendigkeit. In der Meditation können wir diesen Zustand erreichen. Im Zen wird dieser Bewusstseinszustand Samadhi oder Satori genannt. Doch solange wir einem physischen Körper zugeordnet sind, können wir nicht ständig der Welt des dualen Denkens, des Tuns, der Ziele entrückt bleiben. Die eine Dimension benötigt die andere. Sie gehören zusammen wie Tag und Nacht. Deshalb lautet auch der Titel dieses Buches: **Das magische Dreieck „Leben - Arbeit - Zen“**.

> Kein Mensch kann sich wohl fühlen, wenn er sich nicht selbst akzeptiert.
>
> *Mark Twain*

> Die große Stärke der Menschen, die als erfolgreich zu nennen sind, liegt darin, dass sie ihr Leben selbst steuern.
>
> *Mihaly Csikszentmihalyi*

Ziele und Zen

Jeder Mensch ist ein Unternehmer. Dabei zählt es nicht, ob er Vorstandsdirektor eines Konzerns, Angestellter, Volksschullehrer, Beamter, Student oder Fürsorgeempfänger ist: **Dein Unternehmen ist dein Leben.** Es ist das wichtigste Unternehmen, das es auf dieser Erde gibt. Wir alle sind „Lebensunternehmer“. Unsere wichtigste und vordringlichste Aufgabe ist die Leitung unseres Fortkommens, unserer Entwicklung unseres Lebens. **„Lebensunternehmer“** sind mehr denn je gefragt im Zeitalter der tausend Möglichkeiten, des rasenden technischen Fortschritts, der Globalisierung, des Zusammenbruchs aller traditionellen Ordnungssysteme, des permanenten wirtschaftlichen Umbruchs. Niemand kann dir heute noch sagen, welcher Job dir morgen noch Sicherheit bietet, wie du vermeiden kannst, dass sich dein Lebenspartner plötzlich verabschiedet oder wie du dich für deine Rente absichern kannst. Der Staat und seine Beamten haben ihre Macht längst eingebüßt, und auch die Kirche erweist sich zumeist als unfähig, praktische Lebenshilfe zu geben. Eltern und Lehrer scheinen oft selbst nicht mehr mit den Anforderungen der Zeit zurecht zu kommen. Traditionen und altbewährte

Lebensmuster wirken – vor den Herausforderungen der neuen Welt – verstaubt, obsolet und unbrauchbar.
Welche Alternativen haben wir also zur Verfügung? In den USA hat schon seit langer Zeit der Psychiater die Rolle des Seelsorgers übernommen – zumindest für jene Kreise, die ihn sich leisten können. Auch in Europa ist die Seelenheilkunde hochmodern. Daneben finden auch Wahrsager, Geistheiler, selbsternannte Schamanen und sonstige spirituelle Berater regen Zuspruch. Mehr oder weniger professionelles Consulting und Coaching ist sowohl von Unternehmen als auch von Einzelpersonen immer stärker gefragt.
Wie ist das nun mit Zen? Kann er uns eine entscheidende Orientierungshilfe für unser Lebensunternehmen geben? Ist nicht auch Zen eine verstaubte, längst überholte Religion?
Die Bewegung des Zen geht auf Gautama Buddha zurück. Dieser hatte niemals die Absicht, eine religiöse Glaubensgemeinschaft zu gründen. Seine Lehre spricht über keinen Gott oder ein sonstiges überirdisches Wesen. Buddha galt zu seiner Zeit als großer erleuchteter Lehrer. Nach heutigem Verständnis könnte man ihn ebenso gut als Glücksforscher oder als Erfolgstrainer bezeichnen. Die ursprüngliche Lehre Buddhas ist darauf ausgerichtet, ein Maximum an Lebensglück und Zufriedenheit zu erreichen – **absolut pragmatisch, nicht mehr und nicht weniger**. Erst lange nach Buddhas Zeit entstanden in Indien, später auch in anderen Ländern Asiens, buddhistische Religionsgemeinschaften. Da nun jede Religionsgemeinschaft offensichtlich zumindest einen Gott benötigt, wurde Gautama Buddha schließlich selbst wie ein Gott verehrt.
Die Lehre des Zen-Buddhismus, wie sie in China und Japan ihre Ausformung fand, steht Buddhas Grundgedanken wahrscheinlich bis heute noch am nächsten. Zen kennt weder religiöse Zeremonien noch die Anbetung irgendeiner Gottheit.
Zen bedeutet nichts anderes als: Zu sich selbst finden. Wer sich gefunden hat, lebt und handelt im Einklang mit seinem innersten Wesen. Er

findet seinen Anker, sein Zuhause, seine Sicherheit und seine Orientierung in sich selbst. Zen – oder wie immer man die Achtsamkeit auf die innere Stimme nennen will – ist für mich die überzeugendste Antwort auf das Chaos der neuen Zeiten. Wenn ich in diesem Buch von „Zen" spreche, so meine ich jedenfalls weder eine institutionalisierte Lehre noch eine Glaubensgemeinschaft, sondern jene Lebenshaltung, die „aus der eigenen Mitte" kommt. **Ein Mensch „im Zen" ist einer, der sein Leben unabhängig und frei aus sich selbst heraus steuern kann** – völlig unabhängig davon, ob er Zen studiert oder überhaupt noch nie etwas davon gehört hat. Wer zu sich selbst gefunden hat, wer mit sich im Einklang ist, dem fällt es auch nicht schwer, seine Lebensziele zu erkennen. Für ihn ist es ganz einfach nur schön und beglückend, sich seine Ziele bewusst zu machen und diese mit Begeisterung zu erfüllen.

„Zu sich selbst finden", „in seiner Mitte sein" – das mag für manchen fremd, sperrig und abstrakt klingen. Darauf, was Zen bedeuten kann, werde ich noch ausführlich eingehen. So viel vorweg: Wir finden zu uns selbst, wenn wir unseren Gedanken und Gefühlen, also dem, was in uns vorgeht, mehr Aufmerksamkeit schenken. Auf diese Weise lernen wir uns besser kennen. Wir bekommen Zugang zu den Kräften unseres Unter- bzw. Überbewusstseins. Wir gewinnen Selbstvertrauen und treffen entschlossener unsere Entscheidungen. Wir schöpfen unser kreatives Potential tiefer aus und fühlen uns leichter in das Denken anderer ein. **Zen ist also absolut kein abgehobenes esoterisches Hirngespinst, sondern ein höchst praktisches, lebensbejahendes Werkzeug zum Sein.**

Ziele finden- Workshop deiner Visionen

Trenne dich nie von deinen Illusionen und Träumen. Wenn sie verschwunden sind, wirst du weiter existieren, aber aufgehört haben, zu leben.

Mark Twain

Unsere Wünsche sind die Vorboten der Fähigkeiten, die in uns liegen.

Johann Wolfgang von Goethe (1749 - 1832), deutscher Dichter, Naturwissenschaftler und Staatsmann

Die meisten Menschen haben im Kopf eine Einzimmerwohnung - tapeziert mit der traurigen Tapete ihrer Erfahrungen.

Gerd Gerken, US- Trendforscher

Deine großen Lebensziele

In meinen Seminaren begegne ich immer wieder Menschen, die sagen, sie würden sich gerne einem anspruchsvollen Lebensziel widmen - wenn sie nur wüssten, wie dieses aussieht!
Was kann die Ursache dafür sein, dass jemand Schwierigkeiten damit hat, das große Ziel in seinem Leben wahrzunehmen?

1. ***Du schenkst deinen Träumen und Visionen zu wenig Beachtung!***
   Die Wegweiser zum Glück sind unsere Sehnsucht und unsere Wünsche. Wir vertrauen zu wenig auf die Machbarkeit und die Kraft unserer Wünsche. Lass deine Träume nicht aus den Augen. Lerne mit ihnen umzugehen. Wenn wir uns mit unseren Wünschen immer wieder intensiv beschäftigen, nehmen sie immer konkretere Formen an und zeigen uns selbst den Weg zu ihrer Verwirklichung.

2. ***Du kennst deine Ressourcen, deine besonderen Fähigkeiten nicht!***
In jedem Menschen sind ungeahnte Talente und Fähigkeiten verborgen. Ich habe Malkurse mit Teilnehmern geleitet, die von sich selbst behauptet hatten, keinerlei Talent für bildnerischen Ausdruck zu haben. Schon nach einem Wochenende konnte ich fast alle von ihnen überzeugen, dass sie sich wunderbar mit Pinsel und Farbe auszudrücken vermögen. Wer den Mut und die Lust dazu findet, seine besonderen Fähigkeiten aufzuspüren, wird erstaunt sein, welche außergewöhnlichen Kräfte und Möglichkeiten in ihm schlummern.

3. ***Einengende Glaubenssätze trüben deinen Blick auf dein Ziel!***
Oft prägen allzu viele negative Beurteilungen über unsere Fähigkeiten und Chancen unser Selbstbild. Wir selbst und andere haben uns eingeredet: „Das kannst du nicht!" „Das kann nicht gut gehen!" „Sei vorsichtig, mach das nicht!". Viele gleiten ohne Übergang von der Phase: „Dafür bist du zu jung!" in das Stadium „Dafür bist du zu alt!". Was du wirklich willst, was deiner tiefen inneren Sehnsucht entspricht, **worauf du alle deine Kraft ausrichtest, das kannst du auch erreichen!** Deine Zielvorstellung wird sich vielleicht im Laufe deiner Bemühungen etwas verändern, doch du wirst sicher Erfolg haben.

4. ***Du befürchtest eine neue Enttäuschung!***
Du hast negative Erfahrungen gemacht. Daher hast du Angst, dich auf neue Herausforderungen einzulassen. In Wahrheit ist jede Erfahrung ein Gewinn. Jede Erfahrung lässt uns reifen. Jede neue Erfahrung ist daher ein Fortschritt. Lass dich nicht einschüchtern. Misserfolge sind natürlich und notwendig auf dem Weg zum Ziel. Nur wer mit Niederlagen umzugehen weiß, wer daraus lernt und sich sagt: **„Jetzt erst recht!"**, der hat sich Erfolg verdient.

Die Sehnsucht ist es, die neue Welten erschafft. Aber die Ungeduld legt sie vorzeitig in Trümmer.

*Jeannie Ebner, (*1918) österreichische Schriftstellerin*

Die Sehnsucht ist dem Menschen oft lieber als die Erfüllung.

Julius Langbehn (1851 - 1907), deutscher Schriftsteller

Eine Seele ohne Sehnsucht ist wie eine Mühle im trockenen Bach.

Walter Kinkel (1916 – 2001) deutscher Priester

Auf den folgenden Seiten findest du ein spielerisches, und dennoch wirksames Werkzeug zur Erforschung deiner Visionen und Lebensziele - den „Workshop deiner Visionen".

Basis:

- Nimm dir entsprechend viel Zeit für dieses Workshop. Gönne dir auch Pausen! Du musst diese Spiele nicht in einem Zug durchmachen. Bedenke, es geht um ein hohes Ziel: deine Lebensgestaltung. Die Planung deines zukünftigen Lebens sollte dir schon entsprechend viel Zeit wert sein.
- Such dir einen bequemen, schönen Platz aus, wo du dich wohl fühlst!
- Wenn du magst, leg Musik auf, die in dir angenehme, kraftvolle Gefühle erzeugt.
- Leg Papier und Schreibstifte bereit.

Setzen Sie sich hin und bringen Sie Ihre großartige Idee zu Papier. Wenn Sie das nicht können, dann haben Sie sie nicht wirklich durchdacht.

*Lee Iacocca (*1924), US-amerikanischer Industriemanager*

Das richtige Ziel kannst du daran erkennen, dass es unrealisierbar erscheint, dich aber gleichzeitig in helle Aufregung versetzt, wenn du daran denkst, es vielleicht doch erreichen zu können.

*Antony Robbins, (*1961), US-amerikanischer Erfolgsstrainer*

Spiel Nr.1: Erforsche deine Träume

Vergiss alle Erfahrungen, die du damit gemacht hast, was möglich ist und was nicht; was sein darf und was nicht. Denk dir, du bist ein Kind und darfst deine Wünsche und Träume ungeprüft ausplaudern. Stell dir vor, ein guter Geist wird dich bei all dem, was du anstrebst, unterstützen. Er wird dafür sorgen, dass alle deine Träume in Erfüllung gehen. Mach dir keine besonderen Gedanken über diesen Geist. Vielleicht ist es der Djinn aus Aladins Wunderlampe ☺ - vielleicht ist es die Kraft deines Unterbewusstseins. Es gibt viele starke, positive Kräfte, die an der wundersamen Entstehung und Entwicklung unseres Universums beteiligt sind. Eine davon ist deine eigene schöpferische Gedanken- und Vorstellungskraft.

Schreib jetzt alle deine gegenwärtigen und vergangenen Träume und Wünsche wahllos auf. Überlege dabei nicht, was sinnvoll und realistisch erscheint. Damit alle Träume aus dir herausfließen können, ist es wichtig, möglichst ohne „Nachdenkpausen" alles aufzuschreiben, was dir gerade einfällt. Deine Ideen mögen kindisch, verrückt, fantastisch, utopisch sein – gleichviel, schreib in einem Zug stichwortartig alles auf, was dir in den Sinn kommt. Das könnte zum Beispiel so aussehen: fünf Kinder bekommen, einen Roman schreiben, ein Erfolgsseminar besuchen, einen Kindergarten aufmachen, in die Karibik reisen, ein Traumhaus mit Schwimmbad, einen Land-Rover kaufen, erleuchtet werden, Karriere machen, Abteilungsleiter werden, sieben Kilo abnehmen, französisch lernen, einen Tanzkurs besuchen, ein guter Redner sein, Lehrer werden ...

Schreib weiter, solange dir noch etwas einfällt, locker, heiter und ganz ohne Druck. Wenn die freie Seite in diesem Buch nicht ausreicht, nimm ein leeres Blatt Papier zur Hand und schreib dort weiter. Am besten ist es, du legst dir ein eigenes Heft oder einen Ordner an, um alle Ergebnisse dieses Workshops und der Aufgaben aus den folgenden Kapiteln dort zu sammeln. So kannst du jederzeit deine Ziele und Ergebnisse sichten und überprüfen.

Alle meine Träume

Du siehst die Dinge und fragst warum. Aber ich träume von Dingen, die es noch nie gegeben hat und frage: warum nicht?

George Bernhard Shaw

Träume gehen am schnellsten in Erfüllung, wenn man aufwacht.

Walt Disney, (1901 - 1966), US-amerikanischer Karikaturist, Autor und Produzent

Spiel Nr.2: Erforsche deine besonderen Qualitäten

Die meisten Menschen verleihen ihren Schwächen zu viel Gewicht und kennen und achten ihre Stärken zu wenig. Die Folge ist, dass sie sich selbst nicht vertrauen, dass sie ein schwaches Selbstwertgefühl haben und daher davor zurückschrecken, jenes Leben zu führen, das ihren Fähigkeiten und Träumen entspricht.
Bei diesem Spiel geht es darum, dir deine Qualitäten aufzuzeigen und die gewaltigen Fähigkeiten zu entdecken, die unerkannt in dir schlummern. Du vermagst nämlich viel mehr, als du dir gewöhnlich zutraust. Um eine Ahnung zu bekommen, wo deine besonderen Talente liegen, beantworte schriftlich die nachstehenden Fragen. Deine Antworten geben dir einen Fingerzeig, auf welchen Gebieten du über besondere Begabungen verfügst.

1. Welche Qualitäten hast du? (auch scheinbar unwesentliche positive Eigenschaften sind wichtig! Beispiel: Einfühlungsvermögen, Ehrlichkeit, gute Laune, Zuverlässigkeit, Intelligenz, Dankbarkeit, Ordnungssinn, Liebe, Kunstverständnis, Naturverbundenheit, handwerkliche Fähigkeit, Fleiß, Genussfähigkeit, Kreativität, Höflichkeit, Sachkenntnisse ...)

   ____

   ____

   ____

2. Welche Tätigkeiten (beispielsweise in den Bereichen Freizeit, Beruf, Hobby, Kunst, Literatur ...) magst du besonders gern?

___

___

___

3. Was waren deine größten Erfolge bisher (persönliche Veränderung, private Ziele, beruflich, ...)?
Mit welchen Fähigkeiten (Ausdauer, Begeisterung, Einsatz, Vorstellungskraft, Einfühlungsvermögen, Talente, ...) hast du sie erreicht?

___

___

___

4. Für welche Leistungen und Fähigkeiten hast du Anerkennung und Lob bekommen?

___

___

___

5. Für welche Bereiche interessierst du dich besonders? Welche Sparte von Sachbüchern zieht dich an? Welche Sachthemen im TV siehst du gerne? Worüber sprichst du gerne mit Gleichgesinnten?

___

___

___

6. In welchen Bereichen hast du viel Erfahrung und viel Wissen?

____

____

____

7. Welche weitere Ausbildung (durch Schule, Studium, Seminare, Selbststudium ...) ist für dich interessant?

____

____

____

Das wahre Geheimnis des Erfolgs ist die Begeisterung.

Walter Percy Chrysler, (1875 - 1940), US-amerikanischen Eisenbahningenieur und Automobilfabrikant

Wenn du Erfolg haben willst, solltest du neue Wege beschreiten, anstatt die ausgetretenen Pfade früherer Erfolge weiterzugehen.
John D. Rockefeller, (1839 - 1937), US-amerikanischer Unternehmer

Spiel Nr.3: Ziele für die Entfaltung deiner Persönlichkeit

Bei diesem Spiel (und bei den folgenden drei) geht es um Ziele in bestimmten wesentlichen Bereichen deines Lebens: Um deine Persönlichkeitsentwicklung, um die Menschen in deiner Umgebung, um deinen Berufsweg, um dein soziales Engagement und deine Freizeitpläne.

Ich lade dich ein, dabei auf folgende Weise Schritt für Schritt vorzugehen:

Schritt 1: Ideen aufschreiben

Schreib unbekümmert und stichwortartig alle Ziele auf, die der **Entwicklung deiner Persönlichkeit** dienen könnten. Notiere zu diesem ersten Punkt ganz wahllos einfach alles, was dir dazu in den Sinn kommt. Die weiteren Schritte bilden dann eine gewisse Leitlinie, um deine Ziele zu strukturieren. Zur Anregung einige Beispiele für deine Persönlichkeitsziele: neue Freunde gewinnen, Spanisch lernen, einen Yoga- Kurs besuchen, Gitarre spielen, mehr über die Habsburger erfahren, regelmäßig joggen, mich bewusster ernähren, Rhetorik lernen, weniger schnell beleidigt sein, meditieren, im Alter auf ein erfülltes Leben zurückblicken können ...

Schritt 2: Ziele Visualisieren

Nachdem du deine Träume aufgeschrieben hast, benötigst du genügend Zeit, um deine Träume in aller Ruhe zu studieren. Versetz dich lebhaft in sie hinein, stell dir vor, wie es sein wird, wenn sie in Erfüllung gegangen sind. Je ausführlicher du dich in alle Details deines Ziels hineinversetzt, desto klarer wirst du erkennen, was für dich richtig ist. Voraussichtlich wirst du dabei starke Gefühle in dir empfinden. Schau dir diese Gefühle ruhig und gelassen an. Mach dir Notizen dazu.

Beobachte, ob diese Gefühle mit Angst, Zweifel, Begeisterung, froher Erwartung ... zu tun haben. Sie könnten dir auch sagen: „Diese Traumvorstellung ist ja ganz schön, aber eigentlich möchte ich das gar nicht verwirklichen." Oder aber deine Begeisterung nimmt im Laufe deiner Visualisierung immer mehr zu, sodass du wie von einer mächtigen Welle ergriffen wirst und erkennst: „Das ist meine Aufgabe! Das entspricht meiner Sehnsucht, die ich schon lange in mir trage. Dafür bin ich geboren! Dieses Ziel wird mich erfüllen; diesen Weg bin ich bereit zu gehen; nichts kann mich aufhalten; jetzt ist der Zeitpunkt gekommen, wo ich nicht mehr zögern mag, mich zu verändern und das zu tun, was meinem Wesen entspricht!" Jetzt entsteht der unbändige Wunsch, diese Idee zu verwirklichen.

Schritt 3: Unrealistische oder nicht aktuelle Ziele in Klammer setzen

Du hast jetzt einige Ziele aufgeschrieben, die dich motivieren, mutig und tatkräftig deine persönliche Entwicklung weiterzuführen. Prüfe sorgsam deine Ziele, ob sie Aussicht auf Erfolg haben. Beachte dabei: Wenn sie nur eine Chance von 5% haben, so sind sie bereits realistisch! Du musst dir ja keinen Zeitdruck zur Verwirklichung dieser Ziele auferlegen. Überlege auch, ob du die aufgeschriebenen Ziele tatsächlich verwirklichen willst. Überlege, ob sie zurzeit überhaupt in das Gesamtkonzept deiner Ziele passen. Setze unrealistische und nicht aktuelle Ziele in Klammer. Damit bleiben sie als Idee und Möglichkeit aufrecht, und du kannst sie später überprüfen und vielleicht doch noch in Angriff nehmen.

Schritt 4: Einen Zeitraum zur Verwirklichung festlegen

Die zeitliche Festsetzung, bis wann du ein Ziel erreichen willst, ist ganz entscheidend für die Mobilisierung der bewussten und unbewussten Kräfte, die dich deine Wünsche verwirklichen lassen. Ohne zeitliche Abgrenzung gibst du dir kein klares Ziel vor. Dein Über- und Unterbewusstsein benötigt eindeutige Entscheidungen, um aktiv zu werden. Solange du etwas „irgendwann einmal" machen wirst, solange geschieht in der Regel gar nichts. Schreib hinter jede deiner Ideen in Kurzform, in wie vielen Monaten oder Jahren du das Ziel erreicht haben willst: zum Beispiel in fünf Monaten, in drei Jahren.

Schritt 5: Erfüllungs-Kriterien festlegen

Lege fest, welche Kriterien erfüllt sein müssen, damit du sagen kannst: „Dieses Ziel habe ich erreicht!" Beispielsweise: Innerhalb der nächsten 12 Monate will ich mindestens 15 Stunden eines Französischkurses besuchen und so gut französisch sprechen, dass ich mich als Tourist in Frankreich verständlich machen kann.

Schritt 6: Die zwei wichtigsten Jahresziele hervorheben und begründen

Unter deinen Zielen, die du innerhalb eines Jahres erreichen willst, gibt es einige, die von besonderer Bedeutung für dich sind. Sie werden dich übermächtig motivieren. Sie werden dir Vorfreude und Energie schenken. Schreib diese Ziele gesondert auf ein Blatt Papier. Mach dir bewusst, weshalb du sie erreichen willst, welche Erwartungen du mit ihnen verbindest und wie sie dein Leben verändern sollen.

1. Welche Ideen hast du zur Entfaltung deiner Persönlichkeit? (Anregungen siehe oben Schritt 1.)

   ____

   ____

   ____

2. Welche deiner Qualitäten (Charaktereigenschaften) willst du verbessern? (Beispiel: Dankbarkeit, Optimismus, Gelassenheit, Selbstachtung, Gesundheit, Mut, Spiritualität, Hilfsbereitschaft, Charisma, Freundlichkeit, Kontaktfähigkeit, Pünktlichkeit ...)

   ____

   ____

   ____

3. Was willst du gerne lernen?

   ____

   ____

   ____

4. Welche Schwächen willst du abbauen?

____

____

5. Welche Bücher willst du lesen, welche Seminare besuchen?

____

____

____

6. Was willst du zur Förderung deiner Gesundheit unternehmen? *(Siehe dazu Kapitel „Gesundheit - Quelle der Lust und des Erfolges")*

____

____

____

7. Wie willst du deine mentalen (Zen-)Fähigkeiten steigern? *(Siehe dazu Kapitel „Schlicht und einfach Zen")*

____

____

____

Mach jetzt weiter mit den Schritten 2 bis 6 wie oben erklärt. (***Schritt* 2.** Ziele visualisieren, ***Schritt* 3** unrealistische oder nicht aktuelle Ziele, ***Schritt* 4** Zeitraum zur Verwirklichung festlegen, ***Schritt* 5** Kriterien der Erfüllung festlegen. ***Schritt* 6** die drei wichtigsten Jahresziele festlegen und begründen)

> Das Wichtigste im Leben ist die Verwirklichung des eigenen Selbst. Das Selbst ist frei von Mängeln und kann auch nicht niedergeschlagen sein - es ist immer glücklich. Sie sollten keine Mühe scheuen, um das Selbst bewusst zu erfahren.
>
> *Ramana Maharshi, (1879 – 1950), indischer Philosoph*

Wenn man absichtlich weniger aus sich macht, als man könnte, wird man für den Rest des Lebens unglücklich sein.

Abraham Maslow

Spiel Nr.4: Ziele im privaten Bereich

Geh wieder vor wie bei Spiel Nr.3!

Schritt 1: Ideen aufschreiben
Schreib wiederum ohne Zensur auf, was dir an Ideen in den Sinn kommt. Anregungen: Einen gleichgesinnten Partner finden, eine harmonische, dynamische Beziehung zu meinem Partner aufbauen, Probleme aussprechen, Kinderwunsch, Kindererziehung, Zeit einteilen für Familie und Freunde, wertvolle Freundschaften pflegen, gemeinsame Unternehmungen, eine Hilfsorganisation unterstützen, eine alleinstehende alte Frau gelegentlich besuchen, ein Wohnhaus bauen, ein Segelboot kaufen, einen Tauchkurs besuchen ...

1. Deine allgemeinen Ideen betreffend Familie und Freunde:

   ____

   ____

   ____

2. Welche Ideen hast du zur aktiven Gestaltung der Beziehung zu deiner Familie?

   ____

   ____

   ____

3. Wie viel Zeit willst du für deine Familie haben?

____

____

____

4. Was möchtest du, allein oder gemeinsam mit deiner Familie, aufbauen und gestalten? Wie und wo willst du, wollt ihr miteinander leben? Kinder? Wochenende, Urlaub? ...

____

____

____

5. Welche Freundschaften willst du pflegen? Wie willst du sie intensiv gestalten? Welche Zeit willst du für deine Freunde einplanen?

____

____

____

6. Wie willst du deine Freizeit, deine Urlaube gestalten?

____

____

____

7. Welchen freiwilligen sozialen Beitrag kannst und willst du leisten?

____

____

____

8. Welche größeren privaten Anschaffungen (Auto, Haus, Einrichtung ...) planst du?

___

___

___

Mach weiter mit den Schritten 2 bis 4 wie bei Spiel drei. (***Schritt* 2** Ziele visualisieren, ***Schritt* 3** unrealistische oder nicht aktuelle Ziele, ***Schritt* 4** Zeitraum zur Verwirklichung festlegen, ***Schritt* 5** Kriterien der Erfüllung festlegen. ***Schritt* 6** die zwei wichtigsten Jahresziele festlegen und begründen)

> Wer alle seine Ziele erreicht, hat sie zu niedrig gewählt.
>
> *Herbert von Karajan, (1908 - 1989), österreichischer Dirigent*

Spiel Nr.5: Ziele im Beruf

Schritt 1: Ideen aufschreiben

Schreib wieder wahllos, unzensuriert und mit kindlicher Naivität alle deine Träume und Wünsche auf. Anregungen: ein Unternehmen für Reinigungsarbeiten und Gartenpflege gründen, Filialleiter werden, höhere Umsätze machen, eine Landwirtschaft kaufen, mit den Kollegen besser im Team zusammenarbeiten, mehr Einsatz bringen, weniger Arbeitszeit, den Job wechseln, Seminare leiten, ein Buch schreiben, ein höheres Gehalt verlangen, bessere Arbeitsbedingungen bekommen, Verbesserungsvorschläge ausarbeiten und unterbreiten, berufliche Fortbildung betreiben, ...

1. Notiere alle deine Träume und Wünsche beruflicher und finanzieller Art!

___

___

___

2. Welche Arbeit würde dir Freude und Erfüllung bereiten?

3. Wie viel möchtest du monatlich (jährlich) verdienen?

4. Welche Ziele strebst du für deine Firma an? (kurzfristig, langfristig)

5. Wie willst du deine berufliche Situation verbessern?

6. Was kannst du tun, um an deinem derzeitigen Arbeitsplatz erfolgreicher tätig zu sein?

7. Was und wie viel willst du in deine berufliche Zukunft investieren? (in deiner Firma, für deine Ausbildung, Fortbildung, ...)

____

____

____

8. Wie willst du erspartes Geld anlegen? Welche Altersversorgung planst du?

____

____

____

Mach weiter mit den Schritten 2 bis 4 wie bei Spiel drei (***Schritt 2*** Ziele visualisieren, ***Schritt 3*** unrealistische oder nicht aktuelle Ziele, ***Schritt 4*** Zeitraum zur Verwirklichung festlegen, ***Schritt 5*** Kriterien der Erfüllung festlegen. ***Schritt 6*** die zwei wichtigsten Jahresziele festlegen und begründen)

Du hast jetzt insgesamt sechs Hauptziele für die kommenden 12 Monate aufgeschrieben. Diese Ziele sind anspruchsvoll; ihre Verwirklichung bedeutet dir sehr viel. Die Aussicht auf die Erfüllung dieser Ziele erweckt schon jetzt Vorfreude in dir. Jedes erfüllte Ziel wird dein Selbstwertgefühl heben und dir zeigen, dass du auf dem richtigen Weg bist. Deine sechs Hauptziele schreibst du groß auf ein Blatt Papier. **Sorge nun dafür, dass du dich an diese sechs Ziele immer wieder erinnern kannst.** Vervielfältige zum Beispiel das Papier , auf dem du deine Ziele notiert hast, und hefte es an verschiedenen Orten deiner Wohnung so an die Wände, Türen oder Kästen, dass dein Blick immer wieder darauf fällt. Es ist schwer zu begreifen, aber dennoch eine vielfach erwiesene Tatsache, wie ungeheuer stark die Wirkung ist, wenn du dir ein einmal gesetztes Ziel immer wieder bewusst machst.

Meine sechs Hauptziele:

____

____

____

____

____

Unsinnige Ziele - Widersprüchliche Ziele - mutige Ziele

Wie vermeide ich Chaos bei meinen Zielen? Hier ein paar Anregungen:

- Lass dir Zeit bei Visualisierung und Auswahl deiner Ziele!
- Vernünftig sind nur Ziele, die in deinem Einflussbereich liegen.
- Vermeide unrealistische Ziele.
- Such dein Lebensziel Nr.1 und bringe alle anderen Ziele mit diesem in Einklang.
- Bewahre Mut und Selbstvertrauen

Die Visualisierung deines Zieles und der lebhafte Umgang mit ihm zeigen dir, inwieweit dein Ziel realistisch ist und ob deine Ressourcen der gestellten Aufgabe entsprechen. Vielleicht benötigst du auch zusätzliche Informationen, um klären zu können, welche Voraussetzungen für die Verwirklichung deines Zieles notwendig sind und wie dein Ziel tatsächlich ausschauen soll. Es ist durchaus zweckmäßig, dir eine entsprechende „Schwangerschaftszeit" für die Geburt deines Lebensziels zu gönnen. Lass dir Zeit bei der Ausgestaltung deiner Ziele. Aber bleib „dran" und lass dich nicht von den erstbesten Schwierigkeiten, die sich in den Weg stellen mögen, abschrecken.

Setz dir keine Ziele, deren Verwirklichung nicht in deinem unmittelbaren Einflussbereich liegt. Das ist unsinnig. Wenn die Interessen deines Sohnes ganz woanders liegen, als eines Tages deinen Betrieb zu übernehmen, solltest du dir das nicht zum Ziel machen.

Mach dir nicht zum Ziel, andere Menschen zu verbessern. **Wenn du jemanden verbessern willst, verbessere dich selbst ...**

Vermeide unrealistische Ziele. Mit 195 cm Körpergröße wirst du niemals ein erfolgreicher Jockey werden ...

Prüfe, ob deine Ziele miteinander in Einklang stehen! Es macht keinen Sinn, wenn deine Ziele einander widersprechen. Mach dir eine Prioritätenliste. Welches deiner Ziele ist dein allerwichtigstes Ziel? Dem sollten sich alle anderen Ziele unterordnen. Du kannst nicht, wie der österreichische Weltumsegler Wolfgang Hausner, ständig auf einem Segelboot wohnen und zugleich als Techniker Karriere machen. Hausner hat sich für ein Leben auf den Weltmeeren, die Erforschung entlegener Südseeinseln und das Tauchen in unberührten Riffen entschieden. Vielleicht magst du zuerst Karriere machen und dann Weltenbummler werden. **Träume verwirklichen und dennoch am Boden der Realität verbleiben, das ist eine hohe Kunst.**

Bewahre Mut und Selbstvertrauen bei der Wahl deiner Ziele. Mach dir bewusst, dass die Qualität deiner Ziele die Qualität deiner Zukunft bestimmt. Nur Ziele, die anspruchsvoll genug sind, verleihen deinem Leben Sinn und Bedeutung. Nur bedeutende Ziele geben genügend Motivation, um Leidenschaft zu entwickeln und sich nicht von jedem kleinen Hindernis aufhalten zu lassen. **Wenn das Ziel zu flach gewählt ist, so wird jeder Maulwurfshügel auf deinem Weg die Sicht auf dein Ziel behindern!**

Du hast das Recht dazu, dein Leben so zu gestalten, dass du genau das tust, was dir Freude bereitet! Wenn du es nicht tust, so bist du selbst dafür verantwortlich, wenn dein Leben seicht und ohne Hochgefühle dahinrinnt. Vergiss die alten Denkmuster, die dir ins Ohr flüstern mögen: „Brich ja nicht aus der vorgegebenen Bahn aus, das ist viel zu gefährlich.“, „Du musst leiden, sonst kommst du nicht in den Himmel.“, „Wenn du glücklich und erfolgreich bist, könnten die anderen neidisch werden.", „Glückliche Menschen sind leichtsinnige, verantwortungslose Egoisten mit Ellbogenmentalität ...".

Vergiss nicht: **Alles Leben ist auf eine verschwenderische Fülle angelegt. Beschränkung entsteht und existiert nur in unserem Kopf!**

Die Angst eine falsche Lebensentscheidung zu treffen ist für Viele das größte Erfolgshindernis. Sie entscheiden sich, keine unbewusst lieber keine Entscheidung als eine „falsche" zu treffen. Letztendlich ist jede Entscheidung richtig, die mit der nötigen Kraft und Hingabe getroffen wird. Eine Entscheidung wird dann zur „richtigen", wenn sie von hoher Energie getragen ist. **Kraftvolle Entscheidungen brechen sich ihre Bahn und schaffen Wirklichkeit.**

Eine schwierige Frage, mit der sich wohl mancher Mensch im Laufe seines Lebens konfrontiert sieht, lautet: „Soll ich mich von meinem (Ehe-) Partner trennen oder nicht?" Manche leiden lieber jahrelang als sich zu entscheiden. Wenn es dir schwer fällt, dich zu entschließen, so mach dir bewusst: Wesentlich ist eine Entscheidung, die von Entschlossenheit getragen ist. So merkwürdig es klingt: Welche Wahl du triffst ist zweitrangig! Entscheidest du dich die Partnerschaft fortzusetzen, so mach es mit ganzer Energie! Schieb die Zweifel beiseite und setze all deine Kraft daran die Beziehung dynamisch und glücklich zu gestalten. Entscheidest du dich für die Trennung, so öffne dich mit ganzer Leidenschaft für die neuen Möglichkeiten und vergiss Gedanken wie: „War das der richtige Schritt? Ob ich es nicht doch noch einmal versuchen sollte? Ach, hätt ich doch..."

> Jedes Rinnsal sucht sich seinen Weg. Doch zum Ziel wird es nur gelangen, wenn es Bach und Fluss werden kann.
>
> *Carl Peter Fröhling, (*1933), deutscher Philosoph und Aphoristiker*

> Nur aufs Ziel zu sehen, verdirbt die Lust am Reisen.
>
> *Friedrich Rückert, (1788 - 1866), deutscher Dichter*

Ziele verwirklichen – Wer beginnt, der gewinnt

Wie erreiche ich mein Ziel?

Tue erst das Notwendige, dann das Mögliche, und
plötzlich schaffst du das Unmögliche!

Franz von Assisi, (1182 - 1226), Stifter des Franziskanerordens

Wenn du es erträumen kannst, kannst du es auch erschaffen.

Walt Disney

Nachdem wir das Ziel aus unseren Augen verloren hatten, verdoppelten wir unsere Anstrengungen.

Mark Twain

Wir haben genau so viel Angst, unsere Potentiale auszuschöpfen, wie zu versagen. Wir fürchten uns ganz allgemein davor, das zu erreichen, was uns einen kurzen Augenblick lang möglich erscheint.

Abraham Maslow

Die Kraft deines Un(ter)bewusstseins

W.H. Murray, der Leiter der schottischen Himalaya- Expedition 1951, gibt seiner Überzeugung von der Kraft unserer Entscheidungen mit folgenden Worten Ausdruck:

„Hinsichtlich aller vom Unternehmungsgeist getragenen Handlungen gibt es eine grundliegende Wahrheit: ***In dem Moment, wo man sich endgültig festlegt, wird auch die Vorsehung aktiv****. Alle möglichen Dinge geschehen, die sonst nie geschehen wären, um einem behilflich zu sein. Ein ganzer Strom von Ereignissen fließt aus der Entscheidung und zieht unvorhersehbare Vorfälle, Begegnungen und Unterstützung nach sich."*

Mit dem „Visionen"- Workshop hast du vielleicht bereits den ersten entscheidenden Schritt zur einer außergewöhnlichen Wende in deinem Leben gesetzt: **Dieser erste Schritt ist die Entscheidung für ein großes, lohnendes, erfüllendes Ziel.**

Wie W.H. Murray sagt, beginnt mit einer endgültigen Entscheidung die „Vorsehung" damit, dich in wundersamer Weise zu unterstützen. Was ist nun eigentlich die „Vorsehung"? Es ist schwer ihre Eigenheit und Wirkungsweise zu durchschauen. Eine Erklärung ergibt sich aus den Fähigkeiten und der Wirkungsweise unseres Unterbewusstseins, wie es berühmte Grenzwissenschaftler wie Ernest Holmes, Joseph Murphy, Erhard F. Freitag und andere beschreiben.

Das Unterbewusstsein prüft die Sinneseindrücke, Empfindungen und Gedanken weder auf ihre Richtigkeit noch auf ihre Sinnhaftigkeit. Wir können unserem Unterbewusstsein suggerieren, was immer wir wollen: Es wird alles widerspruchslos annehmen, speichern und letztlich versuchen es umzusetzen. Deswegen ist es so entscheidend für mein Wohlergehen, ob mein Unterbewusstsein mit negativen oder positiven Inhalten gefüttert wird. Wenn mir beispielsweise meine Mutter eingeredet hat: „Sex ist schmutzig und gefährlich!" so werde ich kaum entspannten Sex haben können, solange dieser Gedanke in meinem Unterbewusstsein gespeichert ist.

Das Unterbewusstsein speichert nicht nur. Es arbeitet ununterbrochen, rund um die Uhr, an der Umsetzung und Verwirklichung der ihm eingegebenen Gedanken und Ideen. Wenn du dich für den Ankauf einer bestimmen Automarke interessierst, wird dein Unterbewusstsein deine Aufmerksamkeit auf alle Autos dieses Typs lenken, die dir begegnen. Du machst einen Weg in der Stadt: Hunderte Autos sind

am Straßenrand geparkt und fahren vorüber. Die meisten nimmst du gar nicht oder nur flüchtig wahr, doch dein Blick wird magisch von genau dem Autotyp angezogen, den du kaufen willst oder gerade gekauft hast.
Vor einiger Zeit fuhr ich mit einer Bekannten, die einen Großhandel mit Blumen betreibt, im Auto durch einige kleine Orte in der Nähe von Wien. Die Frau sagte mir, dass sie, ohne es zu wollen, automatisch alle Blumengeschäfte in diesen Orten wahrgenommen und geschaut hat, ob sie vielleicht zur Kundschaft ihres Unternehmens zählten. Mir hingegen war kein einziges Blumengeschäft aufgefallen. Dein Unterbewusstsein lenkt dich wie von selbst dahin, wo deine Ziele und Interessen liegen.

Es gibt sogenannte **Unglücksraben**, die das Unglück wie ein Magnet anziehen: Das sind Menschen, die sich negativ programmiert haben. Sie rechnen damit, dass alles schief gehen wird; sie malen sich in ihrer Fantasie aus, welches Missgeschick sie als nächstes ereilen wird. **Das so programmierte Unterbewusstsein unternimmt alles, um die schwarzen Prophezeiungen in die Wirklichkeit umzusetzen.** Es lenkt die Schritte seines Inhabers genau in Richtung auf das erwartete Unglück zu. Es verleitet ihn immer wieder die „falschen" Entscheidungen treffen. Der Unglücksrabe erwartet keinen Erfolg; daher ist jede Entscheidung, die zum Misserfolg führt, für sein Unterbewusstsein „richtig". In gleicher Weise führt uns unser Unterbewusstsein zu einem erwünschten Ziel, wenn wir es positiv programmieren und uns die Erfüllung unserer Wünsche lebhaft vorstellen. Je intensiver wir uns mit einem Ziel beschäftigen, je greifbarer und realistischer unsere inneren Bilder davon werden, desto stärker werden die Impulse für unser Unterbewusstsein, uns auf den richtigen Weg zu seiner Verwirklichung zu führen.

Du musst schon da sein, bevor du angekommen bist.

Richard Bach

Denken Sie an Erfolg, stellen Sie sich Erfolg vor, und Sie werden die machtvolle Kraft eines solchen Wunsches in Bewegung setzen. Wenn Vorstellungskraft und Überzeugung intensiv genug sind, dann vermögen Sie tatsächlich Bedingungen und Umstände zu bestimmen.

Norman Vincent Peale, (1898 - 1993), US-amerikanischer Pfarrer und Publizist

Der eigentliche Vorgang der Umwandlung eines Wunsches in dessen reale Entsprechung - etwa Reichtum - beruht auf der konsequenten Anwendung der Autosuggestion, die uns Zugang zum Unterbewusstsein und seinen ungeheuren Kräften verschafft.

Napoleon Hill, (1883 - 1970), US-amerikanischer Erfolgsforscher

Wunsch, Ziel, Strategie, Tatkraft

Große Werke haben in ihrer Entstehung immer das gleiche Grundmuster:

1. Traum, Vision, Idee
2. Zielsetzung, klare Entscheidung für das Ziel
3. Strategie, Pläne zur Verwirklichung ausarbeiten
4. tatkräftiges Handeln, Pläne in die Realität umsetzen
5. das Ziel immer vor Augen halten
6. beobachten, ob der Weg zum Ziel führt
7. flexibel bleiben und so lange Veränderungen am Kurs vornehmen, bis das Ziel erreicht ist
8. Ziel erreichen.

Eine neue Pflanze beginnt mit einem Samen. In diesem ist schon alles enthalten, was nötig ist, damit aus ihm die vollendete Pflanze entstehen kann. Der Samen eines Baumes trägt in sich schon den Wunsch und das Ziel, ein Baum zu werden, und die Strategie, wie dieses Ziel zu erreichen ist. Er wird Wurzeln schlagen, Wasser und Mineralstoffe aufnehmen, einen Spross wachsen lassen, Sonnenlicht empfangen, einen Stamm bilden, Äste austreiben. - Und der Samen enthält auch die nötige Energie, Entschlossenheit und Tatkraft, um das Ziel in die Wirklichkeit umzusetzen. Die Pflanze hat ein vorgegebenes Ziel und ein festgelegtes Programm, das ihr sagt, wie jenes zu erreichen ist. Sie hat kein Problem mit der Entscheidung, welches Ziel sie anpeilen soll, und damit, ob sie auch die nötige Willenskraft aufbringen kann, um es zu verwirklichen.

Was in der Pflanze von der Natur vorprogrammiert ist, müssen, sollen oder dürfen (such dir das Wort aus, das dir in diesem Zusammenhang am besten gefällt! ☺) wir Menschen eigenständig und bewusst entscheiden und gestalten. Insofern sind wir gegenüber Pflanzen und Tieren im Nachteil: Wir erreichen nur dann etwas, wenn wir uns dafür entscheiden und einsetzen. Für den Menschen geht gar nichts „von selbst". Doch wir haben gegenüber den Pflanzen und Tieren auch einen großen Vorteil: Wir haben die Freiheit, zu entscheiden, wie unser Ziel und wie der Weg dorthin ausschauen soll. **Das Leben bietet uns Tausende von Zielen und Millionen von Möglichkeiten.**

Wenn du dir einmal ein Ziel gesetzt hast, ist es zunächst wichtig, zu klären, was dich bisher davon abgehalten hat, es zu verwirklichen. Nimm beispielsweise an, du willst schon seit einigen Jahren deinen Arbeitsplatz wechseln. Welche Sorge, welche Begrenzung hat dich bisher dazu verleitet, täglich viele Stunden an einem Arbeitsplatz zu verweilen, an dem du dich nicht wohl fühlst, um dort Arbeiten zu verrichten, die dir keine Freude bereiten oder die nicht deinen Anlagen und Fähigkeiten entsprechen?

Halte schriftlich fest:

1. Welches sind die drei Hauptziele deines Lebensplans?

   ____

   ____

   ____

2. Was hat dich bisher daran gehindert, diese Ziele in Angriff zu nehmen? Was hat dich blockiert? (Zum Beispiel: Angst vor ungewisser Zukunft, Sicherheitsdenken, starke Gewohnheit, mangelnde Entscheidungskraft, keine klare Zielvorstellung)

   ____

   ____

   ____

3. Was wirst du unternehmen, um dich in Hinkunft nicht mehr zu blockieren? (Zum Beispiel: Meinen Wünschen mehr Beachtung schenken, Begeisterung für meine Ziele entwickeln, aus meinem Schneckenhaus herauskommen, Seminare belegen, Fortbildungsmöglichkeiten wahrnehmen, mehr für meine mentale und körperliche Fitness tun ...)

   ____

   ____

   ____

Emotionen lenken das Unterbewusstsein

Gedanken und Erlebnisse, die mit starken Emotionen wie Ärger, Furcht, Scham oder Lust verbunden sind, prägen sich wesentlich stärker ein als gefühlsneutrale Ereignisse.
Deshalb spricht das Unterbewusstsein auf stark emotional besetzte Wunschvorstellungen besonders gut an. Je öfter du dir lebhaft und voller Begeisterung vorstellst, wie die Verwirklichung deiner Ziele ausschauen und welche Folgen sie haben wird, desto wirkungsvoller wird dich deine unbewusste Kraftzentrale unterstützen.

Ich lade dich daher ein, dir immer wieder etwas Zeit für deine Visionen zu nehmen. Versuche ganz ruhig zu werden, schließe deine Augen und stell dir vor, wie deine Welt aussehen wird, wenn deine wesentlichen

Ziele bereits verwirklicht sind. Sei mit allen Sinnen dabei, sieh, fühle, höre, schmecke, rieche diese Welt. Du wirst selbst merken, wie du deine Vorstellung am besten lebendig machst. So kannst du auch hinspüren, ob du dieses Ziel tatsächlich verwirklichen willst. So kannst du feststellen, ob du als ganzer Mensch, mit Kopf und Herz, mir jeder Faser deiner Persönlichkeit zu dem Ziel, das du dir gesetzt hast, ja sagen kannst. Lass dabei keine ängstlichen, zweifelnden Gedanken wie „Ich schaffe das nicht" oder „Das kann sowieso nicht gut gehen" zu. **Sobald du mit deinem Ziel eins bist, hat dein Traum keine andere Wahl, als sich zu verwirklichen.**

Nehmen wir an, dein Ziel bestünde darin, Schilehrer in Lech am Arlberg zu werden. Stell dir vor, wie du, von der Bergsonne gebräunt, mit schickem rotem Anorak, am Morgen zur Schischule kommst. Der Schnee knirscht unter deinen Schuhen. Der Himmel ist klar, die aufgehende Sonne taucht die weißen Berggipfel in rosiges Licht. Die Luft ist kalt und rein, und es riecht förmlich nach Schnee. Der Leiter der Schischule kommt dir entgegen und erzählt dir anerkennend von einem Schüler, der deine Arbeit am Vorabend begeistert gelobt hat. Deine Schüler finden sich langsam ein. Sie strahlen und freuen sich auf den bevorstehenden gemeinsamen Schiausflug ...

Du hast deine Ziele gefunden. Du hast deine Ziele visualisiert. Du hast dich fest entschlossen, deine Ziele zu verwirklichen.

Der nächste Schritt ist nun die Ausarbeitung einer Strategie.

> Was immer du tun kannst oder wovon du träumst - fange es an.
> In der Kühnheit liegt Genie, Macht und Magie.
>
> *Johann Wolfgang von Goethe*

> Zu planen versäumen heißt ein Versäumnis planen.
>
> *Benjamin Franklin, (1706 - 1790), amerikanischer Politiker, Erfinder und Schriftsteller*

Deine Strategie

Wenn es dein Ziel sein sollte, eine Segeljacht zu kaufen damit die Meere zu befahren, benötigst du ein entsprechendes Grundwissen, das dich befähigt, die richtigen Entscheidungen zu treffen; zum Beispiel:

- Welches Boot entspricht meinen Anforderungen?
- Wie viel kostet ein Boot?
- In welcher Marina stelle ich das Boot ein?
- Welche Fähigkeiten und Kenntnisse sind zum Segeln erforderlich?
- Wie erwerbe ich die nötigen Kenntnisse zur sicheren Steuerung meines Bootes?

Auf der Grundlage dieses Wissens wirst du dir eine Strategie zurechtlegen. Du bestimmst alle erforderlichen und zweckmäßigen Schritte, die zum Erreichen deines Zieles führen werden. Deine Strategie könnte zum Beispiel so ausschauen:

1. Mit deinem Partner deine Segelpläne besprechen;
2. Fachzeitschriften und Bücher besorgen;
3. mit erfahrenen Seglern in Kontakt treten;
4. einem Segelclub beitreten;
5. einen Ausbildungskurs besuchen;
6. die Finanzierung des Bootes klären.

> Es ist der erste Schritt, der erobert. „En marche" (los geht´s) ist eines der schönsten Worte der Welt.
>
> *Christian Morgenstern*
>
> Wenn man älter wird, bereut man nur das, was man nicht getan hat.
>
> *Oscar Wilde, (1854 - 1900), irischer Lyriker, Dramatiker und Bühnenautor*
>
> Der Mann, der den Berg abgetragen hatte, war derselbe, der einst damit anfing, kleine Steine wegzutragen.
>
> *Chinesisches Sprichwort*

Mein Freund Werner, Anlageberater einer Bank, wurde eines Tages von seinen Ärzten mit einer ernsten Diagnose konfrontiert: Ein hochaggressiver Tumor an der Milz, Krebs im Lymphsystem und Leberkrebs. Viele Menschen hätten eine solche Diagnose wie ein Todesurteil aufgenommen. Nicht aber Werner. Freilich hat ihn diese Eröffnung bezüglich seines Gesundheitszustandes schwer getroffen; doch ließ er nicht einen Augenblick lang den Kopf hängen. Für ihn gab es keinen Zweifel. Er würde mit allen zur Verfügung stehenden Mitteln um sein Leben und seine Gesundheit kämpfen. Werner legte sein Schicksal nicht einfach in die Hand der Ärzte, sondern er legte sich eine klare Strategie zurecht, Er beschloss:

- sich selbst so umfassend wie möglich über seine Krankheit und über die möglichen Heilungsmethoden zu informieren;
- sich alle greifbare Literatur zu seiner Erkrankung zu beschaffen;
- in Büchern nachzulesen, wie andere Menschen ihre Krebserkrankung überwunden haben (zum Beispiel Dr. Hulda Clark- „Heilung ist möglich"; Eva Maria Sanders- „Leben - Ich hatte Krebs und wurde gesund"; Prof Dr. Werner Zabel- „Die interne Krebstherapie und die Ernährung des Krebskranken")
- sich via Internet möglichst umfassend über seine Erkrankung zu informieren;
- mehrere Ärzte zu konsultieren, sowohl Schul- als auch Komplementärmediziner, und sich eingehend beraten zu lassen;
- sich mental mit seiner Krise auseinander zu setzen und den psychischen und geistigen Hintergrund seiner Erkrankung zu erkennen.

All dies, um schließlich selbst über die Behandlungsart zu entscheiden.

Die Schulmediziner hatten eine Operation mit anschließender Chemotherapie als unumgänglich bezeichnet. Also besuchte Werner zuerst drei verschiedene Komplementärärzte, um zu erfahren, welche Alternativen sich - ihrer Meinung nach - anbieten würden. Als ihm auch diese drei Ärzte unabhängig voneinander zu Operation und Chemotherapie geraten hatten, fand er sich bereit, diesen Schritt zu tun. Darüber

hinaus ließ er sich immer wieder beraten, wie er diese schweren Eingriffe möglichst ohne Schaden für seinen Körper überstehen und wie er die Abwehrkräfte seines Körpers mobilisieren könne. Er kürzte die notwenigen Klinikaufenthalte und auch die verordnete Bettruhe auf das Minimum. Er machte viel Bewegung in frischer Natur, achtete auf gesunde Ernährung und unterzog sich zusätzlichen Therapien, die ihm vom Komplementärarzt empfohlen worden waren und die ihm sinnvoll erschienen. Äußerlich war ihm seine Erkrankung während der ganzen langen Behandlungsdauer kaum anzumerken. Zwar waren ihm, durch die Chemotherapie verursacht, die Haare ausgegangen, doch er hielt sich körperlich fit. Anlässlich gemeinsamer Wanderungen konnte ich immer wieder seine erstaunliche Kondition bewundern.
Der zuständige schulmedizinische Facharzt mag Werner - seiner Sonderwünsche wegen - gelegentlich für einen eher schwierigen Patienten gehalten haben. So wollte er zum Beispiel bei der Festsetzung des Termins für seine Operation seinen Biorhythmus beachtet wissen.
Werners Heilungsprozess verlief sensationell gut; nach rund einem Jahr war die Behandlung erfolgreich abgeschlossen. Heute steht Werner wieder voll im Berufsleben.
Auch jener Facharzt war letztlich tief beeindruckt, wie sein sperriger Patient die Verantwortung für den Heilungsprozess mitgetragen hat. Auf Grund seiner Erfahrungen mit Werner hat er sich später sogar entschlossen, für die leitenden Mitarbeiter auf seiner Klinik einen Seminartag mit einem Komplementärarzt zu organisieren.

Was kann uns das Beispiel Werners - und vieler anderer erfolgreicher Menschen - zeigen? Was ist entscheidend für die Umsetzung eines bedeutenden Zieles?

1. **Ein klarer, eindeutiger Entschluss.** Eine der wesentlichsten Ursachen für Misserfolg ist mangelnde Entschlusskraft; das haben Napoleon Hills (Pionier der Erfolgsforschung) Untersuchungen an tausenden Menschen gezeigt, die im Beruf und im Leben versagt haben.

2. **Unerschütterlicher Glaube** daran, das Ziel erreichen zu können. Wenn du fest an die Verwirklichung deines Zieles glaubst, helfen dir die Kräfte deines Unterbewusstseins und der Vorsehung in einem unvorstellbaren Ausmaß. Wie es auch schon in der Bibel heißt: Dein Glaube kann Berge versetzen.

3. **Begeisterung und Leidenschaft.** Hingabe, Begeisterung und Leidenschaft sind die stärksten Motivationsquellen. Mit Hilfe deiner Begeisterung kannst du alles schaffen. Wer begeistert ist, reißt auch andere mit, über sich hinauszugehen und sie werden dir wertvollen Beistand leisten. Gemeinsame Begeisterung für ein Ziel ist das unsichtbare Band, das ein Team zusammenhält und zu Höchstleistung anspornt.

4. **Umsichtige Planung.** Gut durchdachte Pläne erleichtern den Weg. Sie geben dir deine Schritte vor. Sie sind die Leitschienen auf der Straße zu deinem Ziel. Sie geben dir das Gefühl der Sicherheit. Sie helfen dir, dich von Schwierigkeiten nicht aufhalten zu lassen.

5. **Fundierte Kenntnisse** helfen dir bei deinen Entscheidungen. Es ist für die Mehrzahl der Menschen nicht klug nur nach Gefühl und Intuition vorzugehen. Verstand und Gefühl sollten sich ergänzen. Zweckmäßiger ist es zuerst alle Fakten zu sammeln und die Gedankenkraft einzusetzen. Je mehr Information du über dein Zielgebiet bereits im Vorfeld zusammenträgst, desto leichter und besser kannst du die zahlreichen Entscheidungen treffen, die auf dem Weg zu deinem Ziel nötig sein werden. Und desto wirkungsvoller arbeitet deine Intuition.

6. **Teamwork.** Lass dir helfen! Suche dir Experten und Mitstreiter. Einzelgänger haben es schwer.

7. **Willenskraft.** Wenn du all deine Kraft auf dein Ziel ausrichtest und dich durch Hindernisse und Rückschläge nicht aus der Fassung bringen lasst, ist dir der Erfolg sicher.

8. **Tatkraft.** Tu, was du für richtig erkannt hast; geh einen Schritt nach dem anderen und du wirst dein Ziel erreichen. Dein Lebensziel ist wie die Tour de France. Sie wird nicht in einem Tag gefahren. Gib dir einzelne Tages-Etappenziele vor. Bewältige jeden Tag eine Etappe, lass keine Etappe aus; so wirst du das große Ziel erreichen.

> Es ist nicht genug zu wissen, man muss es auch anwenden. Es ist nicht genug zu wollen, man muss es auch tun.
>
> *Johann Wolfgang Goethe*

> Wer sich nicht fürchtet, auch mal zu scheitern, verliert die Angst vor dem Unvorhersehbaren.
>
> *Prof. Martin Seligman, US- Glücksforscher*

Die Komfortzone verlassen

Nach Ansicht der US-Glücksforscher spielt der „Risikofaktor" eine besondere Rolle für ein erfolgreiches und glückliches Leben. Wenn wir es uns nicht zu bequem machen, leben wir leichter, schöner und besser. Das klingt zunächst paradox: Wir sind geneigt, ein angenehmes, leichtes Dasein einem bequemen Dasein gleichzusetzen. Doch wirklich glückliche Menschen verlassen immer wieder ihre „Komfort- Zone". Sie bewegen sich nicht nur in jenen Bereichen, die sie gewohnt sind, in denen alles schön geregelt und in vorgezeichneten Bahnen vor sich geht. Prof. Martin Seligman (Universität Pennsylvania) sagt dazu: ***„Wachstum zum Glück findet außerhalb der Komfortzone statt. Wer nie scheitert, entwickelt sich nicht und kann auch nicht glücklich werden, denn ihm fehlt die Erfahrung der eigenen Stärke."*** Auf dem Weg zum Glück sind Scheitern und Misserfolg nicht nur ganz normal, sondern sie sind sogar absolut notwendige Zwischenstationen. Wer dieses Naturgesetz verstanden hat, wird die äußeren Ereignisse des Lebens, die Steine auf seinem Weg, mit anderen Augen betrachten als vorher. Für ihn kann der schwierigste Weg der leichteste zum Glück werden. Für ihn ist jeder Stein auf dem Weg ein Baustein für seinen Erfolg.

Prof. Csiksentmihalyi hat die Ursachen für die Unzufriedenheit von Arbeitnehmern in den Vereinigten Staaten untersucht. Im Wesentlichen wurden ihm drei Gründe genannt:

- Vor allem anderen **Mangel an Abwechslung und Herausforderung;**
- weiters **Konflikte** mit Kollegen, besonders mit Vorgesetzten,
- und „**Burn Out**“, Ausgebranntsein: zu viel Druck, zu viel Stress, zu wenig Zeit für die Familie. Dieser Faktor betrifft besonders die Führungsebene, die Direktoren und Manager.

Dass sich als Hauptursache für Unlustgefühle am Arbeitsplatz der Mangel an Abwechslung und Herausforderung herausgestellt hat, ist höchst bezeichnend. Nach Csiksentmihalyi fühlten sich die Arbeitnehmer *„glücklicher, fröhlicher, stärker, konzentrierter, kreativer und zufriedener“*, wenn die Herausforderungen ebenso groß waren wie der persönliche Einsatz. Vor schwierigen Aufgaben zurückzuschrecken, kann daher getrost als Fehler bezeichnet werden. Wir sollten im Gegenteil die großen Herausforderungen suchen. Denn letztlich bringen sie uns am meisten Lust und Gewinn.

Wie allerdings der Klagepunkt „Ausgebranntsein“ beweist, sind hohe Anforderungen allein nicht ausreichend, um Wohlbefinden am Arbeitsplatz zu erzeugen. Erst wenn sich große Herausforderungen mit der Fähigkeit verbinden, stressfrei und gelassen damit umzugehen, stellt sich „flow“ ein, das Hochgefühl bei der Arbeit.

Begeisterung und Leidenschaft

Die Vernünftigen halten bloß durch, die Leidenschaftlichen leben.

Nicolas Sebastien Chamfort, (1741 – 1794), französischer Dramatiker

Die Begeisterungsfähigkeit trägt deine Hoffnungen empor zu den Sternen. Sie ist das Funkeln in deinen Augen, die Beschwingtheit deines Ganges, der Druck deiner Hand und der Wille und die Entschlossenheit, deine Wünsche in die Tat umzusetzen.

Henry Ford I, (1863 - 1947), US-amerikanischer Automobilindustrieller, Gründer der Ford Motor Company

Nur der ist alt, der seine Begeisterung verloren hat.

Henry Thorau, Autor und Literaturwissenschaftler

Wenige Menschen haben so intensiv und leidenschaftlich gelebt wie Edith Gassion, besser bekannt unter ihrem Künstlernamen „Piaf“ (franz. „Spatz“). *"Seltsamer kleiner Vogel und große Dame zugleich, Mythos, Legende und Wirklichkeit."* So beschreibt der Komponist Georges Moustaki die berühmte Chansonsängerin. Schon mit sieben Jahren zog Edith mit ihrem Vater, einem Zirkusartisten, von einem Jahrmarkt zu anderen. Ediths Vater erkannte ihr Talent für das Singen und ließ das Mädchen auf Marktplätzen und in Cafés auftreten. Mit fünfzehn trennte sich Edith von ihrem Vater, um ihre Chansons gemeinsam mit ihrer Stiefschwester Simone Berteaut auf Straßen und Hinterhöfen vorzutragen. Um überleben zu können, arbeitete sie zeitweise in einer Gummischuhfabrik und als Prostituierte, bis sie von Louis Leplée, dem Pariser Revuekönig und Besitzer des Kabaretts »Le Gerny's«, entdeckt wurde.

Edith Piaf führte ein wildes, abenteuerliches Leben, quer durch alle Höhen und Tiefen des Ruhmes und des Misserfolges. Sie hatte mit Drogen- und Alkoholabhängigkeit zu kämpfen, musste Entziehungskuren durchstehen, hatte Zusammenbrüche auf der Bühne und gescheiterte Beziehungen. So klein sie von Gestalt war, so unglaublich war ihre innere Größe. Sie hatte den Mut, ihre Träume und Leidenschaften kompromisslos auszuleben. Sie achtete nicht kleinlich darauf, was ihre Wünsche kosten sollten. Ihr Erfolg kam aus ihrem Feuer und ihrer

Begeisterung. Sie wurde auf der Bühne zu einem Weltstar, weil ihre Leidenschaft nicht gespielt war. Ihr Leben selbst war brennende Leidenschaft.

Im Sommer 1962, ein Jahr vor ihrem Tod, sang Edith Piaf von der Plattform des Eiffelturms im Lichte der Scheinwerfer vor Tausenden ihr Lebensbekenntnis: „Non, je ne regrette rien" (Nein, ich bereue nichts). Sie bedauerte nichts; vor allem nicht sich selbst. Sie lebte und sie stand zu ihrem Leben, ganz so wie sie es genossen und durchlitten hat.

Wenn du leidenschaftlich und begeistert bist, spürst du „die Kraft Gottes" in dir. Das wussten auch schon die Menschen des antiken Griechenlands. **Enthusiasmus** heißt wörtlich übersetzt: „Der Zustand, wenn Gott in dir ist". Jeder, der einmal verliebt war, kennt diese wundersame Kraft: Im Zustand der Verliebtheit haben wir schier unbegrenzte Energie. Wir könnten die ganze Welt umarmen. Um begeistert zu sein, ist es aber nicht unbedingt nötig, auf die nächste große Liebe zu warten ☺. Begeisterung können wir jederzeit in uns entfachen. Sie lodert immer dann auf, wenn wir bereit sind, unsere Träume zu leben. Wer sich intensiv mit einem Ziel beschäftigt, der wird immer mehr in den Bannkreis seiner eigenen Ideen hineingezogen.

Es gibt Menschen, die es kategorisch ablehnen, sich für etwas zu begeistern und mit Leidenschaft zu leben. Sie haben Angst davor, sich allzu sehr in eine Sache einzulassen, weil sie befürchten, die Kontrolle über sich selbst zu verlieren. Ihr Problem besteht oft darin, dass sie Leidenschaft mit Fanatismus oder Übertreibung verwechseln. Doch leidenschaftliche Menschen lieben und zerstören nicht. Sie sind enthusiastisch, „sie spüren Gott in sich". Oder kannst du dir etwa vorstellen, dass diese prachtvolle, fantastische, unbegreiflich schöne und große Welt von einer Gottheit geschaffen worden sein könnte, die langweilig, ängstlich oder kühl-berechnend ist?

Ich lade dich zu einer kleinen Selbstreflexion ein:

1. Wann hast du in den letzten sechs Monaten leidenschaftliche Gefühle erlebt, und welche?

   ____

   ____

   ____

2. Falls du eine solche Erfahrung gemacht hast: Wodurch wurde diese Begeisterung ausgelöst?

   ____

   ____

   ____

3. Falls nicht, was ist die Ursache, dass du dich so lange Zeit nicht begeistern konntest? (Pessimistische Gedanken, fehlende Ziele, Sorgen, Alltagstrott, Resignation ...)

   ____

   ____

   ____

Sechs Schritte zur Begeisterung:

- Mach dir deine Träume bewusst!
- Setze dir mutig große, lebenswerte Ziele!
- Befasse dich intensiv mit deinen Zielen!
- Suche Kontakt mit Gleichgesinnten!
- Studiere Bücher, Zeitschriften, Internet-Seiten!
- Besuche Kurse und Seminare zu deinem Thema!

Ich wurde nicht pensioniert, sondern passioniert. Ich arbeite jetzt, mit 73 Jahren, leidenschaftlich.

Ernst Sieber, deutscher Pfarrer

Leidenschaft ohne Wahrheit ist blind, und Wahrheit ohne Leidenschaft ist ohnmächtig.

Erich Fromm

Begeisterung hilft, das 'Unmögliche' möglich zu machen.

Paul Wilson

Gemeinsam stark sein – Brain-Trust

Kein Unternehmer hat jemals alleine Erfolg gehabt, das heißt ohne die Unterstützung seiner Berater und Mitarbeiter. Andrew Carnegie, ein amerikanischer Stahlmagnat, der zu seiner Zeit als reichster Mann der Welt galt, hatte sich für seinen Grabstein die folgende Inschrift gewünscht: ***"Hier liegt ein Mann, der es verstand, sich mit weit klügeren Leuten zu umgeben, als er selbst einer war."***
Carnegie stammte aus einer einfachen schottischen Arbeiterfamilie. Mit viel Energie und Organisationstalent schuf er ein gewaltiges Stahlimperium. Sein Erfolgsrezept bestand darin, exakt zu planen und die richtigen Leute zur Verwirklichung seiner Ideen um sich zu versammeln. Einem von Carnegies Vertrauten, Henry Bessemer, war es gelungen, eine Technik zu entwickeln, mit der Stahl schneller als je zuvor und in großen Mengen hergestellt werden konnte. Vor allem dank dieses Verfahrens konnte Carnegie sein Unternehmen so rasch zu solch unvorstellbaren Erfolgen führen. Carnegie hatte stets eine Gruppe von Spezialisten um sich versammelt; mit ihnen gemeinsam legte er die Strategien fest und verwirklichte sie.

Es ist ohne weiteres einleuchtend, dass eine Gruppe von Menschen gemeinsam mehr erreichen kann als ein einzelner. Wenn zwei Köpfe zusammenwirken, geschieht es nämlich, dass sich ihre Kraft nicht bloß addiert. Eins plus eins ergibt dann nicht zwei, sondern drei. Wie schon zuvor erwähnt, nennt man dieses Phänomen den *„synergetischen Effekt"*. Das harmonische Zusammenwirken von zwei oder mehreren Personen verursacht eine erstaunliche Verstärkung. Personen, die einem „Brain-Trust" angehören, animieren und befruchten sich gegenseitig. Das Bewusstsein, in einer Gruppe zu wirken, die ein gemeinsames Ziel hat, verleiht zusätzlich Inspiration, Mut, Kraft und Leistungsfähigkeit. Nicht nur der leitende Kopf eines Brain-Trust profitiert mental von der gemeinsamen Ausrichtung auf das Ziel, sondern jeder einzelne, der ihm angehört.

Ich lade dich wieder zu einer Selbsterforschung ein.

Beantworte schriftlich die folgenden Fragen:

1. Mit welchen Personen willst du dich verbinden, um deine Ziele zu erreichen?

   ____

   ____

   ____

2. Bei welchen Personen oder Einrichtungen willst du dir Rat und Unterstützung holen?

   ____

   ____

   ____

Andrew Carnegie war nicht bloß der reichste Mann der Welt. Er prägte auch den Satz: *"The man who dies rich dies in disgrace" ("Ein Mann, der reich stirbt, stirbt in Schande").* Der Philanthrop Carnegie errichtete mit seinem Reichtum zahlreiche Stiftungen zur Förderung von Kunst, Wissenschaft, Bildung und Forschung. Er gab Millionen für den Bau von Krankenhäusern, Schulen und Universitäten aus und hinterließ ein riesiges Vermögen, das diesem Zweck gewidmet blieb.
Erfolgreiche Menschen sind sich bewusst, dass sie ein Teil des großen Ganzen sind. Sie fühlen sich mit allen Menschen verbunden. Sie wissen,

dass sie allein nichts ausrichten können. Wenn sie Erfolg haben und Reichtum erlangen, wissen sie auch um ihre Verantwortung, zu geben.

> Wahre Freundschaft ist eine langsam wachsende Pflanze.
>
> *George Washington*
>
> So notwendig wie die Freundschaft ist nichts im Leben.
>
> *Aristoteles*
>
> Freundschaft ist wie eine Spur, die im Sand verschwindet, wenn man sie nicht beständig erneuert.
>
> *Afrikanische Spruchweisheit*

Freundschaften

Was für Zusammenarbeit und für gegenseitige Unterstützung in einem Unternehmen von ausschlaggebender Bedeutung ist, gilt ebenso für unser Privatleben. Der Glücksforscher Prof. Seligman: *„Beziehungen zu pflegen ist ein Weg zum Glück. Viele Leute zu kennen, bringt dagegen gar nichts. Es kommt auf das Gefühl der Verbundenheit an. Und das kann nur mit einer begrenzten Zahl von Menschen entstehen. Nur solche Beziehungen stärken das Vertrauen, das Gefühl des Aufgehobenseins."* Glückliche Menschen schätzen den Wert von Freundschaften. Freundschaften gedeihen nicht von alleine. Sie bedürfen der regelmäßigen Pflege, ebenso wie etwa Zimmerpflanzen. Sie bedürfen der Initiative und einer behutsamen Auswahl. Seligman: ***„Glückliche Menschen umgeben sich mit unterstützenden Leuten. Und sie reduzieren den Kontakt zu Miesmachern."***

> Das Gesetz der Arbeit scheint äußerst ungerecht - aber es ist da, und niemand kann es ändern: Je mehr Vergnügen du an deiner Arbeit hast, desto besser wird sie bezahlt.
>
> *Mark Twain*
>
> Wer den ganzen Tag arbeitet, hat keine Zeit, Geld zu verdienen.

John D. Rockefeller

Arbeit ohne Spiel ist wie Brot ohne Salz.

Tibetisches Sprichwort

Sauer verdientes Geld? Vom Mythos der harten Arbeit

„The secret of success is making your vocation to your vacation" schrieb einst Mark Twain: ***„Das Geheimnis des Erfolges besteht darin, deinen Beruf zu deinem Urlaub zu machen".*** Dasselbe meint ein von mir sehr geschätzter Unternehmer, wenn er sagt: *„In meinem Geschäft erhole ich mich von zu Hause und zu Hause erhole ich mich von meinem Geschäft!"* - Die erfolgreichsten Menschen waren und sind diejenigen, die sich mit Liebe und Leidenschaft ihren Aufgaben hingegeben haben. Das bedeutet für alle, die Erfolg haben **und** glücklich sein wollen, dass sie entweder

- eine Arbeit suchen, die ihnen entspricht und die sie mit Begeisterung erfüllen können, oder dass sie
- einfach mehr Spaß, Freude und Begeisterung in den Job hineinlegen, den sie bereits haben.

Wer sich nicht selbst begeistern kann, wer nicht fähig ist, auch aus einer einfachen, primitiv scheinenden Arbeit etwas Besonders zu machen, der wird wahrscheinlich für immer seinem Traumberuf hinterherlaufen.

Fast jede Aufgabe kann zu einem spannenden Abenteuer werden, wenn ich sie optimal zu erfüllen bestrebt bin. Andererseits: Jede Arbeit, bei der ich nicht mit ganzem Herzen dabei bin, wird mit der Zeit fade und langweilig. **Gib deiner Arbeit mehr Inhalt und Sinn!** Ich kenne einen Buchhalter, der seine tägliche Tätigkeit dadurch spannend macht, dass er immer neue Wege sucht, effektiver zu arbeiten, ohne sich dabei mehr anzustrengen. Er überprüft selbst monatlich seine Arbeitsleistung und macht zu diesem Zweck eine eigene kleine Statistik. Sooft es ihm gelingt, seine Bilanzen noch ein wenig rationeller und produktiver zu erstellen, hat er Grund zur Freude. Der entscheidende Unterschied, ob einer in seinem Job erfolgreich ist oder nicht, besteht vor allem darin, wie er an seine Arbeit herangeht. Wenn ich meine Aufgaben nur erledige, weil ich es muss, wenn ich nicht bereit bin, das Beste zu geben und das Beste aus einer Situation zu machen, werde ich niemals Leichtigkeit, Freude und nachhaltigen Erfolg erleben.

Viele Erfolgstrainer vertreten die Auffassung, dass wir hart, viel und mühevoll arbeiten müssen, um erfolgreich zu sein. Meiner Ansicht nach pflegen solche Aussagen einen Mythos, der keine Berechtigung hat. Ich kenne zwar durchaus einige Menschen, die durch viel und harte Arbeit reich geworden sind. Doch sie sind in der Regel nicht gesund, glücklich und zufrieden.
Ich bin zutiefst überzeugt, dass es für jeden einen lustvollen, beschwingten und fröhlichen Weg zu Erfolg und Wohlstand gibt. Und ich bin einer (und beileibe nicht der Einzige), der dies in seinem Leben unter Beweis gestellt hat. Wer sein Geld „sauer" verdient, hat möglicherweise den falschen Beruf. Zumindest weiß er nicht, wie schön und leicht Arbeit sein kann.
Der Milliardär J. Paul Getty erklärte einmal, das Geheimnis des Erfolges sei in den drei Worten enthalten: *„Sich mehr anstrengen"*. Ich würde sagen, Erfolg verlangt nicht nach mehr Anstrengung, sondern nach klügerem Denken und geschickterem Handeln. Ich meine, die Qualität der Arbeit ist das Wesentliche, nicht die Quantität. Wenn eine Arbeitsleistung beliebig austauschbar ist, wenn genügend andere Leute meine Arbeit genauso gut machen können wie ich, dann zählt für meinen Arbeitgeber nur die Anzahl der Arbeitsstunden. Führungskräfte sollten daran gemessen werden, ob sie visionäre Ideen haben, ob sie kreativ denken können, ob sie über Durchsetzungskraft verfügen, ob sie ein Team begeistern können - und nicht an der Anzahl ihrer Überstunden. Die Leistung einer Spitzenkraft sollte nicht besser belohnt werden, wenn sie sich bei ihrer Arbeit besonders quält, beziehungsweise weniger gut, wenn sie sie mit Eleganz und Leichtigkeit bewältigt. Wie der Ölmagnat John D. Rockefeller richtig bemerkte: ***„Wer den ganzen Tag arbeitet, hat keine Zeit, Geld zu verdienen."*** Wenn du weniger in Kampf und harte Arbeit investierst und dafür mehr in deine Übersicht, deine Kreativität und deine Intuition, wirst du mit geringerem Aufwand mehr erreichen. Wer zu viel arbeitet, dem bleibt zudem keine Zeit mehr, seine Erfolge zu

genießen, sich am Leben zu erfreuen, anderen Freude zu schenken und seine Persönlichkeit zu entfalten.
Für einen, der hingebungsvoll seine Arbeit verrichtet, ist es ohne Belang, ob er sich dabei anstrengt oder nicht. Ebenso wie ein Junge beim Fußballspielen, auch wenn er schwitzt und außer Atem gerät, wohl kaum das Gefühl hat, hart zu arbeiten, so wird derjenige, der mit Begeisterung und Leidenschaft bei seiner Aufgabe ist, gar nicht danach fragen, ob er viel oder hart arbeitet. Die Aufforderung „Streng dich mehr an, damit du Erfolg hast!" ist meiner Ansicht nach völlig verfehlt. Wer mit Kindern zu tun hat, weiß, wie fruchtlos solche Ermahnungen sind. Was wirklich zählt, ist Begeisterung und ausreichend starke Motivation. Nur mit Begeisterung für ein Ziel kann Besonderes erreicht werden. Das gilt in der Kindererziehung genauso wie beim Führen von Mitarbeitern und bei der Selbstmotivation. Mach deine Arbeit zu einem Spiel. Lerne, wie ein spielendes Kind, deine Kräfte zu erproben und neue Möglichkeiten zu erforschen.
In einem „Erfolgsbuch" von einem bekannten Erfolgstrainer lese ich: *„Jeder, der glaubt, er könne auf leichtem, angenehmen Weg zum Erfolg kommen, den muss ich enttäuschen."* Nun, ich möchte diese Aussage relativieren. Wieso soll der Weg nicht leicht und angenehm sein? Erfolgreich zu sein heißt für mich nicht nur ein Ziel zu erreichen, sondern auch, den Weg zum Ziel mit Freude und Leichtigkeit zu gehen. Gerade die Scheu vor der „harten Arbeit" schreckt viele Menschen davon ab, ihre Wünsche auch in die Tat umzusetzen. Ich möchte dich dazu anstiften, deine Wünsche auch in die Tat umzusetzen, indem ich dir zeige, wie schön, leicht und befriedigend deine Arbeit sein kann.

Jede Sache hat zwei Seiten. So wie es **„guten" Stress (Eustress)** und **„schädlichen" Stress (Disstress)** gibt, so gibt es auch harte „lustvolle" Arbeit und harte Arbeit, die auslaugt und krank macht.

Das ganze Leben ist eine Gratwanderung zwischen Polaritäten, Extremen und Einseitigkeiten. Vor allem die jüngere Generation in unserer Wohlstandsgesellschaft leidet häufig an Unterforderung. Man will „es sich gut gehen lassen" und sich möglichst wenig anstrengen. Man ist nicht (mehr) dazu bereit, gelegentlich den „inneren Schweinehund" zu überwinden (und bringt sich damit um die Erfahrung, danach desto

größeres Wohlbefinden, desto intensivere Lust zu erleben). Tatsache ist, je mehr man „nichts“ tut, umso größer werden die Frustgefühle. Viele haben niemals die Erfahrung gemacht, wie herrlich es ist, etwas zu geben, etwas zu leisten, über sich selbst hinauszuwachsen und **sodann** zu ruhen und sich am Erfolg zu erfreuen.
Wenn ich mich, schwitzend, aber lustvoll mit dem Mountainbike auf einen Berg hinaufkämpfe, ist das Wohlgefühl, das ich hinterher empfinde, um so beglückender, je mehr ich mich zuvor gefordert hatte. Ein anderes Beispiel: Wer einmal ein Buch geschrieben hat, weiß, welche innere Kraft, wie viel inneres Ringen, Konzentration, Hingabe und Leidenschaft es erfordert, einen sinnvollen, lesbaren Text zu Papier zu bringen. Doch was zählt all die Anstrengung gegen das Hochgefühl, etwas Sinnvolles und Schönes geschaffen zu haben. **Gerade dieses vorangehende Ringen, die Aufbietung aller Kraft schenkt dem Schöpfer eine tiefe Befriedigung, die mit nichts vergleichbar ist, was uns so ohne weiteres in den Schoß fällt.**

Ob einem Menschen seine Arbeit hart und unangenehm erscheint, oder ob sie ihm leicht fällt und Freude bereitet, ist in erster Linie eine Frage der inneren, geistigen Einstellung. Frag einen leidenschaftlichen Schauspieler, ob ihm seine Arbeit schwer fällt. Frag jemanden, der seine Arbeit liebt, ob er meint, sein Geld sauer zu verdienen. Wenn ich von einem Ziel wirklich begeistert bin, so ist es für mich kein Thema, dass ich diese Arbeit auch tatkräftig in Angriff nehme. Es gibt jedoch viele Menschen, die innere Blockaden haben, welche sie immer wieder daran scheitern lassen, ihre Wünsche zu realisieren. Sie haben zwar Träume, aber sie leben sie nicht. Das hat meiner Ansicht nach drei wesentliche Ursachen:

1. **zu wenig Begeisterung**
   Motiviere dich selbst, befasse dich intensiv mit deinen Wünschen!

2. **zu wenig Vertrauen in die eigene Kraft**
   Mache zunächst den ersten Schritt; gehe dann Schritt für Schritt weiter. Gönne dir Anerkennung für jeden vollzogenen Schritt. Halte gelegentlich inne, um dich an deinen Leistungen zu erfreuen. Vermeide es, dich selbst schlecht zu machen. Think Pink!

3. **Scheu vor harter Arbeit**
   Es ist wichtig, „harte Arbeit“ als Mythos zu durchschauen und zu erkennen, wie wir es anstellen können, dass wir Arbeit, auch wenn wir dabei „schwitzen“ und uns voll verausgaben, als schön und leicht empfinden.

Wir rackern uns ab, um unsere Ziele zu erreichen.
Und je mehr wir uns abrackern, desto weniger
erreichen wir unsere Ziele.

Nikolaus B. Enkelmann, Motivationstrainer

Begeisterungsfähigkeit ist eine der Hauptursachen für
den Erfolg im Leben.

*Dale Carnegie, (1888 - 1955), US-amerikanischer
Psychologe und Schriftsteller*

Ohne Begeisterung ist noch nie etwas Großes erreicht worden.

*Ralph Waldo Emerson (1803 - 1882), US-amerikanischer
Geistlicher, Philosoph und Schriftsteller*

Wenn du nicht von der eigenen Begeisterung
angefeuert wirst, wirst du mit Begeisterung gefeuert.

Vince Lombardi, US-Footballtrainer

Motivation durch Leidenschaft

Menschen, die von ihrer Aufgabe nicht begeistert sind und sich dennoch zwingen müssen, sich anzustrengen und hart zu arbeiten, reagieren auf unterschiedliche Weise auf diese Zwangslage. Die einen überwinden sich, erleben ihre Arbeitswelt als leidvoll, werden rasch müde, verlieren Energie und werden schließlich fast immer krank. Die anderen sind innerlich blockiert, leisten Widerstand, ziehen sich in sich selbst zurück und werden passiv, oft auch depressiv. Häufig werden sie gar zum Sozialfall oder greifen zu Drogen, um sich abzulenken und auf diese Weise ihre Misserfolge zu kompensieren.

Ich bestreite nicht, dass auch ich manchmal eine Portion Überwindung brauche, um beispielsweise bei kaltem, regnerischem Wetter, womöglich noch nach einem langen Arbeitstag, joggen zu gehen. Ich tue es, weil ich fitnessbegeistert bin. Ich weiß, wie es mir geht, wenn ich nichts für meinen Körper tue und wie erfrischt und energiegeladen ich mich nach dem Laufen fühle. - Auch wenn du etwa mit dem Rauchen aufhören, abnehmen oder auf Süßigkeiten verzichten willst, brauchst du Überwindung. Doch noch niemand wurde von Sätzen wie „Du musst dich zusammennehmen, du musst weniger essen, du musst dich mehr bewegen ..." jemals von seinem Übergewicht befreit. Nur die tiefe Einsicht, wie schädlich Übergewicht für Körper und Wohlbefinden ist, gepaart mit Begeisterung für Fitness, Gesundheit, Leichtigkeit, Frische und Schönheit, wird tatsächlich Wirkung zeigen. Für mich bedeutet es ein Hochgefühl, Herr meiner selbst zu sein. Ich liebe es, gemeinsam mit Gleichgesinnten ein schönes Ziel anzustreben. Es ist herrlich, sich gegenseitig anzufeuern, immer wieder kleine und größere Erfolge zu haben, immer mehr Selbstvertrauen zu bekommen. Es ist wie ein Rausch, aus eigener Kraft Erfolg zu haben. Erfolg ist eine köstliche Droge.

Wieder eine Reflexion - beantworte schriftlich folgende Fragen:

1. Welche kleineren oder größeren Erfolge hast du bisher in deinem Leben erzielt?
   Wer oder was hat dich motiviert, diese Erfolge zu erreichen?

   ____

   ____

   ____

2. Wie kannst du dich für deine wesentlichen Ziele besonders gut motivieren?

   ____

   ____

   ____

Clearingprogramm - Sofort beginnen

Eine gewisse Ordnung und Klarheit, zumindest im Geist, gehört zum Lebensgefühl der Leichtigkeit, sagt Prof. Ed Diner. Seine Forschungen ergaben: **„Glückliche fällen ihre Entscheidungen schneller und deutlicher. Sie gehen lieber das Risiko falscher Entscheidungen ein, statt sie hinauszuzögern und aufzuschieben.** Sie erledigen, was ansteht, statt es anzuhäufen. Wer aufräumt und Liegengebliebenes anpackt, fühlt sich nicht als Opfer, sondern als Gestalter seines Schicksals, und das gehört wesentlich zum Glück."

Ich lade dich ein, heute mit der Verwirklichung deiner Ziele zu beginnen (anstatt nach dem Motto „Was du heute kannst besorgen, das verschieb auf übermorgen!" zu leben ☺). Leg dir schon heute eine Strategie zurecht, wie du vorgehen wirst, um dein Ziel zu verwirklichen. Nur was heute geschieht, geschieht wirklich. „Morgen" bleibt immer Zukunft, bleibt immer „vielleicht".

Eine Aufgabe, die man vor sich herschiebt, ohne sie in Angriff zu nehmen, erscheint immer schwieriger und belastender. Das weiß jeder. Schließlich hat man das Gefühl, ohnmächtig vor einem riesigen Berg zu stehen. Egal, ob es darum geht, deinen Kellerraum in Ordnung zu bringen, deine Buchhaltung aufzuarbeiten oder dir deinen Lebenstraum zu erfüllen: Mach es gleich, nimm es sofort in Angriff. Nur wer sich mit ganzer Kraft auf sein Ziel konzentriert und es sofort in Angriff nimmt, wird es erreichen.
Ich kenne eine Frau, die davon träumt, ein Haus am Rande der Stadt zu erwerben. Doch seit Jahren bleibt es beim Träumen. Sie wird nämlich wahrscheinlich wie immer auch heute wieder nichts unternehmen, um diesen Traum zu realisieren. Sondern immer nur „gleich morgen ...".
Ein junger Mann klagte mir vor kurzem, dass er sich seit Monaten mit der Entscheidung quäle, ob er seinen gegenwärtigen Arbeitsplatz aufkündigen soll oder nicht. Sein Arbeitgeber hatte ihm angeboten, in Kürze die Leitung der Filiale, in der er tätig ist, zu übernehmen; er würde dann erheblich mehr zu verdienen. Doch er fühlt sich schon jetzt durch die Anzahl der Überstunden, die er zu erbringen hat, überlastet. Er fürchtet, als Filialleiter noch mehr Zeit im Betrieb verbringen zu müssen; zudem scheut er die Verantwortung, die mit der neuen Aufgabe verbunden ist. - Ich lud ihn zu einem ausführlichen Gespräch ein, und dabei stellte sich heraus, **dass er sich nicht entscheiden kann, weil er sich im Grunde gar nicht entscheiden will.** Er fürchtet sich davor, bei seinem derzeitigen Arbeitgeber zu verbleiben, aber vor einer ungewissen Zukunft (wenn er kündigt) fürchtet er sich auch. Deshalb betreibt er Vogel-Strauß-Politik: Er steckt den Kopf in den Sand. Er nimmt die anstehende Entscheidung nicht in Angriff. Ich sagte zu ihm sinngemäß: „Sie müssen sich zuerst einmal darüber klar werden, dass Sie bislang nicht bereit waren, überhaupt irgendeine Entscheidung zu treffen. Vergessen Sie vorerst einmal alle Ängste, die Sie mit der einen oder der anderen Option verbinden. Wenn Sie die beiden Möglichkeiten ganz sachlich überdenken, werden Sie sehen, dass Ihr Risiko minimal ist - so oder so. Sie sind jung und dynamisch, Sie haben keine Sorgepflichten; was kann schief gehen?

Als Nächstes ist es erforderlich, dass Sie zuerst die Entscheidung treffen (innerhalb der nächsten sieben Tage) eine Lösung zu finden. Wenn Sie diese Entscheidung getroffen haben, unumstößlich und tief in Ihrem Inneren, werden Sie ganz plötzlich die notwendige >Erleuchtung< darüber erfahren, was Sie wirklich wollen. Und noch eines: **Orientieren Sie sich bei Ihrer Entscheidung nicht an Ihren Ängsten, an Sicherheit oder an falschen Rücksichten anderen Personen gegenüber.** Entscheiden Sie danach, wo sie Ihre Zukunft, Ihre Lebensaufgabe, Ihre Interessen haben und wofür Sie sich begeistern können.
Machen Sie das Thema, zu dem Sie sich am stärksten hingezogen fühlen, zu Ihrem Beruf. Wenn Sie an Ihrem bisherigen Arbeitsplatz bleiben, **machen Sie ihre Aufgabe zu Ihrer Leidenschaft**. Wenn Sie das nicht können und wollen, suchen Sie einen anderen Job, den Sie mit voller Kraft zu erfüllen bereit sind."
Wenige Tag nach dieser Aussprache bekam ich von dem jungen Mann einen Anruf: Er sei sehr erleichtert, und er habe sich entschlossen, den Posten des Filialleiters zu übernehmen. Er habe eine Aussprache mit seinem Chef gehabt und dieser hätte ihm zugesagt, dass er in Zukunft keine Überstunden mehr leisten müsse und dass er ihm jede Unterstützung bei der Einarbeitung gewähren würde.

Wie in diesem Fall liegt die Ursache, weshalb wir uns nicht zu einer Entscheidung durchringen können, oft darin, dass wir die Entscheidung selbst nicht mit der nötigen Entschlossenheit bejahen. **Unser Unterbewusstsein hat für jede erforderliche Entscheidung die richtige Strategie bereit. Doch es ist notwendig, den Weg für die „Eingebung" frei zu machen.** Solange wir zwar eine Lösung wollen, doch zugleich vor der endgültigen Wahl zurückschrecken, bleiben unsere Zweifel aufrecht.
Oft scheuen wir davor zurück, eine Aufgabe in Angriff zu nehmen, weil sie uns zu groß und unerreichbar erscheint. Bergsteiger, die einen Achttausender im Himalaja bezwingen wollen, setzen sich Etappenziele: zuerst das Basislager aufbauen, dann das Lager zwei auf 5.000 Metern Seehöhe, dann das Lager drei auf 6.700 Metern und schließlich - der Gipfel. Schritt für Schritt planen und gehen, Etappe nach Etappe erreichen, das ist ein unfehlbarer Weg zum Erfolg. Wenn wir den Weg zu unserem

großen Ziel in kleine Einheiten aufteilen, erscheint uns der Berg nicht mehr unbezwingbar und die Sorge, das Ziel nicht zu erreichen, löst sich in Wohlgefallen auf.

Eine Reflexion:

1. Welche Aufgabe willst du erledigen, schiebst sie aber immer wieder auf?

   ____

   ____

   ____

2. Welche Schritte sind auf dem Weg zu deinem Ziel erforderlich?

   ____

   ____

   ____

3. In welche Etappen kannst du den Weg zu deinem Ziel einteilen?

   ____

   ____

   ____

4. Welche Termine setzt du dir zur Erreichung deiner Etappenziele?

   ____

   ____

   ____

Sich kleine Ziele setzen. Sie erreichen. Sich neue, etwas größere Ziele setzen. Sie erreichen. So funktioniert Erfolg.

Dale Carnegie

Wer auf morgen wartet, wird übermorgen erkennen, dass er heute versäumt hat, das Notwendigste zu tun.

Walter Scheffel, (1826 - 1886), deutscher Schriftsteller

Verschiebe nicht auf morgen, was genauso gut auf übermorgen verschoben werden kann.

Mark Twain

Gäbe es die letzte Minute nicht, so würde niemals etwas fertig.

Mark Twain

Das Leben auf morgen verschieben

Im Kindergartenalter beneidete ich meine älteren Geschwister, die schon in die Schule gehen durften. Ich sehnte den Tag herbei, an dem ich auch eine Schultasche und Schulbücher besitzen würde. In der Schule hoffte ich, möglichst bald das Abitur zu schaffen, um endlich ein freies Studentenleben führen zu können: *„Ja, dann werde ich endlich leben, dann wird es wird mir gut gehen!"* Der Student träumt davon, sein Diplom zu erreichen und genügend Geld zu verdienen: *„Dann fängt das Leben erst wirklich an, wenn ich erwachsen bin und mir selbst mein Geld erarbeite!"* Wer einige Jahre gearbeitet hat, der will Familie und ein Haus haben: *„Wenn ich erst mein eigenes Haus habe, dann werde ich nicht mehr so viel arbeiten, dann werde ich es mir gut gehen lassen!"* ... *„Und wenn die Kinder erst mal aus dem Haus sind, dann wird das Leben leicht werden und ich kann endlich meinen eigenen Interessen nachgehen!"* Das Haus ist gebaut, die Kinder sind erwachsen, und wir werden zu leben beginnen, wenn wir endlich nicht mehr arbeiten müssen und die Pension genießen können... So mancher, der sein Leben auf diese Weise immer wieder auf später verschoben hat, hat mit den Jahren zu leben verlernt. Seine Tage streichen vorüber. Er wird krank und lebensmüde. Und das soll es dann gewesen sein?

Unser Leben wird ruiniert, weil wir es immer aufschieben - zu leben. So sinken wir ins Grab, ohne unser Dasein recht gespürt zu haben.

Epikur von Samos, (341 - 271 v. Chr.), griechischer Philosoph

Leben Sie von Tag zu Tag. Richten Sie Ihre Energie, Ihre Aufmerksamkeit, Ihr Streben auf das, was zählt: auf das Heute.

Dale Carnegie

Sich nicht ablenken lassen - Prioritäten setzen

Es ist eine gute Sache, vielseitige Fähigkeiten und an allem Möglichen Interesse zu haben. Für zahlreiche Herausforderungen ist Vielseitigkeit sogar eine großartige Voraussetzung. Doch Vorsicht: Der Weg von Vielseitigkeit zu planloser Oberflächlichkeit ist nicht sehr weit. „Hansdampf in allen Gassen" verzettelt sich in Tausenden von Wünschen und Ideen. Auf das Wesentliche kann er sich jedoch nicht konzentrieren. Er beginnt viel und bringt wenig zustande. Die Fülle an Möglichkeiten, die unsere Zeit anbietet, erfordert eindeutige Antworten auf Fragen wie „Was will ich wirklich? Wohin soll mein Weg führen? Was ist meine große Aufgabe, mein großes Ziel?". Wenn du das nicht entschieden hast, so wird dein Weg im Zickzackkurs verlaufen. Das beruhigende, tief befriedigende Gefühl: *„Ich gehe meinen Weg. Mich plagen keine Zweifel. Ich weiß, was ich will. Meine Energie konzentriert sich auf das Wesentliche. Ich bin glücklich und erfolgreich."* wirst du so nicht kennen lernen ...

Das Zauberwort, um mit der unendlichen Vielfalt der Möglichkeiten und mit zahlreichen Wünschen und Zielen zurecht zu kommen, lautet „Prioritäten setzen". Viele Interessen zu haben und sich von allerlei Dingen anziehen und begeistern zu lassen, ist schon ganz in Ordnung. Doch wenn du nicht in der Lage bist, zu entscheiden, was du wirklich willst und was dir so wichtig ist, dass alles andere daneben zweitrangig wird, kann das Ganze leicht im Chaos enden. Wenn du dir jedoch über deine Prioritäten im Klaren bist, wirst du dein Schiff auf geradem Kurs halten können. Der süße Klang der Sirenen wird dich nicht betören können... Als Odysseus, der trojanische Held, auf seinen abenteuerlichen

Seereisen bei den Inseln der Sirenen vorbeikam, ließ er seiner Mannschaft die Ohren mit Wachs verschließen. Sich selbst ließ er jedoch an den Mast des Schiffes binden. Er wollte dem verlockenden Gesang der Sirenen lauschen können, ohne ihm zu verfallen. - Wenn du deine wahren Bedürfnisse, dein großes Ziel, erkannt hast, wird dir dieses Ziel wie Odysseus' Schiffsmast sein: Du bist ihm so eng verbunden, dass auch die verlockendste Verführung dich nicht von deinem Weg abbringen kann.

> Ich bin nicht entmutigt, weil jeder als falsch verworfene Versuch ein weiterer Schritt vorwärts ist.
>
> *Thomas Alva Edison, (1847 - 1931), US-amerikanischer Erfinder*

> Ich will Ihnen das Geheimnis verraten, das mich zum Ziel geführt hat. Meine Stärke liegt einzig und allein in meiner Beharrlichkeit.
>
> *Louis Pasteur, (1822 - 1895), französischer Chemiker und Mikrobiologe*

> Niemand hätte je den Ozean überquert, wenn die Möglichkeit bestanden hätte, bei Sturm das Schiff zu verlassen.
>
> *Charles Franklin Kettering, (1876 - 1958), US-amerikanischer Philosoph*

Erfolgsfaktor Beharrlichkeit

Nach achttausend erfolglosen Versuchen mit einer Nickel-Eisen-Batterie sagte **Thomas Edison**: „Nun gut, jetzt wissen wir wenigstens, dass achttausend nicht funktionieren".

Wenn du ein Vorbild für Zähigkeit und Ausdauer suchst, liegst du bei Edison, einem der erfolgreichsten Erfinder der Neuzeit, goldrichtig.

Seine Eltern waren früh gestorben. Als Zwölfjähriger musste er sich als Zeitungsjunge bei einer Eisenbahngesellschaft sein Geld verdienen. Im Alter von fünfzehn richtete er sich im Gepäckwagen des Zuges, der sein Arbeitsplatz war, ein Labor ein sowie eine kleine Druckerei, um seine eigene Zeitung herausgeben zu können. Eines seiner Experimente führte zu einer Explosion; der Gepäckwagen geriet in Brand. Daraufhin erhielt Edison von dem verantwortlichen Zugsführer eine derart harte Ohrfeige, dass er auf dem betroffenen Ohr zeitlebens taub blieb.

Doch dies war nicht der einzige „Schlag", den Edison einzustecken hatte: In der Tat erfand Edison das Telefon. Sein Patentantrag traf jedoch zwei Stunden später beim Patentamt an als der von Alexander Graham Bell - weshalb diesem und nicht Edison das Patentrecht zugesprochen wurde.

Edison erfand die erste Maschine zur Aufzeichnung von Tönen, das Grammophon. Er entwickelte den ersten Dynamo und baute das erste Elektrizitätswerk. Eine seiner wahrhaft bahnbrechenden Erfindungen war die elektrische Glühbirne. Was Edison auszeichnete, war, dass er unbeirrt von Fehlschlägen und Misserfolgen an seinen Erfindungen immer weiterarbeitete. Tausende Experimente waren notwendig, bis endlich eine gebrauchsfähige Glühbirne hergestellt werden konnte. Doch Edison gab nicht auf, und seine Erfindung hat die Welt verändert.
Es kommt kaum jemals vor, dass jemand ein großes Ziel erreicht, ohne auf dem Weg dorthin Rückschläge einstecken zu müssen. **Beinahe sieht es so aus, als ob uns das Schicksal immer wieder prüfen will, ob wir wirklich stark und reif genug sind für den Erfolg**. Anscheinend geht es dem Schicksal auch gar nicht so sehr darum, dass wir unsere Wünsche erfüllen können. Viel wichtiger scheint ihm zu sein, dass wir auf dem Weg zum Ziel unsere Persönlichkeit entwickeln. „Der Weg ist das Ziel", wie ein kluges Sprichwort sagt. Den Weg gehen (und dabei an der Überwindung von Widerständen zu wachsen) bringt stets mehr Gewinn als jeder „Erfolg", den wir ohne Hindernisse erreichen.

Im Kapitel *„Danke für diesen Misserfolg!"* komme ich nochmals darauf zurück, welche Bedeutung Rückschläge und Misserfolge haben und wie wir mit ihnen umgehen können. Vorweg sei gesagt, dass nur der seine Ziele erreicht, der sich nicht entmutigen lässt. Was wir lernen und erkennen dürfen, ist, dass Enttäuschungen und Fehlschläge genauso zum Leben gehören wie Regen und Sturm zum Wetter. Es gibt keinen Menschen, der keine Fehler macht, keinen, der keine Schicksalsschläge verkraften muss. **Es ist keine Schande, hinzufallen. Doch sollten wir es vermeiden, liegen zu bleiben ...**

Ziele und Wege überprüfen - Flexibel bleiben

Auf dem Weg zum Erfolg empfiehlt es sich, regelmäßig Bilanz zu ziehen. Zumindest alle sechs Monate solltest du

a) deine Ziele überprüfen. Ein hervorragendes Werkzeug dazu ist deine Workshopmappe (siehe Kapitel - „*Workshop deiner Visionen*"). Überprüfe anhand deiner Aufzeichnungen, ob deine Ziele noch aktuell sind, oder ob sie einer Korrektur bedürfen. Wir verändern uns nämlich ständig, wie sich auch unsere Umwelt verändert. Bleib flexibel, passe dich den veränderten Gegebenheiten an.

b) eine Bilanz ziehen, inwieweit dich die Ergebnisse, die du erzielt hast, deinem Ziel nähergebracht haben. Überlege dir, was du verbessern kannst. Mach dir bewusst, was du verändert und erreicht hast. Spende dir selbst Lob und Anerkennung für deine Fortschritte. Bedanke dich (das kann durchaus auch schweigend geschehen, in stiller Meditation) für die Hilfen, die dir zuteil geworden sind.

> Wenn das, was Sie tun, nicht wirkt, dann tun Sie es anders, bis Sie Erfolg haben!
>
> *Joseph Schmidt*

> Gegen Zielsetzungen ist nichts einzuwenden, sofern man sich dadurch nicht von interessanten Umwegen abhalten lässt.
>
> *Mark Twain*

Zehn wertvolle Anregungen zur Erfolgsvermeidung

Zum Abschluss dieses Kapitels gebe ich dir, quasi als Zusammenfassung des schon Gesagten, noch ein paar Tipps. Wenn du sie befolgst, bleibt es dir sicher erspart, wie all diese widerlichen Gewinnertypen um deinen Erfolg beneidet zu werden ☺ :

1. Vermeide Zielsetzungen. Es genügt, wenn du so weiter machst wie bisher.
2. Vermeide es, deine Absichten schriftlich festzuhalten. Sie könnten dich zu stark beeinflussen.
3. Suche überzeugende Gründe, um die notwendigen Entscheidungen hinauszuschieben.
4. Vermeide es, dir die für dein Vorhaben erforderlichen Fachkenntnisse anzueignen. Sie könnten dich unnötig belasten.
5. Erwäge gewissenhaft alle Möglichkeiten, weshalb dein Vorhaben scheitern muss, statt einen Plan zu seiner Verwirklichung auszuarbeiten.
6. Vermeide es, dich durch Begeisterung und Engagement bloßzustellen.
7. Vergiss nicht, anderen die Schuld zuzuschieben, sobald etwas nicht glatt läuft.
8. Wirf sofort die Flinte ins Korn, sobald Schwierigkeiten auftauchen. Womöglich landest du sonst aus Versehen einen Treffer.
9. Glückspiel und Spekulation sind schnellere und einfachere Wege zum Reichtum als Hingabe an deine Arbeit.
10. Koch dein Süppchen alleine, zieh niemals andere Menschen in dein Vorhaben mit hinein und geh tunlichst jeder Anregung und jeder Kritik aus dem Weg.

Danke für diesen Misserfolg!

Hindernisse überwinden ist der Vollgenuss des Daseins!

Arthur Schopenhauer (1788 - 1860), deutscher Philosoph

Fange nie an aufzuhören und höre nie auf anzufangen.

Marcus Tullius Cicero (106 - 43 v. Chr.), röm. Redner und Staatsmann

Misserfolg ist schlecht, doch es ist noch schlechter,
nie den Erfolg versucht zu haben.

Theodore Roosevelt, (1882 - 1945),
32. Präsident der USA

Glückliche hadern nicht mit ihrem Schicksal

„Es ist nicht so, dass manche Leute mehr Glück haben als andere", erklärt Martin Seligman, Professor an der University of Pennsylvania. Glückliche Menschen haben um nichts weniger „Pech" wie andere auch. Sie gehen nur anders mit den Ereignissen um. Sie fragen nicht: „Warum?", sondern: „Wozu?". Sie halten sich nicht damit auf, zu fragen: „Warum passiert mir das?", oder gar „Warum gerade ich?"; ihre Frage lautet vielmehr stets: **„Wozu dient mir das? Wie kann ich das Problem lösen?"** Hindernisse auf dem Weg sind für glückliche Menschen etwas ganz Natürliches. Sie bemitleiden sich nicht, gefallen sich nicht in einer Opferrolle, werden nicht depressiv. Im Gegenteil: Sie bekommen einen richtigen Energieschub, wenn es gilt, eine Hürde zu überspringen.

Ein recht überzeugendes Beispiel dafür liefert uns die Welt des Sports. In diesem Bereich geht es nicht darum, „es sich leichter zu machen", wie man meinen könnte ☺, sondern darum, die eigene Höchstleistung zu erbringen. Beim Hindernislauf werden extra Hürden aufgestellt; Hochspringer legen sich die Latte von Training zu Training immer höher.

Kein Tennisspieler fände auf die Dauer Spaß daran, den Ball einsam gegen eine Wand zu spielen. Es müssen Hindernisse her: Ein Netz zum Beispiel, und vor allem ein guter Gegner. Kein Sportler fände Befriedigung an seinem Tun, müsste er nicht viel Geschicklichkeit, Ausdauer und Kraft aufbieten, um seinen Sieg zu erringen. **Sportler sind süchtig danach, die eigenen Grenzen auszuloten und über diese hinauszugehen.**

Wie wir beim Spiel und Sport beobachten können: Der Mensch legt Wert darauf, dass das Leben nicht zu einfach wird. Wir suchen die Herausforderung, wir suchen schwierige Aufgaben, wir suchen Hindernisse, um uns an ihnen zu erproben und an ihnen zu wachsen. Wer mit einem Lauftraining beginnt, freut sich über die ersten zwei oder drei Kilometer, die er ohne Unterbrechung hinter sich gebracht hat. Aber schon bald will er schneller laufen und weitere Strecken zurücklegen. Zehn Kilometer, zwanzig Kilometer –und irgendwann lockt dann der erste Marathon ...

> Glück ein Leben lang: Niemand könnte es ertragen, es wäre die Hölle auf Erden.
>
> *George Bernard Shaw*

Viele Menschen träumen vom Schlaraffenland, wo es nichts zu tun gibt und wo ihnen die gebratenen Hühner fertig zubereitet in den Mund fliegen. – Auf meinen ausgedehnten Reisen in den südlichen Ländern Europas, in der Karibik, in Asien bin ich zahlreichen Aussteigern begegnet, die dort ihren Traum von einem Paradies ohne Arbeit, ohne Ärger und ohne lästige Aufgaben leben wollten. Nach meiner Beobachtung genießen die meisten von ihnen das süße Nichtstun unter Palmen ein paar Monate lang, vielleicht sogar ein, zwei Jahre – aber dann kommt die große Krise. Es ist nämlich auf die Dauer tödlich langweilig, nichts zu tun. Der Traum ist ausgeträumt, und man geht entweder zurück nach Hause oder sucht sich vor Ort eine Arbeit. So mancher, der den

Absprung nicht mehr schafft, verfällt dem Alkohol oder anderen Drogen, scheinbar mitten im Paradies ... **Ein Leben ohne Ziel, ohne Aufgaben, ohne Herausforderung ist auf Dauer die Hölle.**
David Myers (Hope College, Michigan) sagt, dass die Glücksfähigkeit des Menschen damit zusammenhängt, sich selbst motivieren zu können und aktiv zu bleiben. *„Gewöhnlich lassen sich Menschen nur von Freuden und Spaß locken.* ***Die glücklicheren Leute nehmen hingegen auch Frust, Angst und Ärger als Motivation.*** *Sie erkennen Ärger als Lernchance. Sie sehen, dass hinter jeder Schwäche eine Stärke steckt"* erläutert Myers. **Wir wachsen an unseren Widerständen.** Wer hingegen Probleme meidet, schrumpft. Laut Myers konnte medizinisch nachgewiesen werden, dass *„vierzehn Tage reiner Relax-Urlaub die geistige Wachheit und damit die Glücksfähigkeit um zwanzig Prozent senken"*.

Spiel und Sport sind eine gute Übung für lustvolle Anstrengung: Sie lehren uns, mit Niederlagen umzugehen. Doch merkwürdigerweise begegnen wir häufig Menschen, die etwa auf dem Tennisplatz begeistert schwitzen, kämpfen und gegebenenfalls Niederlagen hinnehmen, im Berufs- oder Privatleben jedoch stöhnen und jammern, wenn nicht alles nach Wunsch läuft. Jedes Hindernis, jeder Rückschlag wird mit Unmut und Enttäuschung quittiert. Hier muss alles möglichst leicht und einfach gehen. Warum ist das so? Warum wollen viele nicht auch im Beruf und im privaten Alltag lustvoll um Punkte kämpfen, wie sie es auch auf dem Tennisplatz tun? Warum fällt es den meisten Menschen so schwer, im „täglichen Leben" einen Satz zu verlieren? Der Unterschied liegt bloß in unserer mentalen Programmierung! Beruf und Privatleben sind für viele kein „Spiel". Da scheinen Fröhlichkeit und Leichtigkeit für die Mehrzahl der Menschen keinen Platz zu haben.
Wir wachsen an den Herausforderungen. Deshalb sollten wir den Kindern nicht alle Schwierigkeiten aus dem Weg räumen. Viele Jugendliche leiden darunter, dass es ihre Mütter und Vätern zu gut mit ihnen meinen und glauben ihre Kinder vor Anstrengungen und Herausforderungen verschonen zu müssen. Solche Kinder lernen nicht ihre Grenzen kennen und diese zu überschreiten.

Erfahrung ist nicht das, was mit einem Menschen geschieht, sondern das, was er daraus macht.

Aldous Huxley, (1894 - 1963), englischer Philosoph und Romancier

Jeder Idiot kann Erfolg managen. Aber Misserfolg zu managen ist wahre Kunst.

Bodo Schäfer, Erfolgstrainer

Erinnere dich daran, dass es manchmal ein wunderbarer Glücksfall sein kann, nicht zu bekommen, was du dir wünschst.

Dalai Lama, Oberhaupt der tibetischen Buddhisten

Danke für diesen Misserfolg

Jetzt wirst du möglicherweise anfangen, mich für verrückt zu halten. Ich rate dir nämlich: Bedanke dich für jeden einzelnen Misserfolg, für jeden Rückschlag, für jede Niederlage. Einer meiner „Erfolgslehrer" sagte mir: „Lerne dich für deine Missgeschicke zu bedanken! Wenn du auf der Autobahn eine Panne hast – sag Danke! Wenn du deinen Job verlierst – sag Danke! Wenn du erkrankst – sag Danke!" Damit konnte auch ich zunächst nicht viel anfangen. Wie viel dieser Rat wert war, habe ich erst viel später begriffen.
Weshalb sollte ich mich für eine Autopanne bedanken? Am Straßenrand zu stehen und nicht weiterfahren zu können, ist weder lustig noch angenehm. Es ist ganz einfach grauenhaft – und es ist nur zu verständlich, wenn man in solcher Lage seinem Zorn freien Lauf lässt, anstatt sich zu bedanken. Doch du wirst sehen – es gibt doch einiges, das dafür spricht:

1. Sich ärgern bringt nichts

Wie schon das rückbezügliche Zeitwort „ich ärgere mich" ausdrückt: Ärgern ist eine Sache, die du mit dir selbst machst. Du entscheidest, ob du dich ärgern willst oder nicht. Kein vernünftiger Mensch will „sich ärgern" – und doch tun es viele, oft schon bei der kleinsten Störung ihres Wohlbefindens. Aber: Ärger macht jedes unangenehme Ereignis nur

noch schlimmer. Er frisst die letzten Reste an Energie und Wohlbefinden buchstäblich auf. Er erschwert es, locker und entspannt über einen Ausweg aus der Situation nachzudenken. „Ein Unglück kommt selten allein“ sagt ein bekanntes Sprichwort – und es hat vor allem deshalb recht, weil wir in schwierigen Situationen oft den Kopf verlieren, nervös werden, unbesonnen reagieren und damit neues Unglück heraufbeschwören. Stell dir vor, du hast gerade einen Autoreifen plattgefahren. Statt zuerst das Pannendreieck aufzustellen, suchst du aufgeregt nach deinem Mobiltelefon, findest es endlich, jedoch nur um festzustellen, dass der Akku leer ist. Dein Ärger wächst ins Unermessliche, du läufst achtlos über die Straße zu einem nahe gelegenen Haus, vielleicht kannst du dort telefonieren, Reifen quietschen, du hast beinahe einen Unfall verursacht ...
Die andere Möglichkeit: Du bleibst gelassen, stellst das Pannendreieck auf und bedankst dich. Du überlegst, welchen Wert das an sich unerfreuliche Ereignis für dich haben könnte: **„Es gibt nichts Schlechtes, was nicht hat ein Gutes“**, sagt ein altes Sprichwort. Vielleicht will dir das Schicksal mitteilen, dass du schon die längste Zeit viel zu hastig unterwegs warst und einmal innehalten solltest, etwa indem du einen oder zwei Tage ausspannst. Sodann kannst du dich umsehen und dir in Ruhe bewusst werden, in welch interessante, vielleicht schöne Gegend dich das Schicksal so unversehens verschlagen hat ... Schließlich planst du in aller Ruhe die notwendigen Schritte, die als nächstes erforderlich sind.
Es gibt nichts im Leben, das nicht auch eine gute Seite hat! Unser Problem liegt zumeist bloß darin, diese zu erkennen. Wir sehen in einem Missgeschick gewöhnlich nur das Negative: Du verlierst deinen Job. Also ärgerst du dich über deinen Arbeitgeber, machst dir Sorgen um deine Zukunft, zweifelst an dir selbst.

Genauso gut kannst du dich aber auch bei deinem Schicksal bedanken:

- Danke, dass ich sozial gut abgesichert bin!
- Danke, dass ich die Chance habe, mich zu verändern!
- Danke, dass ich endlich wieder mehr Zeit für mich und meine Familie habe!
- Danke, dass ich Gelegenheit habe, mich fortzubilden, mich auf neue Aufgaben vorzubereiten!
- Danke, die Zeit könnte gerade günstig sein, um einen neuen

Arbeitsplatz mit besseren Arbeitsbedingungen zu finden!
- Danke, ich kann erkennen, welche Fehler ich gemacht habe ...

Du kannst dich darin trainieren, den Wert eines Ereignisses auf einen Blick zu erkennen. Es ist nicht so schwer. Überlege dir einfach: „Welche günstigen Aspekte könnte dieses Ereignis für mich haben?".
Denkansatz: **„Das Schicksal meint es immer gut mit dir, auch wenn es dich durch die härtesten Prüfungen schickt."** Davon bin ich absolut überzeugt. Es gibt keine Beweise dafür. Es mag eine Einbildung sein. Doch diese „Einbildung" ist ausgesprochen magisch: Sie lässt die ganze Welt in prachtvollen Farben leuchten. Sie gibt uns die Kraft, Missgeschicke zu überwinden, und das Vertrauen, dass sich alles letztlich zum Guten wenden kann. Naiver Kinderkram, meinst du? Irrtum! ☺ Viele bittere Einzelschicksale, viele tragische Ereignisse, von denen wir täglich hören, scheinen diese Ansicht aufs erste Hinsehen zu widerlegen. Doch unser kleiner allzu menschlicher Blickwinkel ist oft viel zu eng, um die ganze Wahrheit zu erschauen. Wer weiß schon, was uns nach einem schwierigen Leben, nach einem tragischem Tod erwartet? Hindus und Buddhisten sind jedenfalls davon überzeugt, dass wir von einem Leben zum nächsten gehen und dass hinter allem irdischen Geschehen eine höhere Weisheit verborgen ist. Dazu eine kleine Geschichte aus Asien:

> Es lebte einst in einem abgelegenen Dorf in China ein weiser Mann namens Chi Ling, zusammen mit seinem einzigen Sohn. Sein Besitz war klein, doch besaß er einen herrlichen Hengst. Eines Tages sprang der Hengst über die Koppel, lief davon und kam nicht mehr zurück. Da besuchten nach und nach die anderen Dorfbewohner Chi Ling, um ihn zu bedauern. Dieser aber sagte: „Woher wisst ihr, dass dies ein Unglück ist?"
> Der Hengst aber hatte sich mittlerweile einer Herde wilder Pferde angeschlossen. Weil er ein besonders kräftiges und edles Tier war, wurde er bald ihr Leithengst. Nach rund einem Jahr kehrte der Hengst zu Chi Ling zurück – und brachte alle Pferde seiner Herde mit sich. Chi Ling war also auf einen Schlag ein reicher Mann. Nun kamen die Nachbarn wieder und gratulierten ihm zu seinem

> Reichtum. Chi Ling aber fragte nur: „Woher wisst ihr, dass diese Pferde Glück bedeuten?“
> Chi Lings Sohn begann angesichts der vielen Pferde bald, sein Herz für das Reiten zu entdecken. So geschah es, dass er von einem Pferd abgeworfen wurde und eine schwere Beinverletzung davontrug. Das Bein konnte nicht ganz geheilt werden, sodass er beim Gehen behindert blieb. Wieder kamen die Dorfbewohner und sprachen Chi Ling ihr Mitleid aus. Er aber antwortete: „Woher wisst ihr, das dies ein Unglück ist?“
> Bald darauf brach ein Krieg im Lande aus. Alle Männer des Dorfes wurden zu den Waffen gerufen, nur Chi Lings Sohn durfte, der Folgen seiner Verletzung wegen, zu Hause bleiben. Viele junge Männer seines Dorfes aber mussten auf dem Schlachtfeld ihr Leben lassen.

Du hast sicherlich die Lehre dieser Geschichte erkannt: Wir sind niemals in der Lage, die ganze Tragweite eines Geschehens zu durchschauen. Also ist es stets sinnlos und voreilig, sich zu ärgern oder Sorgen zu machen. Wenn du stattdessen dankbar sein kannst, wird dir früher oder später der verborgene Wert jedes noch so widrig scheinenden Ereignisses offenkundig werden.

> Erfahrung ist nicht das, was mit einem Menschen geschieht, sondern das, was er daraus macht.
>
> *Aldous Huxley*
>
> Wenn Gott einen Unternehmer strafen will, schickt er ihm dreißig Jahre lang gute Geschäfte.
>
> *Klaus Kobjoll*

2. Jedes Missgeschick ist eine Chance

Wer einmal das Ruder einer Segeljacht geführt hat, weiß, dass es unmöglich ist, einen schnurgeraden Kurs zu halten. Die Abdrift durch

Wind, Wellen und Wasserströmung erfordert dauernde Kurskorrekturen. Und genau dasselbe gilt für jeden Lebensweg. Es geschehen immer wieder unvorhergesehene und unvermeidbare Zwischenfälle. **Das Einzige, was wirklich sicher ist, ist das Risiko.** Du kannst mit absoluter Sicherheit davon ausgehen, dass es auf deinem Weg Rückschläge geben wird. Du musst sie nicht erst herbeiwünschen, sie kommen von selbst ☺. Du musst dich aber auch nicht vor ihnen fürchten. Sie sind die großen Chancen deines Lebens, und letzten Endes auch seine Würze.
Nur wer gelernt hat mit Misserfolg umzugehen, kann stabilen Erfolg haben. Der Misserfolg gibt uns das nötige Selbstvertrauen, um Erfolg zu ernten.
Das Leben ist ein andauernder Lernprozess. Solange du bereit bist, zu lernen, bleibt das Leben ein spannendes Abenteuer. Anhand der Überwindung von Hindernissen lernen wir besonders leicht und schnell. Das erfordert, Mut, Kraft, Ausdauer, Vertrauen und Kreativität. Wenn immer alles glatt geht, wenn nie Hindernisse auftauchen, wird das Leben langweilig. Wo es keine Verlierer gibt, gibt es auch keine Gewinner. **Was gäbe es denn zu gewinnen oder zu verlieren, wenn uns der Erfolg garantiert wäre, unabhängig davon, wie idiotisch wir uns verhalten?** Es gäbe keine Erfolgserlebnisse, nichts wäre da, das unser Selbstbewusstsein stärken könnte. Die Natur hat weise Vorsorge dafür getragen, dass wir nicht „zum Erfolg verdammt" sind. Das gibt uns das köstliche Privileg, unseren Weg frei zu wählen. Mensch sein heißt frei sein. Nur der Mensch kann selbst bestimmen, ob und auf welche Weise er sein Leben gestalten will, ob und wie er glücklich sein will. Diese Freiheit ist der wertvollste Schatz der Menschheit.

Eine Kuh hingegen hat einen vorgezeichneten Lebensplan. Sie kann sich nicht entwickeln, sie kann nichts erschaffen, nichts erreichen. Ihr Leben erschöpft sich in Wachsen, Fressen, In-der-Sonne-Liegen, Wiederkäuen, Gebären, Milchgeben. Für die Kuh ist das so sicher in Ordnung. Auch so mancher Mensch mag gelegentlich von einem solch einfachen Leben träumen. Du etwa auch? Glaube mir, du würdest schon nach einigen Wochen leiden, krank werden und letztlich an Inhaltslosigkeit zu Grunde gehen.

Glückliche sind dankbarer

US-Glücksforscher haben den Zusammenhang zwischen Dankbarkeit und Glücklichsein untersucht. Sie erkannten, dass glückliche Menschen dankbarer sind als unglückliche. Liegt das etwa daran, dass sie vom Schicksal bevorzugt behandelt werden? – Mihaly Csikszentmihalyi bestreitet das ganz entschieden: *„Sie sind glücklich, weil sie dankbar sind."* Das erklärt er so: *„Menschen, die mit dem Schicksal hadern, richten ihre Aufmerksamkeit auf das, was sie unzufrieden macht. Die Glücklichen hingegen haben ihren Blick trainiert für die Dinge, die erfreulich sind."* Das kann jeder nachvollziehen. ***„Wer sich jeden Tag aufzählt, wofür er dankbar sein kann, schärft seine Wahrnehmung für die angenehmen Seiten seines Lebens."*** Und deshalb denkt, fühlt und lebt er fröhlicher.

> Seine eigenen Erfahrungen bedauern, heißt seine eigene Entwicklung aufhalten.
>
> *Oscar Wilde*
>
> Wer den Kopf allzu lange hängen lässt, dem entgeht das schönste und hoffnungsvollste Symbol des Lebens: der Regenbogen.
>
> *Paul Wilson*

Gescheitert oder fortgeschritten?

Als Anwalt hatte ich häufig mit Ehescheidungen zu tun. Ich konnte beobachten, dass sehr viele Menschen durch eine Trennung von ihrem langjährigen Partner in eine schwere Krise geraten. *„Unsere Ehe ist gescheitert"*, sagen sie dann. Im Wort „gescheitert" klingt Versagen, Selbstverurteilung und Schuldzuweisung mit. Ein Lebensabschnitt wurde beendet! Punkt!

Nach jeder Trennung ist Dankbarkeit am Platz: Dankbarkeit für die Liebe, die einem geschenkt wurde, Dankbarkeit für die Lernprozesse, die man vollziehen durfte. Es gibt niemals Grund dafür, voller Zorn und Enttäuschung auseinander zu gehen.

Wenn du meinst, zu viel gelitten zu haben, frag dich, warum du dich gerade mit diesem Menschen verbunden hattest, und weshalb du nicht schon früher die Kraft und den Mut aufgebracht hast, eine Änderung der Situation herbeizuführen. Vermeide es, dem anderen die Schuld für alles zu geben. Er wusste sich nicht besser zu verhalten. Doch laste auch dir selbst keine Schuld an. Ebenso wie dein Partner hast du dein Bestes gegeben. **Jeder Mensch tut zu jedem Zeitpunkt seines Lebens das Beste, zu dem er fähig ist.** Ob er dabei geschickt oder ungeschickt, achtsam oder unachtsam vorgeht ist eine andere Sache. Und wir haben jeden Tag die Chance neu zu beginnen und dabei die reichen Erfahrungen aus der Vergangenheit einzubringen.

> Am meisten Energie vergeudet der Mensch mit der Lösung von Problemen, die niemals auftreten werden.
>
> *William Somerset Maugham (1874 - 1965), englischer Schriftsteller*

Blicke zurück

Blicke zurück auf dein bisheriges Leben. Wie oft hast du dir unnötig Sorgen gemacht! Geradeheraus gefragt: Hat dein Schicksal nicht meist alles zum Besseren gewendet?
Natürlich kannst du auch im Rückblick vieles missbilligen, was dir widerfahren ist. Doch das ist wiederum eine Frage deines Standpunktes, deiner persönlichen Einstellung. Wer den Wert von Erfahrungen und Fehlschlägen nicht erkennt, macht es sich selbst schwer. Der US-Erfolgstrainer Anthony Robbins sagt: ***„Es gibt keinen Misserfolg. Es gibt nur Resultate!"*** Erfolgreiche Menschen, meint er, glauben nicht an Misserfolg; dieser Begriff existiert für sie nicht. Jede Erfahrung, ob angenehm oder nicht, hilft dir im Leben weiter, denn sie gibt dir die Möglichkeit, zu wachsen. Wer darum weiß, heftet sich nicht kurzsichtig an den augenblicklichen Rückschlag, sondern verschafft sich mehr Überblick und ist fähig, das Leben als Ganzes zu betrachten.
Wer in Gedanken wie: „Ich habe Misserfolg! Ich habe versagt!" befangen ist, blockiert sich selbst. Er hat Angst vor weiteren Misserfolgen – und zieht sie gerade dadurch magisch an!
Mir selbst war in meinem Leben bisher viel Freude und viel Erfolg beschieden gewesen. Ich bilde mir darauf nichts ein. Ich bin dem Schicksal – und allen Menschen, die mich auf meinem Weg unterstützt haben – dankbar. Ich hatte auch etliche schwere „Niederlagen" einzustecken (die gibt's ja gar nicht gibt, wie wir gehört haben! ☺). So manche von ihnen hatten mich in tiefe Verzweiflung, ja sogar in Depression gestürzt. Jedes Mal dauerte es seine Zeit, bis ich diese Schicksalsschläge verdaut hatte – so wie auch jede Wundheilung ihre Zeit braucht. Doch ich betrachte gerade diese Zeiten als besonders wertvoll. Ich bin für all meine Rückschläge dankbar, denn ich weiß, dass sie für meine Entwicklung eine enorme Hilfe waren. Ich denke, es gibt keinen Menschen, der sich nicht immer wieder mit neuen Prüfungen und Herausforderungen konfrontiert sieht. Das Schicksal hat immer wieder neue Überraschungen

auf Lager, an denen wir knabbern dürfen. Wenn mich heute ein Ereignis betroffen oder niedergeschlagen fühlen lässt, oder wenn mir ein Vorhaben misslingt, sage ich sehr rasch zu mir selbst: „Das ist eine Chance! Das hat sicher sein Gutes. Das bringt dich wieder ein Stück weiter. Daraus kannst du wieder lernen und wachsen!"

> Der Weg zum Erfolg ist keine Einbahnstraße.
> Es herrscht starker Gegenverkehr.
>
> *Jay Leno, US-Humorist*
>
> Jeder Rückschlag enthält ein Samenkorn des Erfolgs.
>
> *Erich Lejeune, deutscher Autor und Unternehmer*

Dem Schicksal antworten – Verantwortung übernehmen

> Die Bereitschaft, für sein eigenes Leben
> Verantwortung zu übernehmen, ist die Quelle,
> aus der Selbstachtung entspringt.
>
> *Joan Didion, US- Schriftstellerin*

Menschen, die ihr Schicksal beklagen und sich in Selbstmitleid ergehen, sind tatsächlich bedauernswert. Sie leiden wirklich. Sie glauben fest daran, Opfer des Lebens zu sein – und nicht Schöpfer ihres Glücks.
Die meisten Religionen der Welt nehmen an, dass alles, was auf Erden geschieht, von einer weisen Wesenheit höherer Ordnung gelenkt wird. **„Das Schicksal macht keine Fehler!"** Hindus und Buddhisten gehen davon aus, das wir unser gegenwärtiges Schicksal selbst bestimmt haben und unser künftiges Schicksal heute durch unser Denken und Handeln vorherbestimmen. Auch der christliche Glauben sagt: „Ihr werdet ernten, was ihr sät." – Ich finde, all diese Gedanken geben Kraft und Vertrauen. Sie sagen, dass wir nicht hilflose Opfer willkürlicher Zufälle

sind, sondern dass wir jeden Tag aufs Neue unser Leben, unsere Zukunft in die Hand nehmen können.
Ich halte es für wichtig, bei der Frage nach dem Schicksal weder sich, noch anderen irgendeine „Schuld" für Fehler, Versäumnisse oder Irrtümer zuzuweisen. Ich denke, **es geht niemals um Schuld, sondern um Entwicklung**. Evolution ist seit Jahrtausenden das Ziel allen Geschehens auf dieser Erde. Jeder glaubt und hofft im Augenblick das Richtige zu tun. Zumindest konnte er nicht anderes als gerade so zu handeln, wie er es getan hat. Was wir aber alle vermögen, ist: Erfahrungen sammeln, Einsichten gewinnen, aus Fehlschlägen lernen.
Wer die Verantwortung für die Lage übernimmt, in der er sich befindet, hat es allemal leichter. Verzweifeln, Jammern, Selbstmitleid hilft niemandem. Erfolgreiche Menschen halten nach Lösungen Ausschau, anstatt Probleme zu wälzen. Sie bleiben nicht an den Dingen hängen, die bereits geschehen und demzufolge nicht mehr zu ändern sind, sondern sie blicken in die Zukunft. Sie folgen der Erkenntnis: **„Was ist, das ist. Ich mache das Beste daraus."** Das ist eine ganz nüchterne, pragmatische und absolut lebensnahe Denkweise.

Wie arm wir heutzutage sind

Seit mehr als einem halben Jahrhundert ist Mitteleuropa von kriegerischen Auseinandersetzungen verschont geblieben. Wir dürfen nie zuvor gekannten Wohlstand genießen. Dennoch bedauern sich viele Menschen, wenn etwas nicht auf Anhieb so verläuft, wie sie es gerne hätten, wenn Missgeschicke und Rückschläge auftauchen ...
Im letzten Kriegsjahr 1944 brachte eine Frau in Wien Zwillinge zur Welt. Ihr Mann war an der Front in Russland. Täglich heulten die Sirenen, kündigten bevorstehende Luftangriffe an: Bombenalarm. Dann musste sie jedes Mal so schnell es ging mit den beiden Säuglingen – und mit zwei weiteren Kindern im Alter von fünf und sieben Jahren – den Luftschutzkeller aufsuchen. Eines Tages, als sie eben den Zwillingen die

Brust gab, hörte sie wieder die gewohnten und gefürchteten Sirenen. Doch sie war müde, wollte nicht schon wieder über drei Treppenabsätze in den Schutzraum hinunterhasten ... Also schickte sie nur die beiden älteren Kinder in den Keller. Kurz darauf dröhnten die Flugzeugmotoren, ein gewaltiger Krach in nächster Nähe – das Nebenhaus war getroffen worden und stürzte in einer Wolke von Schutt und Staub in sich zusammen. Vor lauter Schreck blieb der Frau die Milch weg. Die Zwillinge begannen auf der Stelle lauthals zu protestieren (wahrscheinlich nicht wegen der Explosion, sondern über das Ausbleiben der süßen Nahrung ...) – Tage später wurde auch das Haus, in dem die Frau wohnte, durch einen Bombentreffer unbewohnbar. Auf den Straßen hörte man, der Krieg würde bald vorbei sein, die russischen Truppen werden die Stadt in Kürze eingenommen haben. Kurzerhand organisierte die junge Mutter ein paar Pferdefuhrwerke für einen Flüchtlingszug, versammelte andere Frauen, Kinder, alte Männer um sich, und man brach in die Steiermark auf. Der Flüchtlingszug blieb nicht unbehindert, wurde mehrmals von Tieffliegern angegriffen, aus Maschinengewehren beschossen ... Dann hieß es anhalten, absteigen und im Straßengraben Deckung suchen. Einige der Frauen schrien, weinten, verzweifelten. Die Mutter der Zwillinge sprach ihnen Mut zu, gab Durchhalteparolen aus ...

Endlich war der Semmeringpass überwunden. Man war in Sicherheit.

Vielleicht ahnst du es schon: Ich war einer der beiden Zwillinge, und die mutige Frau war meine Mutter. Später habe ich erfahren, dass sie sich in jener finsteren Zeit nie beklagt oder ihre Lage bedauert hatte. Dazu hatte sie keine Zeit. Sie kämpfte um das Leben ihrer Kinder, wie eine Löwin, und sie hat erreicht, was sie sich vorgenommen hatte. Das ist das, was ich „dem Schicksal antworten" nenne.

Ein Mensch mit Charakter besinnt sich auf sich selbst, wenn er mit einer Krise konfrontiert wird.

Charles de Gaulle, (1890 - 1970) französischer General und Staatspräsident

Ich gehe langsam, aber ich gehe niemals zurück.

Abraham Lincoln, (1809 – 1865) 16. Präsident der USA

Rezession ist nichts anderes als ein reinigender Gewitterregen.

Klaus Kobjoll

Problem-Workshop

Ich lade dich ein, die nachstehenden Fragen zu beantworten.

Erinnere dich an eine Situation in der Vergangenheit, in der du aus Angst vor Misserfolg nicht getan hast, was du ursprünglich gerne tun wolltest. Schreib sie hier in Stichworten auf:

____

____

____

Was hast du daraus gelernt?

____

____

____

Welches Problem beschäftigt dich derzeit am meisten?

____

____

____

Was kannst du aus ihm lernen?

___

___

___

Welche Chance ergibt sich aus dieser Aufgabe? Welchen Wert kannst du aus deinem Problem ziehen?

___

___

___

Hat dein Problem mit der unmittelbaren Gegenwart deines Lebens zu tun, oder betrifft es eher einen Sachverhalt, der in deiner Vergangenheit von Bedeutung war? Ist es überhaupt sinnvoll, dass du dich heute noch damit beschäftigst?

___

___

___

Welche unnötigen Sorgen (Sorgen sind immer unnötig! ☺) machst du dir um deine Zukunft?

___

___

___

Welches Vorbild kannst du zur Lösung deines Problems heranziehen? Wer hat bereits ein ähnlich gelagertes Problem erfolgreich gelöst, und wie?

____

____

____

Was kannst du von diesem Vorbild lernen oder übernehmen?

____

____

____

Wie kannst du dir weitere Informationen darüber verschaffen, wie dein Vorbild hinsichtlich seines Problems gedacht und gehandelt hat?

____

____

____

Welche besonders schwierige Situation hast du bereits erfolgreich gemeistert?

____

____

____

Welche Unterstützung hattest du dabei?

Was erscheint dir jetzt als das brennendste Problem in deinem Leben?

Brainstorming:

Was kannst du im Laufe der nächsten 14 Tage unternehmen, um dich der Lösung deines Problems mit Erfolg näherzubringen? Schreib alles auf, was dir in den Sinn kommt, ohne zu bewerten, lass nichts aus, auch wenn du es auf den ersten Blick für „unsinnig" halten magst (mehr über *„Brainstorming"* und *„Mindmapping"* siehe im Kapitel *„Intuition und Kreativität"*):

Überlege, welche dieser Ideen besonders sinnvoll und erfolgversprechend sind, und ordne sie danach (1 = besonders sinnvoll, 5 = weniger sinnvoll):

1. ______________________________

2. ______________________________

3. ______________________________

4. ______________________________

5. ______________________________

Noch ein Brainstorming:

Was kannst du im Laufe der nächsten 12 Monate unternehmen, um dich der Lösung deines Problems mit Erfolg näherzubringen?

____

____

____

Überlege erneut, welche dieser Ideen besonders sinnvoll und erfolgversprechend sind, und ordne sie:

1. ______________________________

2. ______________________________

3. ______________________________

4. ______________________________

5. ______________________________

Falls dich noch weitere schwerwiegende Probleme beschäftigen, unterziehe auch diese einem solchen Brainstorming:

____

____

____

Was deinen Erfolg ausmacht:

- **Du hast eine klare Vorstellung von deinem Ziel.**
- **Du hast dieses Ziel stets vor Augen.**
- **Du beobachtest immer wieder, ob dich dein Weg deinem Ziel näher bringt.**
- **Du bleibst flexibel und führst so lange Kurskorrekturen durch, bis du dein Ziel erreicht hast.**

Der Mensch wird nicht durch Dinge beunruhigt,
sondern durch seine eigene Meinung über Dinge.

Epiktet (ca. 50-138 n. Chr.), griechischer Philosoph

Die einzigen Menschen, die keine Probleme haben,
liegen auf Friedhöfen.

Anthony Robbins

Das Geheimnis des Erfolges kennen nur jene,
die einmal Misserfolg gehabt haben.

Antoine de Saint-Exupéry, (1900 - 1944),
französischer Schriftsteller und Pilot

Nicht wer immer Erfolg hat, ist ein großer Mensch,
sondern wer nie aufgibt.

Martin Descalzo, spanischer Schriftsteller

Schlicht und einfach Zen

Das macht den vollendeten Charakter aus: jeden Tag so leben, als wäre es der letzte, und weder erregt noch verkrampft noch unecht zu sein.

Marc Aurel, (121 - 180), römischer Kaiser und Philosoph

Der Wunsch nach Glück entsteht, weil Ihr Wesen selbst Glück ist und es daher natürlich ist, danach zu streben. Aber Glück wird nirgendwo als im Selbst gefunden. Schauen Sie deshalb nicht anderweitig nach ihm aus. Suchen Sie das Selbst und bleiben Sie darin.

Ramana Maharshi, (1879 – 1950), indischer Philosoph

Sich selbst zu erkennen ist nicht nur die schwierigste Sache der Welt, sondern auch die unbequemste.

George Bernard Shaw

Zeitlosigkeit

Erstaunlicherweise greifen die modernen Glücksforscher immer wieder auf Jahrtausende alte Methoden der Besinnung und Bewusstseinssteigerung zurück. Ihre wissenschaftlichen Studien bestätigen die ältesten Weisheitslehren der Erde, denen zufolge die Kunst, glücklich zu sein, eng verbunden ist mit der Fähigkeit, im Augenblick zu leben. Wer das kann, hat nur selten das Gefühl, er hätte zu wenig Zeit oder die Zeit entgleite ihm. Mihaly Csikszentmihalyi schreibt, das liege an der Fähigkeit, sich auf die Erfordernisse des Augenblicks zu konzentrieren: ***„Wer in dem aufgeht, was er gerade tut, bewegt sich in einer Sphäre der Zeitlosigkeit."*** Wie die klassischen Meditationsmeister empfiehlt Csikszentmihalyi, im Verlauf des Tages immer wieder innezuhalten und darauf zu achten, was in dir vor sich geht. Das entspricht im Ansatz den klassischen Yoga- und Zen-Übungen. Csikszentmihalyi: *„Sammle dich alle eineinhalb Stunden für neunzig Sekunden ganz bewusst und fühle, wie der Atem geht, wie deine Haltung ist, was sich in deinem Körper tut."*

Denn *„...wer immer wieder aus den Gedanken zurück in den Körper kommt, ist präsent und trainiert, im Augenblick zu leben"*.
Zeitlos leben heißt eins sein mit dem, was im Jetzt um uns und in uns ist. Gewöhnlich leben wir in Gedanken an das, was gestern war oder an das, was morgen sein wird. Anders gesagt, wir leben in der Erinnerung an das, was uns gestern beschäftigt oder beunruhigt hat - oder in Sorge um das, was künftig auf uns zukommen könnte. Allenfalls verweilen wir in Wunschträumen auf ein schöneres Leben in der Zukunft. Tatsächlich frei, präsent und glücklich leben können wir nur im **Jetzt**. Doch die meiste Zeit verbringen die Menschen mit Gedanken außerhalb der Gegenwart. Beobachte selbst deine Gedanken, wenn du nicht gerade mit einer intensiven Tätigkeit beschäftigt bist. Beobachte deine Gedanken beim Spazierengehen, beim Autofahren, beim Zähneputzen - und du wirst sehen, wie wenig du im Augenblick gegenwärtig bist.

Wer es schafft, ganz im Augenblick zu verweilen entdeckt etwas Sensationelles (das zugleich einer uralten Weisheit entspricht): **Alle Glückserfahrungen kommen letztlich aus unserm Inneren.** Äußere Ereignisse, die uns erfreuen, legen nur frei, was in uns permanent vorhanden ist. In unserem Wesenskern sind wir, wie es schon in den Veden, einer der ältesten Schriften der Menschheit, geschrieben steht: „Cit" (Weisheit, Bewusstsein) und „Ananda" (Glückseligkeit). Ein Sonnenuntergang ist ein rein physikalischer Vorgang. Dass wir ihn als „schön" und uns selbst dabei als „glücklich" empfinden mögen, kommt aus uns selbst. Der äußere Vorgang ist nur der Auslöser, damit unser inneres Glück aufleuchtet. Diese Erkenntnis haben auch die Glücksforscher wiederentdeckt. Prof. David Lykken, Psychologieprofessor an der University of Minnesota: ***„Glück ist die Erfahrung, dass wir selbst die Quelle der Freude sind.*** *Als kleine Kinder machen wir diese Erfahrung. Sobald wir erwachsen werden, beginnen wir feste Vorstellungen vom Glück zu entwickeln. Je fester unsere Vorstellung, wie alles zu sein hat, umso unzufriedener sind wir.* ***Und umgekehrt: Je flexibler unsere Vorstellung von Glück ist, desto zufriedener können wir werden.****"*
Auch der griechische Philosoph Sokrates geht davon aus, dass wir alles Nötige für unser Glück bereits in uns selbst tragen: ***"Du kannst nur***

lernen, dass du das, was du suchst, schon selber bist. Und weiter: *„Alles Lernen ist das Erinnern an etwas, das längst da ist und nur auf Entdeckung wartet.* ***Alles Lernen ist nur das Wegräumen von Ballast, bis so etwas übrig bleibt wie leuchtende innere Stille.*** *Bis du merkst, dass du selbst der Ursprung von Frieden und Liebe bist."*

> In der Schöpfung ist Raum für jede Sache, aber man weigert sich, das Gute, das Gesunde und das Schöne zu sehen, und beklagt sich - wie ein hungriger Mann, der vor einem mit geschmackvollen Speisen gedeckten Tisch sitzt und, statt seine Hand auszustrecken, um seinen Hunger zu stillen, nur jammert.
>
> *Ramana Maharshi*

Bodhidarma

Der Buddhismus kam vor mehr als zweitausend Jahren nach China. Von jenen Mönchen, die von Indien nach China reisten, um ihn dort zu lehren, ging von Bodhidarma der größte Einfluss aus. Er gilt deshalb als „Vater des Zen". Der Legende nach hat er auf dem heiligen Berg Sung in der Nähe des berühmten Shaolin-Tempels neun Jahre lang einer Felswand zugekehrt meditiert. Diese Erzählung zeugt von Bodhidarmas Bemühungen um das innere Erwachen. Doch Zen bedeutet keineswegs, sich der Welt zu verschließen. Die Mönche in den Zen-Klöstern wurden und werden zu harter körperlicher Arbeit angehalten: Tempeldienst, Brennstoffsammeln, Ackerbau und Handwerk sind wesentliche Elemente des mönchischen Lebens. Körperliche Aktivität gilt als das beste Heilmittel gegen die Trägheit des Geistes und dient als Ausgleich zur täglichen Meditation. Dem chinesischen Meister Pai-Chang (720- 814) wird der Ausspruch zugeschrieben: ***„Ein Tag ohne Arbeit ist ein Tag ohne Essen."*** Seine Schüler, die ihn verehrten, meinten einst, er wäre zu alt, um seiner Lieblingsbeschäftigung, der Gartenarbeit, nachzugehen. Also versteckten sie seine Gartengeräte, weil er nicht freiwillig aufhören wollte. Darauf verweigerte Pai-Chang die Nahrungsaufnahme und sage: *„Wer nicht arbeitet, soll nicht leben!"* (nach Daisetz T. Suzuki, „Die große Befreiung")

Was hinter dir liegt und was vor dir liegt, ist nebensächlich verglichen mit dem, was in dir liegt.

Ralph Waldo Emerson

Die ursprünglichsten Quellen des Zen sind sicherlich jene Schriften, die vermutlich aus Bodhidarmas eigener Feder stammen. Hier sind einige Zitate aus seiner Schrift „Über das Aufwachen":

„Über nichts nachzudenken, ist Zen. Wenn man das einmal verstanden hat, ist alles, was man tut - gehen, stehen, sitzen oder liegen - Zen."

„Mit Hilfe des rationalen Denkens die Wirklichkeit entdecken wollen, ist Illusion. Nichts zu denken und die Wirklichkeit sehen, ist Gewahrsein."

„Keinerlei Kümmernisse haben ist Nirvana, und im Herzen keine Unterscheidungen machen ist das andere Ufer."

Auch diese Worte Bodhidarmas entsprechen der Empfehlung der Glücksforscher, „zeitlos" zu leben. „Über nichts nachdenken" heißt in der Gegenwart sein. Für denjenigen, der in dieser Weise achtsam bleibt, ist jede Tätigkeit Zen, sei es „gehen, stehen, sitzen oder liegen", seiner Arbeit nachgehen, Geschäfte machen oder Kinder betreuen. Leben kannst du nur in diesem Augenblick. Belaste dich nicht mit Sorgen darüber, was gestern war und was morgen kommen mag. Schalte dein rastlos umherschweifendes Denken aus. Verweile im Hier und Jetzt, erfreue dich an der Schönheit des Augenblicks. Lerne „gewahr" zu sein. Deine Gedankenmuster, die alles Geschehende sogleich bewerten, verfälschen die Wirklichkeit.

Satori (Erleuchtungserfahrung, auch Kensho genannt) ist für den Zen-Buddhisten das Sinnbild jener Glückseligkeit, die der Mensch erfährt, wenn es ihm gelingt, bewusst sein bewertendes Denken auszuschalten. Satori entspricht dem „Reich Gottes", von dem Jesus spricht: ***„Wenn ihr nicht werdet wie die Kinder, könnt ihr das Reich Gottes nicht sehen!"*** Auch Prof. Lykken verweist darauf, dass kleine Kinder die Fähigkeit besitzen, selig im Hier und Jetzt zu leben, unberührt vom Gestern und

Morgen. Wenn sie beginnen, wie die Erwachsenen zu denken, verlieren sie diese Glückseligkeit zwangsläufig. Für Erwachsene scheint kausales, beurteilendes, vorsorgendes Denken unerlässlich zu sein. Tatsächlich kann niemand wie die Vögel des Himmels leben, auf die Jesus im neuen Testament verweist: *„...sie säen nicht, sie ernten nicht, sie sammeln nicht in Scheunen und dennoch sorgt der Vater für sie."* Unser tägliches Leben erfordert ein kausales, unterscheidendes Denken und vorausschauendes Wirken. Wenn die Hausfrau/der Hausmann nicht die nötigen Lebensmittel einkauft, kann das Mittagessen nicht zubereitet werden.

Die paradoxe Herausforderung für den erwachsenen Menschen besteht darin, sowohl im praktischen Leben zu bestehen, als auch frei von ängstlichen, sorgenvollen Gedanken, von Neid, von Konkurrenzdenken fröhlich und unbeschwert dem Leben zu vertrauen.
Betrachten wir die unterschiedlichen Funktionen der rechten und linken Gehirnhälfte des Menschen. Sie spiegeln dasselbe Spannungsfeld. Die rechte arbeitet kreativ, künstlerisch, planlos und intuitiv; die linke funktioniert analytisch, linear, planend und kausal. Je besser es uns gelingt, beide Seiten zuzulassen und miteinander in Einklang zu bringen, desto harmonischer, ganzheitlicher, gelungener und damit glücklicher gestaltet sich unsere Lebensführung.

Auf eine Weise denken zu können, die unser praktisches Leben von uns abverlangt, und zugleich fähig zu sein, „nicht zu denken", also unbelastet und frei von Ängsten und Sorgen zu sein: Das ist Zen. Das lehrt uns Zen. Zen schenkt uns die Erfahrung des „Hier und Jetzt". Wir lernen Achtsamkeit, und wir lernen, mit unserem tiefsten Inneren, mit der Quelle ungeahnter Fähigkeiten und wahrer Freude Verbindung aufzunehmen.

Was Zen nicht ist

> Zen ist konkret und sehr praktisch. Es geht im Zen um unser alltägliches Leben. Es geht darum, im Büro besser arbeiten zu können, unsere Kinder besser erziehen zu können, bessere Beziehungen zu haben.
>
> *Charlotte Joko Beck, Zen-Meisterin, San Diego Kalifornien*

1. **Irrtum**: *Zen ist eine Religion ...*

Zen ist weder eine Religion noch erhebt er den Anspruch, als Religion anerkannt zu werden. Wie D.T. Suzuki sagt: ***„Zen will absolute Freiheit, selbst Freiheit von Gott.“*** Zen leitet sich - historisch gesehen - aus der Lebensphilosophie des Siddharta Gaudama Buddha ab. Zen ist eine Denk- und Lebensweise. Zen steht nicht im Widerspruch zu irgendeiner Religion. Zen entspricht den Grundgedanken aller Religionen und aller großen Weisheitslehren. **Für mich ist die Bezeichnung „Zen“ schlicht ein umfassendes Symbol für Achtsamkeit im Leben.**

2. **Irrtum**: *Zen ist etwas nur für buddhistische Mönche ...*

Jeder kann Zen üben und leben. Du benötigst dazu keine Gemeinschaft, keinen Tempel, nicht einmal einen bestimmten Raum. Du benötigst auch keine Statuen, Bilder oder heiligen Gegenstände. - Allerdings gibt es mittlerweile in jeder größeren Stadt Gemeinschaften und Zentren, in denen Zen geübt werden kann.

3. **Irrtum**: *Zen ist eine Meditationstechnik ...*

Zen ist, wie schon gesagt, eine besondere Achtsamkeit im täglichen Leben. - Allerdings wird Meditation im Zen als wichtige Übung angesehen, um die Achtsamkeit zu schulen. Die Meditationstechnik, die im Zen gelehrt wird, heißt Zazen.

4. **Irrtum**: *Zen erfordert die Ausübung bestimmter Rituale ...*

Um im Geist des Zen zu leben, sind keinerlei Rituale erforderlich.

5. **Irrtum**: *Zen ist etwas Besonderes und nur für ausgewählte Personen gedacht ...*

Im Zen geht es um ein waches Leben im Hier und Jetzt, um Befreiung von Vorurteilen, Gedankenmustern, Gedankenzwängen, um die Erkenntnis dessen, was ist. **Zen ist einfache, ursprüngliche Lebensweise.** Zen ist für jeden Menschen, der sich selbst und die Schönheit der Welt bewusst wahrnehmen will. **Zen ist für jeden, der heiter leben will, Augenblick um Augenblick.**

6. **Irrtum**: *Zen hat keinen Nutzen fürs praktische Leben ...*

Im Zen geht es um die Harmonie zwischen innerem und äußerem Leben. Wer innerlich unsicher und unzufrieden ist, wird Erfolg im äußeren Leben als wertlos und schal erfahren. **Ein starkes Innenleben im Sinne von Zen ist die Basis für echten Erfolg, sowohl im Privatleben als auch im Beruf.** Zen ist sehr konkret und praktisch, sagt die Zen-Meisterin Joko Beck. *„Es geht im Zen um unser alltägliches Leben. Es geht darum, im Büro besser arbeiten zu können, unsere Kinder besser erziehen zu können, bessere Beziehungen zu haben."*

> Zen vermittelt uns einen neuen Ausblick auf die Dinge, eine neue Art, die Wahrheit und Schönheit des Lebens und der Welt zu erkennen; Es lässt uns eine neue Quelle der Energie am Grunde unseres Bewusstseins entdecken.
>
> *Daisetz T. Suzuki, (1870- 1966) buddhistischer Gelehrter*

> Zen besteht weder auf einem Gott, noch leugnet es ihn. Das Zen will absolute Freiheit, selbst Freiheit von Gott.
>
> *Daisetz T. Suzuki*

Wenn du dich bislang mit fernöstlicher Lebensweisheit und Meditation nicht oder kaum auseinandergesetzt hast, dann wirst du in Bezug auf Zen vielleicht fragen: „Wozu brauche ich das?" Oder du sagst: „Zen, das mag gut sein für japanische Mönche, oder für abgehobene Esoteriker, aber für mich ist das nichts!" Nun, mein Anliegen ist, mit diesem Buch

aufzuzeigen, dass die Denkweise des Zen - ganz im Gegenteil! - für jeden Menschen von großer praktischer Bedeutung sein kann, um Erfolg im Leben zu haben.
Sich in einer Welt zurechtzufinden, die sich ständig rasch verändert, in der es nichts Bleibendes gibt, das ist für mich Zen. Zen lehrt uns, mit allem, was um uns vor sich geht, achtsam umzugehen. Zen unterstützt uns dabei, unsere Umwelt zu verstehen und die Freuden dieser Welt bewusster zu genießen. Mit Zen lernen wir, uns selbst zu erkennen, die grenzenlosen Fähigkeiten unseres Unterbewusstseins zu aktivieren, unsere eigenen Gedankenmuster und unkontrollierten Gefühlsregungen zu durchschauen. Zen bedeutet: Anzunehmen, was ist, und damit umzugehen. **Zen ist eine Erfahrung, die über das gewöhnliche Denken hinausgeht - und dennoch nüchtern am Boden der Realität bleibt.**
Zen wurzelt zwar im Buddhismus, hat aber nichts mit religiösem Glauben an einen Gott oder einen Erlöser zu tun. Gautama Buddha selbst hat es abgelehnt, über Gott oder über „jenseitige" Dinge zu sprechen. Seine Philosophie ist weder „atheistisch" noch „materialistisch". Buddha ging es in erster Linie darum, den Menschen von seinem zwanghaften Denken zu erlösen, zu befreien - zu einem selbstbestimmten, glücklichen Leben im Einklang mit sich selbst und der Welt.

> Die Übung der Achtsamkeit ist nichts anderes als die Übung liebevoller Zuneigung.
>
> *Thich Nhat Hanh, vietnamesisch- buddhistischer Mönch und Zen-Meister*

> Wahren Wert erhält ein Wesen dadurch, dass es infolge seiner Berührung mit den Tiefen des Weltgrundes in eigenem Licht zu leuchten beginnt.
>
> *Unbekannter Schüler des Laotse*

Praktisch gesagt: Zen ist Achtsamkeit.

Achtsamkeit auf unsere Gedanken und unsere Gefühle vertieft und festigt unser Innenleben, stärkt unsere Persönlichkeit, entfaltet unser kreatives Potential, lässt uns die Aufgaben des täglichen Lebens leichter und lustvoller erfüllen.
Zen kann auch als Lebensschule bezeichnet werden. Das Leben ist ein Lernprozess, der kein Ende hat. Dabei unterstützt uns alles, was unsere Konzentration und Wachheit fördert, wie zum Beispiel:

- sich neuen Herausforderungen stellen
- anspruchsvolle Literatur lesen
- Menschen begegnen und sich mit ihnen austauschen, die positiv denken, kraftvoll im Leben stehen, Lebenserfahrung haben, in sich ruhen, eine starke Ausstrahlung haben
- sich mit Kunst auseinandersetzen: Malerei, Architektur, Tanz, Musik ...
- reisen, Menschen und Kulturen fremder Länder erfahren
- Sport betreiben, sich bewusst ernähren
- meditieren.

Das alles ist für mich „Zen“. Es bereichert mein Menschsein und schenkt mir Freude.

Halte kurz inne und überlege dir: „Was kann und will ich unternehmen um meine Konzentration, Kreativität und Wachheit zu fördern?“
Schreib deine Gedanken dazu nieder:

____

____

____

____

____

Alles fließt.

Heraklit (etwa 540 - 480 v. Chr.), griechischer Philosoph

Man kann in einem reißenden Strom stehen bleiben, aber nicht in der Welt der Menschen.

Japanisches Sprichwort

Der Wechsel allein hat Beständigkeit.

Arthur Schopenhauer

Zen setzt die Energien frei, die in jedem von uns richtig und natürlich aufgespeichert, aber unter normalen Bedingungen verkrampft und verzerrt sind.

Daisetz T. Suzuki

Alles fließt

Alles in der äußeren Welt ist dauerndem Werden und Vergehen unterworfen. Wir Menschen haben allerdings eine etwas seltsame Art mit uns und den Dingen umzugehen: Wir betrachten Vergängliches, als ob es von Dauer wäre - obwohl es offensichtlich ist, dass nur der Wandel selbst verlässlichen Bestand hat. Wir beurteilen beispielsweise unseren Körperzustand als eine gegebene Größe. Tatsächlich jedoch sterben **in jeder Sekunde** des menschlichen Lebens etwa zehn Millionen Zellen und ebenso viele werden neu gebildet. Das bedeutet eine Sterbe - und Geburtenrate von ca. 500 Milliarden Zellen in nur 12 Stunden.

Die Welt ist ein ewig lebendiges Feuer, nach Maßen sich entzündend und nach Maßen erlöschend.

Heraklit

Wenn nichts sicher ist, ist alles möglich.

Paul Wilson

Das Buch in deiner Hand, so neu es noch aussehen mag, verfällt bereits jetzt. Es wird vergilben, brüchig werden, und eines Tages wird es vermodern und schließlich zu Staub zerfallen. Große Wohn- und Fabriksgebäude aus Stahl und Beton, die nach dem letzten Krieg gebaut worden waren, werden heute abgerissen, weil sie veraltet und unwirtschaftlich geworden sind. Mit freiem Auge unsichtbare Viren oder Bakterien können Millionen von Menschenleben auslöschen. Eine Hand voll fanatischer Terroristen kann im Herzen der Vereinigten Staaten ein symbolträchtiges Gebäude zum Einsturz - und damit die mächtigste Nation der Erde ins Wanken bringen.

Die Welt erscheint uns als etwas Festes, Bleibendes und Verlässliches, weil wir in gewissen Bereichen unseres Denkens erstarrt sind. Wir haben eine geistige Konstruktion von „festen" Dingen aufgebaut, wie das „Ich", das „Buch" das „Gebäude". In Wirklichkeit ist alles im Fluss. Das beweist auch die moderne Teilchenphysik: Je eingehender sie die anscheinend „feste" Materie durchleuchtet hat, bis in den atomaren und subatomaren Bereich hinein, desto deutlicher musste sie erkennen, dass es nichts „Festes" gibt. Im Herzen der Atome war keine feste Materie zu finden, nur Energie, Schwingung, Strahlung, sich fortpflanzende Wellen. Forscher wie Albert Einstein und Werner Heisenberg stellten mit ihren revolutionären Feststellungen über die Relativität aller physikalischen Beobachtungen die bisherige geordnete, fest gefügte Welt der Wissenschaft auf den Kopf. Was folgt daraus: **„Das Chaos lebt!"** (Gott sei Dank! ☺)

Doch die Tatsache, dass alles in Bewegung ist, dass es nirgendwo im äußeren Leben einen festen Halt gibt, ist für sich allein noch kein Problem. Das Problem entsteht durch unser Bedürfnis nach Sicherheit, durch unseren verständlichen Wunsch, uns irgendwo anzuklammern. Unsere Schwierigkeiten entspringen aus unserer Angst vor der Veränderung, vor dem Fluss des Lebens. Ein spanisches Sprichwort sagt: ***„Wovor jemand Angst hat, daran wird er sterben."*** Es meint damit nicht nur den endgültigen physischen Tod, sondern auch den Tod unserer Freude, unserer Begeisterung, unserer ständigen Entfaltung. Angst vor dem Loslassen, Angst vor der Leichtigkeit des Lebens, das ist die Hauptursache der weit verbreiteten Depressionen. Denn **Angst und Leben schließen einander aus.**

Wenn dem Menschen die Bereitschaft fehlt, die ständigen Veränderungen wahrzunehmen und sich auf sie einzustellen, gerät er zwangsläufig in Turbulenzen. Das gilt für den Einzelnen ebenso wie für Unternehmen oder auch ganze Kulturen. Weltimperien wie das persische, das ägyptische, das römische Reich oder die Habsburgerdynastie sind in sich zusammengebrochen, weil sich Starrheit, und Bequemlichkeit breit gemacht haben, oder in anderen Worten: Weil die Menschen immer wieder vergessen, dass Zeit und Veränderung ein und dasselbe sind.

Wir sind selten aufmerksam genug, das Leben als eine beständig fließende Bewegung wahrzunehmen. Aber wir können diese Fähigkeit in uns wiedererwecken. H. Gunaratana Mahathera, ein Mönch aus Sri Lanka (später im Westen als buddhistischer Lehrer weithin bekannt geworden) schreibt in seinem Buch „Die Praxis der Achtsamkeit": *„Wir sehen das Leben durch einen Schleier von Gedanken und Konzepten, und wir halten irrtümlich diese geistigen Konzepte für die Wirklichkeit.* ***Aus Angst vor der Veränderung, aus Scheu vor dem Risiko suchen wir starre Strukturen. Wir sind unentwegt auf der Suche nach Sicherheit. Unterdessen strömt die Welt der wirklichen Erfahrung vorüber, unberührt und nicht gekostet."***

Sei gleichzeitig Handelnder und Beobachter. Halte dich zur selben Zeit im Fluss und am Ufer auf.

Drukpa Rinpoche, tibetischer Meditationsmeister

Es gibt keine Wirklichkeit als die, die wir in uns haben. Darum leben die meisten Menschen so unwirklich, weil sie die Bilder außerhalb für das Wirkliche halten und ihre eigene Welt in sich gar nicht zu Worte kommen lassen.

Hermann Hesse, (1877 - 1962), deutsch-schweizerischer Lyriker und Erzähler, 1946 Nobelpreis für Literatur

Meditation, Gebet und Kontemplation

Jede Kultur hat ihre eigenen Übungspraktiken entwickelt, um erkennen zu können, „was die Welt im Innersten zusammenhält", um Ordnung in die chaotische Welt der Gedanken und Gefühle zu bringen. All diese Praktiken können wir im weitesten Sinne als „Meditation" bezeichnen. Die jüdisch-christliche Tradition etwa bedient sich des Gebetes und der Kontemplation, um mit dem eigenen Inneren und der geistigen Welt in Verbindung zu treten. In neuerer Zeit haben in christlichen Kirchen zu diesem Zweck auch fernöstliche Meditationsmethoden wie Zazen Eingang gefunden.
Hindus stützen sich bei ihrem Weg zu Einsicht und Erleuchtung auf die berühmten grundlegenden Yoga-Meditationsanleitungen des Patanjali. Im Buddhismus haben sich verschiedene unterschiedliche Meditationspraktiken herauskristallisiert. Die im Westen bekannteste meditationsweise „Zazen" entstammt, wie erwähnt, dem Zen.
Der japanische Begriff „Zen" entspricht etwa dem chinesischen „Tao", was „Sinn des Lebens" oder „Essenz des Daseins" bedeutet. Über das Tao sagt der große chinesische Denker Laotse in seinem Werk „Taoteking": ***„Der Sinn (Tao), der erdacht werden kann, ist nicht der ewige Sinn."*** Laotse will damit sagen, dass das Tao mit dem gewöhnlichen Verstand nicht erfasst werden kann. Tao kann mit Worten nicht erklärt werden. Worte können nur auf den „Sinn" hinweisen, wie ein Finger, der auf einen Gegenstand zeigt. Doch der Finger ist nicht der Gegenstand, auf den gedeutet wird. Zen oder Tao musst du erfahren, erleben, selbst wahrnehmen. Solange das nicht geschieht, siehst du nur den Wegweiser. Doch der Wegweiser ist nicht der Weg.

Als Meister Hui-Neng von einem Mönch gefragt wurde, was Zen sei, antwortete er: *„Wenn dein Geist nicht in der Spaltung von Gut und Böse weilt, was ist dann dein ursprüngliches Antlitz, bevor du geboren warst?"*
Der Meister will und kann dem Schüler nicht sagen, was Zen ist. Seine Antwort bedeutet etwa: **„Du musst deine bisherige Art zu denken radikal ändern. Ich kann dir nichts sagen. Vergiss alle Worte, horche lange genug in dich hinein - und du wirst es selbst erkennen!"**

Der Gelassene nutzt seine Chance besser als der Getriebene.

Thornton Wilder, (1897 - 1975), US-amerikanischer Erzähler und Dramatiker

Wer andere erkennt, ist klug,
doch wer sich selbst erkennt, ist weise.
Wer andere beherrscht, ist vielleicht mächtig,
doch wer sich selbst beherrscht, ist noch viel mächtiger.

Laotse

Zen und Meditation

Meditation ist mehr als bloß ruhig in einer bestimmten Körperhaltung dazusitzen und auf eine bestimmte Weise zu denken oder „nicht zu denken“. Meditation ist im weiteren Sinn eine besondere Art, dem Leben zu begegnen.

Ich habe mich in Indien in die hinduistischen Lehren des Advaita vertieft und in Nepal und Thailand in die buddhistischen Meditationstechniken. Ich studierte die Schriften der christlichen Mystiker: Meister Eckehart, Nikolaus von der Flühe, Angelus Silesius. Ich habe mich mit dem Sufismus, der mystischen Schule des Islam, auseinandergesetzt. Dabei wurde mir sehr klar, dass alle Religionen und alle Meditationspraktiken im Wesentlichen dasselbe Ziel haben. Die Hindus nennen es „Yoga“, was übersetzt „Joch“ oder „Verbindung“ heißt. Gemeint ist die Verbindung zwischen der materiellen, vergänglichen Erfahrungswelt und dem höheren Sein, zwischen dem „Ich“ und dem „Selbst“. Das ist nicht so alltagsfern, wie es klingt. Sicher kennst auch du diese wundersamen Augenblicke des, „eins mit sich und der Welt zu sein“. Es sind die Momente, in denen es sich ereignet, dass wir Abstand gewinnen vom üblichen äußeren Getriebe, in denen wir innehalten, an nichts denken, nur dem Augenblick hingegeben zu sind ... Am Weihnachtsabend etwa, beim Anblick des Meers oder in den Armen eines geliebten

Menschen erfahren wir gelegentlich dieses Gefühl. Dieses Gefühl gibt einen Vorgeschmack auf Erleuchtung im Sinne von Zazen.
Zen ist ein Teil der großen Strömung des Mahayana-Buddhismus. Er prägt die Kulturen Chinas, Japans, Koreas, Nepals und Tibets. Die zweite wesentliche Bewegung des Buddhismus heißt Theravada. Wir finden sie in Sri Lanka, Thailand, Burma, Laos und Kambodscha verbreitet. Die Meditationspraktik des Theravada wird Vipassana genannt. „Vi" bedeutet „auf besondere Weise"; „Passana" heißt „sehen", Vipassana also **„auf eine besondere Art sehen"** beziehungsweise „Achtsamkeitsmeditation".
Was mich selbst betrifft, so praktiziere meine eigene Art der Meditation, die ich im Lauf von rund vierzig Jahren regelmäßiger Meditation für mich entwickelt habe. Sie entspricht am ehesten der Vipassana-Methode. Ich pflege zum Beispiel nicht für eine bestimmte vorgegebene Zeit zu „sitzen". Ich folge beim Meditieren meinem Gefühl. Meine innere Uhr sagt mir verlässlich, wann meine Sitzung abgeschlossen ist. Das kann nach einer Viertelstunde sein, gelegentlich auch erst nach einer Stunde. Manchmal dauert es sogar noch länger. Wie, wie lange und wie oft es „richtig" ist, zu meditieren, sollte jeder Meditierende für sich selbst herausfinden. In der Meditation nehme ich nur wahr, ohne zu bewerten. Ich höre Geräusche von außen, ich horche in mich hinein. Ich folge meinem Atem. Ich betrachte meine Gedanken und Gefühle, ohne mich in ihnen zu verlieren.
In einem fortgeschrittenen Zustand der Achtsamkeit verlieren die Objekte der Beobachtung ebenso ihre Bedeutung wie der Beobachter selbst. Übrig bleibt „Nirvana" - das reine Sein.
Meditation ist Achtsamkeit. Du meditierst, wenn du auf alles achtest, was du im Augenblick wahrnimmst, ohne darüber nachzudenken. Mit einiger Übung lernst du, achtsam zu sein, ohne dich durch deine gewohnten Vorurteile und Denkmuster beeinträchtigen zu lassen. Du findest dich leichter in deiner Umgebung zurecht, verstehst deine Mitmenschen besser und bist eher bereit, ohne Widerstand im Fluss des Seins zu sein. Du hast mehr Freude am Leben, bist psychisch stabil und den Anforderungen deiner Familie und deines Berufes besser gewachsen.

Meditieren lernt man für den Anfang am besten mit Hilfe eines erfahrenen Lehrers. Aber selbst wenn du noch nie meditiert hast, kannst du es jederzeit ausprobieren und ein wenig „kosten, wie es schmeckt". Ich werde etwas weiter unten eine kleine Meditationsanleitung für Einsteiger geben. Zuvor will ich noch einige verbreitete Irrtümer über Meditation skizzieren - und richtigstellen.

Was Meditation nicht ist - und was sie sein könnte

1. **Irrtum**: *Meditation heißt Visionen haben, „high" werden, in Trance versinken ...*
Solche Zustände mögen in Meditation vorkommen, sind aber nicht erstrebenswert. **Das Ziel von Zen-Meditation ist vielmehr Klarheit und Wachheit.** Es können sich alle möglichen Gefühlszustände einstellen, dunkle Emotionen ebenso wie berauschende Glücksgefühle. Sie sind jedoch nicht wesentlich. Betrachte sie aufmerksam und gelassen - und lass sie wieder weiterziehen.

2. **Irrtum**: *Meditation ist nicht für gewöhnliche Menschen, sondern für Mönche, Heilige, religiöse Fanatiker oder Realitätsverweigerer ...*
Zen-Meditation ist nichts Exklusives. Jeder hat schon Zustände erlebt, in denen er besonders aufmerksam war, besonders empfänglich für die Schönheit des Augenblicks, in denen er die Welt, seine Gedanken und Gefühle gelassen und mit Abstand betrachten konnte. Das ist bereits Kontemplation, Meditation, Zen.

3. **Irrtum**: *Meditation ist schwierig, erfordert besondere Fähigkeiten und man braucht Jahre, um die ersten Erfolge zu erzielen ...*
Jeder Mensch kann meditieren. Jede Minute, die du im Zustand der Besinnung, Entspannung und umfassender Aufmerksamkeit erlebst, bringt dir neue Energie. Die Erfolge stellen sich sofort ein. Möglicherweise wirst du sie allerdings nicht sofort bemerken.

4. **Irrtum**: *Mit Meditation sind meine Probleme in kurzer Zeit gelöst …*
Zen- Meditation hilft dir, dich und deine Probleme in einem klaren Licht zu sehen. Du kannst dich selbst deutlicher erkennen. Es kann allerdings anfangs ziemlich unangenehm sein, wenn du anfängst, dich wirklich wahrzunehmen. Wenn du damit beginnst, selbst deine eigenen Schattenseiten zu erfahren, wirst du wahrscheinlich heftige Gemütsregungen empfinden. Es kommt jedoch überhaupt nicht darauf an, wie schnell du Fortschritte machst. Vermeide jeden Druck, jede Ungeduld, versuche nicht, dich zu etwas zu zwingen, was dir widerstrebt. Der Erfolg stellt sich dann ein, wenn die Zeit und du dazu reif sind.

Eine Meditationsübung

Hier ist die angekündigte kleine Meditationsanleitung. Lass dich darauf ein, sobald du Lust dazu hast:

- Suche dir einen ruhigen Ort, an dem du dich wohl fühlst.
- Setze dich bequem auf einen Stuhl, beide Beine nebeneinander auf dem Boden. Der Rücken ist möglichst aufrecht. Wenn du magst, kannst du auch - eventuell unterstützt von einem Meditationskissen - auf dem Boden (mit gekreuzten Unterschenkeln) sitzen oder (mit einem Meditationsschemel) knien. Die Hände liegen auf den Oberschenkeln nahe der Knie, oder du legst sie mit den Handflächen nach oben ineinander in deinen Schoß. Erspüre selbst, welche Haltung du als angenehm und entspannend empfindest.
- Schließe deine Augen weitgehend oder vollständig.
- Fühle in deinen Körper hinein, achte darauf, ob du Muskelanspannungen in ihm findest. Lockere diese, eventuell mit kleinen Bewegungen oder durch Anspannen und dann Loslassen.

- Lenke deine Aufmerksamkeit auf deinen Atem. Beachte, wie er fließt, ohne ihn zu kontrollieren oder zu beeinflussen. - Atme langsam tief ins Zwerchfell hinab und dann wieder langsam aus. Mach dir bewusst: **„Ich atme ein, ich atme aus, ein, aus, ein ..."** Der Brustkorb bleibt dabei ruhig und entspannt.

- Achte darauf, was in dir und um dich vor sich geht. Du bist vollständig wach. Du hörst die Geräusche um dich, du nimmst nur wahr, ohne zu bewerten.

- Gedanken, die kommen, werden dir bewusst. Betrachte sie, als ob es nicht deine eigenen Gedanken wären. Halte die Gedanken nicht fest; lass sie wieder gehen. Gefühle mögen in dir auftauchen. Betrachte sie aufmerksam, ohne sie zu beurteilen, als ob es nicht deine eigenen wären. Du bist wie ein Zuschauer in einem Theaterstück: aufmerksam, aber zugleich ruhig, entspannt und gelassen. Was kommt, kommt; was geht, geht. Du bewertest nichts, du siehst nur zu.

- Achte immer wieder auch auf deinen Atem - insbesondere dann, wenn deine Gedanken abschweifen und anfangen, wie Affen in deinem Bewusstsein umherzuturnen. **„Ich atme ein, ich atme aus, ein, aus, ein ..."**

- Vermeide es, irgendetwas durch deine Meditation erreichen zu wollen. Jedes Verlangen bildet jetzt nur eine Störung. Öffne dich für das, was ist, lass geschehen. Bleib aufmerksamer Beobachter.

- Genieße die Stille des Augenblicks, genieße es, bei dir zu sein, genieße es, ganz Wahrnehmung und Selbstvergessenheit zu sein ...

Für den Anfang wird es genügen, wenn du diese Übung fünf bis zehn Minuten lang machst. Später kannst du die Zeitspanne auf zehn bis zwanzig Minuten ausdehnen. Vermeide jeden Leistungsdruck. Wenn du dich nicht wohl fühlst, hör einfach auf.
Derartige Meditationsübungen gewinnen mit der Zeit gewaltig an Wirksamkeit. Sie sind letztlich nur dann sinnvoll, wenn du sie regelmäßig praktizierst. Zumindest einmal am Tag, besser zweimal täglich, morgens nach dem Aufstehen und abends vor dem Schlafengehen.

> Es geht nicht darum, eine halbe oder dreiviertel Stunde am Tag auf einem Kissen zu sitzen. Unser ganzes Leben wird zur Übung, vierundzwanzig Stunden am Tag.
>
> *Charlotte Joko Beck*

> Man sollte nicht versuchen, in irgendeinen höheren Bewusstseinszustand zu gelangen, denn dadurch entsteht nur Konditioniertes und Künstliches, das den freien Fluss des Geistes behindert... Meditation ist nicht dafür da, tranceartige Zustände herbeizuführen, vielmehr zur Schärfung der Wahrnehmung, um die Dinge so zu sehen, wie sie sind.
>
> *Trukpa Rinpoche*

Ziele setzen

Manche Menschen haben Schwierigkeiten damit, sich Ziele zu setzen. Für sie ist die Idee, das Leben in die eigene Hand zu nehmen und einem Ziel entgegenzuführen, mit unangenehmen Gefühlen verbunden. Ist es nicht edler, meinen sie, sein Schicksal in Gottes Hand zu legen, anstatt irgendwelchen selbstsüchtigen Zielen nachzustreben? Ich kann dieses Argument gut verstehen. Auch ich empfand diesen Widerspruch: Wie sollte das gehen, eigene Ideen zu verfolgen, Wünsche zu haben und zu verwirklichen, und doch zugleich glücklich und zufrieden im Augenblick zu leben? Ich selbst hatte jede Menge Vorurteile gegenüber Menschen, die erfolgreich im praktischen Leben standen und viel Geld verdienten. Ich empfand sie als „materialistische Macher".
Bis ich diese Vorurteile schließlich ablegen konnte, bis mir klar wurde, dass Überfluss und Erfolg nichts Verwerfliches sind, dauerte es schon

einige Jahre - nämlich genau so lange, bis ich selbst lernte, Erfolg und Wohlstand in der äußeren Welt mit der spirituellen Innenwelt harmonisch zu verbinden.
Zuerst musste ich erkennen, dass einerseits „**im Hier und Jetzt**“ zu leben, andererseits seine Wünsche und Ziele zu verfolgen, keineswegs unvereinbare Gegensätze sind. Zugegeben: Wünsche und Ziele beziehen sich immer auf die Zukunft. Doch was ist falsch daran, sich auf einen zukünftigen Erfolg zu freuen? Diese Freude an sich findet nämlich durchaus in der Gegenwart statt, und sie ist genauso gut und schön wie die Freude an etwas, das gerade jetzt geschieht. Bewusst über die Zukunft nachdenken hat eine andere Qualität als die Gedanken unkontrolliert um unliebsame Ereignisse aus der Vergangenheit oder um Sorgen betreffend die Zukunft, kreisen zu lassen. Gedanken können beflügeln oder zu Fesseln werden, je nachdem, ob wir sie bewusst steuern oder sie uns verfolgen.
Einst hatte ich reiche Menschen als unmoralisch, habgierig und materialistisch verurteilt. Meine Erziehung und vielleicht auch Neid mögen dabei eine Rolle gespielt haben. Heute sehe ich es anders. Das Leben auf dieser Erde ist auf unendliche Vielfalt und überquellenden Reichtum angelegt. Wie verschwenderisch verteilt die Natur ihre Gaben! Der See bei meinem Haus ist in jedem Frühling mit einer gelben Schicht von Blütenstaub bedeckt. Jeder Fichtenbaum verstreut Jahr um Jahr Tausende von Samen, um sich zu vermehren. Welche Fülle an Sonne, Luft, Wasser und Nahrungsmitteln schenkt uns die Natur! Würden wir diese Schätze mit Weisheit hegen und verteilen, so könnten alle Menschen im Überfluss leben, gäbe es keine Not, keinen Hunger. Die Menschen sind mit einer unglaublichen Fülle an Ressourcen, Begabungen und Möglichkeiten ausgestattet. Doch sie nützen nur einen Bruchteil davon.
So ist es auch gut und richtig, wenn jemand viel Geld verdient. Alle profitieren davon. Die Steuer und alle diejenigen von denen sie etwas mit ihrem Geld kaufen. Es leben viele davon, dass sich manche Luxusautos und Jachten leisten. Deshalb lieben wir auch die Menschen, die ihr Geld ausgeben mehr als diejenigen die es nur horten und darauf sitzen bleiben! Und wir lieben sie insbesondere dann, wenn bei ihnen Geben und Nehmen im Einklang stehen.

Ziele zu haben gibt dem Leben Sinn und Inhalt. Es motiviert, begeistert, gibt Kraft und Energie, und außerdem ist es ganz einfach wunderschön. Aber wie alles im Leben hat es auch eine Schattenseite: Wie leicht laufen Menschen Gefahr, nach Erfüllung ihrer Wünsche süchtig und versessen zu werden! Wenn jemand nur noch sein Ziel vor Augen hat, verliert er die Fähigkeit, sich an der Schönheit des Augenblicks zu erfreuen.

Wer im Zen ruht, muss weder auf die Freuden und Genüsse des Lebens noch auf große, erstrebenswerte Ziele verzichten. **Er kann sich an Zielen begeistern, doch macht er sich nicht zu deren Sklaven.** Er ist sich immer bewusst, dass Leben nur im Augenblick, nur Tag für Tag möglich ist. Für ihn ist jeder Tag ein neues Leben.
Wer im Zen lebt, kann mit hohem Einsatz, mit großer Begeisterung und Ausdauer seine Ziele verfolgen. Andererseits ist er jederzeit bereit, loszulassen, wenn sich die Umstände ändern, wenn neue Erkenntnisse neue Ziele erfordern. Er fixiert sich nicht auf das Erreichen seiner Ziele. Infolgedessen ist er auch nicht enttäuscht oder niedergeschlagen, wenn seine Wünsche nicht schnell in Erfüllung gehen, oder wenn es anders kommt, als er es sich vorgestellt hatte. Da er in sich selbst ruht, kann er Rückschläge leichter verkraften, Hindernisse gelassener überwinden.

> Wenn du gelernt hast, zu gehen, probiere, ob du laufen kannst;
> wenn du gelernt hast, zu laufen, probiere, ob du fliegen kannst;
> wenn du gelernt hast, zu fliegen, probiere, ob du noch gehen kannst.
>
> *Autor unbekannt*

Unsere Vorurteile und rastlosen Gedanken hindern uns daran, die Welt so wahrzunehmen, wie sie ist. Diese Gedanken fesseln uns an eine Welt voller Verstrickungen und Selbsttäuschungen. Nur durch intensive Achtsamkeit können wir uns befreien. Das nachstehende Gespräch eines Mönches mit seinem Meister zeigt uns dazu den Weg des Zen.

„Bemühst du dich, die Wahrheit zu erkennen?"
„Ja."
„Wie übst du es?"

„Wenn ich hungrig bin, esse ich; wenn ich müde bin, schlafe ich."
„Das tut doch jeder. - Also übt jeder auf die gleiche Weise, wie du es tust, oder nicht?"
„Nein."
„Warum nicht?"
„Wenn sie essen, so essen sie nicht, sondern denken an verschiedene andere Dinge und lassen sich dadurch stören. Wenn sie schlafen, so schlafen sie nicht, sondern sie träumen von tausenderlei Dingen. Deshalb sind sie nicht wie ich."
(Nach Daisetz T. Suzuki, „Die große Befreiung")

Der Geist ist von Natur aus rastlos. Beginnen Sie damit, ihn von dieser Eigenschaft zu befreien; geben Sie ihm Frieden, befreien Sie ihn von Ablenkungen; erziehen Sie ihn, nach innen zu schauen, und sorgen Sie dafür, dass dies zur Gewohnheit wird.

Ramana Maharshi

Schöpfung ist wie ein Banjanbaum: Vögel kommen und fressen seine Früchte oder nehmen Schutz unter seinen Ästen; Menschen genießen seinen Schatten, ein anderer hängt sich an einem seiner Äste auf. Aber der Baum setzt sein ruhiges Leben fort, unberührt davon, wie er benützt wird.

Ramana Maharshi

Nur der menschliche Geist erschafft sich selbst Schwierigkeiten - und schreit dann um Hilfe.

Ramana Maharshi

Glückswahrnehmung

Fallen dir spontan fünf Dinge ein, über die du dich innerhalb der letzten 24 Stunden gefreut hast? Wenn ja, ist es naheliegend, dass deine Denk- und Lebensweise dem Geist des Zen recht nahe steht. Andernfalls dürfte deine Aufmerksamkeit stark von Gegebenheiten gefesselt sein, die dich belasten, ärgern oder sorgen. Das sind Hindernisse um im Augenblick glücklich und zufrieden sein. Mancher hofft ständig auf das zukünftige große Glücksereignis. Er wartet auf den Millionentreffer in der Lotterie, auf den Traumpartner, auf die steile Karriere. Er träumt vom großen Erfolg und versäumt dabei, das Glück des Augenblicks zu leben. Ed Diener: ***„Langfristiges Glück hängt primär von der Häufigkeit und nicht von der Intensität positiver Ereignisse ab.“*** Wer nicht gelernt hat, mit dem kleinen Glück umzugehen, der kann auch mit einem großen Glückszufall nichts anfangen. Etwa achtzig Prozent aller Lottomillionäre sind nach drei Jahren in finanzieller Hinsicht wieder genau dort, wo sie vorher waren. Manche sind sogar höher verschuldet als vorher. Lottomillionäre leiden wesentlich häufiger unter Depressionen als der Durchschnitt der Bevölkerung. Andrew Oswald, Professor an der Warwick University, erklärt das so: *"Wer viel Geld bekommt, lebt nur dieselben alten Muster in einer luxuriösen Umgebung aus. Dazu kommt die Enttäuschung, dass die Erfüllung materieller Wünsche weder Erleichterung noch Frieden zur Folge hat, ja nicht einmal mehr Sicherheit gibt."*

Ein Mensch, der „im Zen ruht“, ist einer, der die vielen kleinen Glücksmomente des Daseins erkennen und genießen kann. Doch auch für den, der das nicht kann, gibt es Trost: Jeder kann diese Fähigkeit erlernen. Achte auf die kleinen Höhepunkte, die dir jeder Tag schenkt: Das Lachen eines Kindes, ein gutes Essen, eine dahineilende weiße Wolke am Himmel ... Den Weg, den wir gehen wollen, bestimmen wir selbst, legen ihn fest durch unsere Lebensziele, die wir gewählt haben. Unser tägliches Glück aber sind die Sonne, die uns wärmt und uns den Weg erleuchtet, und die nur auf den ersten Blick unscheinbaren Blumen, die uns vom Wegesrand zuwinken ...

Die unverrückbare Weisheit

Zen brachte den Zauber der Teezeremonie hervor. Zen hatte großen Einfluss auf die schönen Künste wie Malerei, Dichtung und das Gestalten

von Landschaftsgärten. Zugleich entwickelten sich aus dem Zen die Kampftechniken wie ***Ju-Jutsu*** und ***Ken-Jutsu*** (Fechtkunst). In paradoxer Weise verstand es Zen wie Alan Watts erklärt, ***„den Frieden des Nirvana mit Kampftätigkeit und den Pflichten des Alltags zu verbinden."*** Zen offenbart sich als Fähigkeit, mit allen Anforderungen des Alltagslebens geschickt und erfolgreich umzugehen. Der japanische Zen-Meister Takuan (1573- 1645) beschreibt das Ziel von Zen folgendermaßen:
„Am wichtigsten ist eine gewisse Gemütshaltung zu erringen, die als **>unverrückbare Weisheit<** bekannt ist; >unverrückbar< bedeutet nicht steif, schwer und leblos sein wie ein Fels oder ein Stück Holz. Es bedeutet **den höchsten Grad von Beweglichkeit, mit einer Mitte, die unbeweglich bleibt.** Das Gemüt erreicht dabei ein Höchstmaß von Wachheit und ist bereit, seine Aufmerksamkeit, wo immer sie benötigt wird, hinzusenden. Es ist ein Unverrückbares im Inneren, das sich aber mit Dingen, die davor erscheinen, spontan fortbewegt. Der Spiegel der Weisheit spiegelt sie eins ums andere wider, bleibt davon jedoch selbst ungerührt und ungetrübt."

Eine starke unerschütterliche Mitte in sich finden, und zugleich ein Höchstmaß von Wachheit und Beweglichkeit für die äußeren Anforderungen zu entfalten. Das ist Zen, das entspricht dem **magischen Dreieck** von **„Lust - Arbeit - Zen"**. Ich lade auch dich ein, die **„Kunst des kampflosen Kampfes"** zu erlernen. Im Zeitalter der „Fast-Revolution" wirst du ein glückliches und erfolgreiches Leben weder mit Flucht noch mit der Brechstange, sondern nur mit den Prinzipien des Ju-Jutsu erreichen: *„Nicht Kraft gegen Kraft setzen, sondern nachgeben um zu siegen. Ziehen, wenn man gestoßen wird - stoßen, wenn man gezogen wird.* ***Nicht Kraft, sondern Bewegung bringt den Effekt."***

Selbstmanagement - Mit Charisma erfolgreich!

Gott hat jedem Menschen die Fähigkeit verliehen, etwas zu erreichen. Keinen Menschen hat er ohne alle Talente gelassen.

Dr. Martin Luther King

Nicht das Argument ist es, was den heutigen Menschen überzeugt. Was den Menschen überzeugt und interessiert, ist die Persönlichkeit. Wahrheiten müssen gelebt werden durch Menschen.

Michael Andreas Helmut Ende, Erzähler und Drehbuchautor

Du bist Autor und Regisseur deines Lebens. Schreibe dein eigenes Drehbuch!

Nicht Unternehmen sind in der sogenannten „New Economy" die Basis des Fortschritts, sondern selbstbewusste, kreative Individuen. Die Voraussetzungen für wirtschaftlichen Erfolg sind zunehmend gekonntes „Selbstmanagement" und selbstverantwortliches Handeln. Wer fähig ist, seine Persönlichkeit auch im Beruf voll auszuleben, gewinnt an Überzeugungskraft und hat mehr Freude an seinen Aufgaben. Ganz gleich, ob im Privatleben oder im Beruf: Menschen mit starker Ausstrahlung werden anerkannt, können sich leichter durchsetzen und sind überall gern gesehen.

Die griechische Liebesgöttin Aphrodite besaß einen Gürtel, ein Geschenk der ihr vorgesetzten Götter, der sie unwiderstehlich machte, wenn sie ihn trug. Sein Name war „**Charis**", Anmut. Auf ihn geht der Begriff „Charisma" zurück.

Alexander der Große soll sich darauf berufen haben, dass ihm eine geheimnisvolle Kraft verliehen worden sei, die ihn unbesiegbar machte. Man sagte, die Götter hätten ihm „Charisma" verliehen. Später hat es sich durchgesetzt, Menschen, die über besondere Führungsqualitäten oder über eine faszinierende, begeisternde Ausstrahlung verfügen, als „charismatische Persönlichkeiten" zu bezeichnen.

Wenn wir den Begriff Charisma entmystifizieren und etwas mehr auf den Boden holen, so kann man sagen, dass Menschen mit Charisma über einen starken Glauben an sich selbst verfügen und gewisse spezifische Persönlichkeitsmerkmale aufweisen, auf die wir noch näher eingehen werden. Kennst du persönlich einen Menschen, von dem du sagen kannst, er hat eine strahlende Erscheinung, er verzaubert seine Umgebung, er kann andere Menschen begeistern? Würdest du selbst gerne in diesem Sinne angenehm und erfrischend auffallen, oder ziehst du es vor, langweilig bis lähmend auf deine Umgebung zu wirken? Sollte Letzteres auf dich zutreffen, habe ich für dich einige wertvolle Empfehlungen.

> Was wir brauchen, sind ein paar verrückte Leute.
> Seht euch an, wo uns die vernünftigen hingebracht haben!
>
> *George Bernard Shaw*

Anregungen zum Ungenießbarsein

Wie kann ich es vermeiden, auf meine Umwelt sympathisch und gewinnend zu wirken?

1. Lauf mit einem ausdrucklosen, besser noch verbissenen Gesicht herum. Vermeide es, zu lächeln und unterlasse es, andere anzusprechen, wenn du nicht gerade dringend etwas von ihnen brauchst. Wenn dich Leute grüßen, senke den Kopf ein wenig und murmle mürrisch unverständliche Laute vor dich hin.

2. Zieh dich sofort zurück, wenn Schwierigkeiten auftauchen. Mach dir bewusst, wie schlecht die Welt und wie boshaft die Menschen sind. Lass deinem Ärger über die Schuld der anderen bei jeder Gelegenheit freien Lauf.
3. Mach niemals Experimente; versuche nicht, von eingefahrenen Wegen abzuweichen. Wenn andere etwas Neues wagen, verkünde sofort, dass sie sicher scheitern werden.

4. Kümmere dich nicht um Freunde. Es genügt, wenn du dich zu Hause mit deinem Partner zanken kannst.

> Freiheit lohnt sich nicht, wenn sie nicht die Freiheit zu irren einschließt.
>
> *Mahatma Gandhi*

Mahatma Gandhi

Die äußere Erscheinung Gandhis war auf den ersten Blick keineswegs imponierend oder besonders vorteilhaft. Er war eher klein und schmächtig, trug große Brillen, die an ebenfalls großen abstehenden Ohren festsaßen, hatte eine starke Nase und einen breiten Mund. Gewöhnlich kleidete er sich mit einem selbstgefertigtes weißes Baumwolltuch. Gandhi (und auch zahlreiche andere außergewöhnliche Persönlichkeiten wie etwa Winston Churchill oder Mutter Theresa) beweisen, dass die rein physische Erscheinung von untergeordneter Bedeutung für charismatische Ausstrahlung ist. Gandhi war in der Lage, ein riesiges, chaotisches Land mit Hunderten Millionen von Menschen unterschiedlichster Herkunft und widersprüchlichster Weltanschauungen zu einem gemeinsamen Ziel zu vereinigen. Es gelang ihm immer wieder, einen Ausgleich zwischen den einander widerstreitenden Meinungen seiner Weggefährten herzustellen. Sein überzeugtes, unbeirrbares Auftreten zwang letztlich das große Weltreich England, nachzugeben und auf die Herrschaft über Indien zu verzichten.

Welche Eigenschaften sind es, die Gandhi, Churchill, John F. Kennedy, Mutter Theresa, Elvis Presley, James Dean, Greta Garbo oder Michael Jackson ein besonderes Charisma verliehen? **Was ist Charisma eigentlich? Was macht jene besondere Ausstrahlung eines Menschen aus?** Ist es nur deren Bekanntheit oder Popularität, oder steckt mehr dahinter? - Beides trifft zu. In vielen Fällen besteht eine Wechselwirkung zwischen einer starken Persönlichkeit und der Tatsache, dass sie sich allgemeiner Bewunderung erfreut. Anbetung, Verehrung, gar Personenkult lassen das Selbstbewusstsein wachsen und erleichtern es jedem, seine besonderen „Gottesgaben", sein Charisma auch ausstrahlen zu lassen. Deshalb sei auch jedem, der selbst nach einer stärkeren Ausstrahlung strebt, empfohlen, seine Persönlichkeit zur Entfaltung zu bringen und sich zugleich bewusst zu machen, dass er die Anerkennung und Bewunderung anderer **verdient**. Viele Menschen haben ein Problem damit: Sie plagen sich mit Selbstzweifeln, haben Angst, aufzufallen und machen sich selbst zu „kleinen grauen Mäusen" ...

„Was? Mir soll Anerkennung und Bewunderung zustehen? Mir?"

Ja. Genau dir. Das setzt allerdings voraus, dass du den Mut hast, zu dir zu stehen, deine Einmaligkeit zu erkennen und sie auch zu leben. *Du bist etwas Besonderes! Du bist ein absolut einmaliges Wesen, vollkommen verschieden von allen anderen Menschen auf dieser Erde.* ***Wenn du Schwierigkeiten hast, dich durchzusetzen und anerkannt zu werden, so liegt das nur daran, dass du es erstens nicht willst und zweitens noch nie versucht hast.***

Beachte den Rat des „Management-Vordenkers" Tom Peters:

- Sei besonders, sonst wirst du ausgesondert!
- Beschreibe in farbigen, überzeugenden Worten, wer du bist!
- Nutze, was du hast, und mach daraus ein Meisterwerk!
- Mach jedes deiner Projekte zu einem „Wow"-Projekt!
- Hilf dir selbst. Verschaffe dir, was du brauchst!
- Arbeite an deinem Optimismus!
- Lerne von ... jedem ... überall ... jederzeit. Sei wie ein Schwamm für gute Ideen!

> Sei du die Veränderung, die du dir wünschst für diese Welt.
>
> *Mahatma Gandhi, (1869 - 1948), indischer Rechtsanwalt, Staatsmann und Reformer*

Leidenschaft ist ansteckend

Wenn wir die Biografien erfolgreicher, charismatischer Menschen studieren, so zeigt sich, dass diese tief durchdrungen waren vom Wert ihrer

Persönlichkeit und von der Bedeutung ihrer Lebensaufgabe. Sie waren und sind bereit, sich mit all ihrer Kraft - oft auch um den Preis ihres Lebens - für die Erfüllung ihrer Ziele einzusetzen. Das gilt für Friedensstifter und Humanisten ebenso wie für Kriegsherren und Verbrecher gegen die Menschlichkeit. Für Gandhi war das große Ziel, Indien zu befreien, den Krieg zwischen Hindus, Muslimen und Sikhs zu beenden, die sozialen Missstände in seinem Land zu beseitigen. Dafür wurde er ins Gefängnis geworfen, dafür hat er gehungert und dafür war er bereit, auch sein Leben zu geben. Er ahnte voraus, dass er ermordet werden würde, doch auch das konnte ihn nicht abhalten, seinen Weg bis zum Ende zu gehen.
Jede persönliche Ausstrahlung ist etwas Einzigartiges. Mein Charisma ist immer etwas völlig anderes als dein Charisma. Nachdem jeder von den sechs Milliarden Menschen auf dieser Erde eine ganz individuelle Persönlichkeit besitzt, ist auch die natürliche Ausstrahlung eines jeden Menschen etwas Besonderes.

Kannst auch du Charisma entwickeln, oder ist das nur außergewöhnlichen Erscheinungen vorbehalten?
Dazu ein paar Klarstellungen:

Irrtum: Charisma haben nur wenige auserwählte Persönlichkeiten.
Faktum: Auch du kannst eine mitreißende Ausstrahlung entwickeln, wenn du mit deiner Lebensaufgabe und deiner wahren Persönlichkeit im Einklang bist.

Irrtum: Charisma erfordert ungewöhnliche, hervorragende Fähigkeiten.
Faktum: Jeder Mensch hat viele besondere Talente und liebenswerte Eigenschaften. Mit Hilfe von Selbsterkenntnis und Selbstbewusstsein ist es nicht schwer, deine Fähigkeiten und deine Besonderheit wirken zu lassen.

Irrtum: Charismatische Menschen sind fehlerlos.
Faktum: Persönlichkeiten mit Charisma haben genauso ihre Fehler und Schwächen wie jeder andere auch. Doch sie haben ihre Aufgabe im Leben erkannt, und sie wissen ihre

Stärken dafür einzusetzen. Sie können mit ihren Ecken und Kanten umgehen. Sie bekennen sich zu ihrem „So bin ich!" und verwandeln so ihre Schwächen und Eigenheiten zu ihrer „persönlichen Note".

Irrtum: Charisma kann man sich nicht aneignen oder lernen.
Faktum: Charisma brauchst du dir nicht anzueignen. Es genügt, wenn du deiner Einmaligkeit zum Durchbruch verhilfst. Du kannst lernen, deine faszinierenden Eigenheiten zu entwickeln (auszuwickeln!) und nach außen erscheinen zu lassen.

Am Beispiel Gandhis können wir gut erkennen, wie erfolgreich jemand mit Charisma sein kann. Deine Lebensaufgabe wird wahrscheinlich nicht darin bestehen, ein riesiges Land von der Kolonialherrschaft einer Weltmacht zu befreien. Doch es ist ganz gleich, welche Aufgaben du hast, ob du gute Freundschaften leben willst, ob du deinen Kindern ein Vorbild sein willst oder ob du dich in deinem Beruf behaupten willst: **Mit einer starken Ausstrahlung geht alles viel leichter. Eine starke Ausstrahlung garantiert dir Erfolg.**

Wer keine üblen Gewohnheiten hat, hat wahrscheinlich auch keine Persönlichkeit.

William Faulkner, (1897 - 1962), US-amerikanischer Romanautor 1949 Nobelpreis für Literatur

Trage nie einen Hut, der mehr Persönlichkeit hat als du.

Michael Harris, amerikanischer Hutmacher

Sieben Wege zum Charisma

Es ist gar nicht so einfach, Charisma zu definieren und das Wesentliche an einer besonderen Ausstrahlung zu erfassen. Letztlich geht das Einmalige jedes Menschen weit über das hinaus, was der Verstand logisch analysieren kann. Die Kunst besteht darin, die Hindernisse wegzuräumen, die deine Besonderheit am Leuchten hindern. Und das kannst du lernen, unabhängig von deiner Ausbildung, unabhängig von deinem Intelligenzquotienten, unabhängig von deinem äußeren Erscheinungsbild.

> Stil bedeutet, sich selbst zu finden.
>
> *Diana Vreeland, Redakteurin der Modezeitschrift „Harper's Bazaar", später Chefredakteurin der Zeitschrift Vogue*
>
> Gründe deine Meinung nicht auf den Ansichten anderer. Unabhängig für sich selbst zu denken, ist ein Zeichen von Furchtlosigkeit.
>
> *Mahatma Gandhi*

1. Folge deiner Wahrheit!

Um eine schöne, interessante, starke Ausstrahlung zu haben, musst du nicht eine große Führungspersönlichkeit sein. Du musst keine genialen Eigenschaften besitzen. Es genügt, wenn du ***deine*** besonderen Fähigkeiten entdeckst und entfaltest. Versuche nicht, jemand anderen zu kopieren. Es wirkt nur abstoßend, wenn jemand versucht, dadurch besonders zu wirken, indem er sich ein Mäntelchen umhängt, das nicht seines ist. Es genügt, wenn du authentisch bist und wenn du lebst und zeigst, was du bist. Es genügt nicht nur: Es ist das Größte, was du erreichen kannst. **Folge deiner Wahrheit!**

Gestalte dein eigenes Profil. Erforsche deine besonderen Stärken und Fähigkeiten! Prüfe, was dir Freude macht, wofür du dich begeistern kannst. Stelle fest, durch welche Eigenschaften du dich von der Mehrzahl der Menschen unterscheidest. Frag dich: „Was sind meine ganz besonderen Vorzüge? In welchem Bereich kann ich meiner Umwelt auf eine Weise nutzen, wie es nicht jeder kann?"

Ich lade dich ein, deinen Workshopordner (siehe Kapitel „*Workshop deiner Visionen*") zur Hand zu nehmen, oder einfach ein Blatt Papier. Schreib auf der linken Seite des Blattes deine Schwächen untereinander und rechts deine Stärken - wahllos, mit lockerer Hand.

Meine Schwächen:	Meine Stärken:
______________________	______________________
______________________	______________________
______________________	______________________
______________________	______________________
______________________	______________________
______________________	______________________

Ist die Liste deiner Schwächen länger als die deiner Stärken, läufst du Gefahr, deine Schwächen überzubewerten. Kümmere dich nicht zu sehr um deine vermeintlichen oder tatsächlichen Schwächen. Lerne sie neutral anzuschauen und deine Eigenheiten als einen Teil deiner Persönlichkeit anzunehmen. Gestatte dir, unangepasst zu sein. Vergiss, was „man" nicht tun darf. Erlaube dir, verrückt, wild, faul, sentimental, laut oder ekstatisch zu sein. Mach das, was dir eigen ist. **Bekämpfe nicht deine vermeintlichen oder tatsächlichen Schwächen, sondern achte darauf, wie du sie in positive Energie verwandeln kannst.** Betone deine Fähigkeiten. Hole dir Feedback bei deinen Freunden, lass dir sagen, wie sie dich sehen, wo in ihren Augen deine Talente ausbaufähig sind. Das Leben kann ein prachtvoller Tanz sein, wenn wir es nicht so eng und todernst sehen.
Wage es, deine Gefühle zu zeigen! Zeige deinen Mitmenschen dein Lachen, deine Begeisterung, deine Leidenschaft, deine Tränen, deine Betroffenheit, dein Mitgefühl, deinen Schmerz. Denk darüber nach, welche Gemütsbewegungen du im Allgemeinen lieber verbirgst. Sag deinem Gegenüber, wie es dir geht, wie dir zumute ist. Sag ihm nicht, er sei schuld (Er ist es nicht! Er ist so wie er ist. Und er ist in Ordnung, so, wie er ist ...) Öffne deine Schale, lass die anderen an deinem Leben

und an deinen Gefühlen teilhaben. Sie werden dich besser verstehen und du wirst ihnen menschlicher erscheinen.
Wenn wir aus unserer Schale herausgehen, sollten wir jedoch eine Reihe von Unarten vermeiden, die unsere positive Ausstrahlung erheblich stören:

- **Schuldzuweisungen**
- **abfällig über andere zu reden**, auch wenn diese nicht anwesend sind
- zu **jammern** - weder über dein Schicksal noch über die schlechten Zeiten oder dergleichen
- andere zu **beneiden** - gönne anderen Menschen ihr Glück, ihren Erfolg
- anderen unbedingt gefallen und vor ihnen **gut dastehen** zu wollen
- **fehlerlos oder perfekt** sein zu wollen

Für eine starke Ausstrahlung ist es nicht notwendig, fehlerlos zu sein. Es gibt ohnedies niemanden ohne Fehler. Gerade wie jemand mit seinen Schwächen umgeht, entscheidet oft, ob er sympathisch oder abstoßend wirkt. Unsympathisch sind Menschen, die ihre Schwächen unterdrücken (und dadurch erst recht unsicher wirken), oder die ihre Schwächen dadurch kompensieren, dass sie beispielsweise andere heruntermachen, überheblich auftreten oder rasch aggressiv und zornig reagieren. Wer seine Schwäche erkennt und liebevoll annimmt, der stellt sich nicht über andere. Wie wohl tut es doch, wenn jemand einen Fehler macht und noch im selben Atemzug bereit ist, ihn einzugestehen! Wer selbstsicher ist, hat es nicht notwendig, sich wütend zu verteidigen, wenn er - gleich ob berechtigt oder unberechtigt! - kritisiert wird.

> Ohne Persönlichkeit gibt es keine Liebe, keine wirklich tiefe Liebe.
>
> *Hermann Hesse*

2. Schenke Anerkennung!

Unwiderstehlich wirkt, wer dem anderen ehrlich sagen kann: „Das hast du großartig gemacht!"

Menschen mit Charisma nehmen lebhaft und mit Begeisterung an den Geschehnissen um sie herum teil. Ihre Augen für das Leben sind weit offen. Sie interessieren sich mit Enthusiasmus für ihre Mitmenschen. Sie treten gerne mit den Leuten in Kontakt, denen sie begegnen. Sie stellen Fragen und zeigen Anteilnahme. Versuche es einmal bei der Verkäuferin im Supermarkt. Schenke ihr ein freundliches Wort. Anerkenne sie dafür, wie freundlich sie zu den Kunden ist. Bei alltäglichen Kontakten geht es selten um tiefschürfende Gespräche. Ermuntere andere, etwas von sich zu erzählen. Zeig ihnen, dass sie für dich nicht bloß Nummern oder nützliche Roboter sind. Wende dich ihnen zu - von Mensch zu Mensch!

Für Menschen mit Charisma gilt der Leitsatz: ***„Du bist okay, ich bin okay"*** Das hat nichts mit Schönfärberei, Schmeichelei oder Speichelleckerei zu tun. Das ist eine prinzipielle Einstellung der Würde und Einmaligkeit jedes Menschen gegenüber. Wer sie pflegt, behält durchaus seinen Sinn für einander widersprechende Interessen, Differenzen oder die menschlichen Schwächen, die wir alle haben. Aber Konflikte lassen sich mit dieser Grundhaltung vernünftig und friedlich lösen. So vermeiden wir es, uns das Leben unnötig schwer zu machen.

Charismatische Menschen lieben das ganze Leben und somit auch sich selbst. Nur wer gut zu sich selbst ist, kann auch zu anderen gut sein. Menschen mit einer starken Eigenliebe feiern an guten Tagen, und wenn einmal nicht „die Sonne" scheint, wissen sie sich zu helfen.

Charisma steht in einem engen Zusammenhang mit **Liebesfähigkeit**. Ein charismatischer Mensch ist mit sich selbst in Einklang, in Harmonie. Das Wort „Eigenliebe" steht für manche Menschen im Geruch von Selbstsucht, Egotrip oder Eitelkeit. Doch der selbstsüchtige, eitle Mensch ruht nicht in sich. Er will zwar von den anderen geachtet und respektiert werden, zugleich interessieren ihn nur seine eigenen Wünsche und Sorgen. In Wahrheit sind Liebe und Eigenliebe wie die zwei Seiten einer Münze. Sie gehören untrennbar zusammen. Wer sich nicht schätzt, kann auch für den anderen keine echten Gefühle aufbringen. *„Liebe deinen Nächsten* ***wie dich selbst!"*** lautet ein Jesuswort im Neuen Testament.

Und außerdem: Wer sich nicht selbst liebt, den lieben auch die anderen nicht. Sie sagen sich: „Wenn der sich selbst nicht liebt - der muss sich ja genau kennen -, dann ist wirklich etwas faul an ihm!" ☺

Viele Menschen halten sich für besonders verdienstvoll, wenn sie sich für andere aufopfern, aber nicht für sich selbst sorgen. Sie sind selbst nicht glücklich, wollen aber andere Menschen glücklich machen. Sie vernachlässigen ihr Gemüt und ihre Gesundheit und glauben, allein mit ihren Taten für andere Gutes bewirken zu können. Aber nur derjenige, der selbst Hingabe, Leidenschaft, Zufriedenheit und Glück ausstrahlt, kann andere Menschen für ein erfülltes Leben begeistern! **Nur wenn du selbst charismatisch und erfolgreich bist, kannst du andere dafür begeistern, auch ihr eigenes Leben zu einem rauschendes Fest zu gestalten.**

> Vier herzliche Berührungen pro Tag sind das Existenzminimum, acht braucht der Mensch zu seinem Wohlbefinden, zwölf zur Entfaltung seiner Persönlichkeit.
>
> *Virginia Satir, US-amerikanische Psychohygienikerin*

> Liebe erschöpft sich nicht. Je mehr du gibst, desto mehr kannst du geben.
>
> *Lebensweisheit*

Charismatische Menschen sind verliebt in das Dasein. Sie lieben es, zu geben und sind zugleich fähig, die Geschenke des täglichen Lebens anzunehmen. Wer leidenschaftlich gern gibt, erwirbt sich eine besondere Ausstrahlung. Wer Charisma hat, liebt nicht nur seine Familie, seine Hobbys und seine Freizeit, sondern auch seinen Beruf. Das Bekommen und Nehmen stehen für ihn nicht an erster Stelle; das stellt sich für ihn wie von selbst ein. Er verrichtet mit Hingabe seine Arbeit - egal ob sein Job Raumpfleger oder Generaldirektor ist.

Ein Mensch mit starker Ausstrahlung freut sich darüber, auf die Bedürfnisse der anderen eingehen zu können. Er beachtet das Bedürfnis seiner Mitmenschen, anerkannt und respektiert zu werden. Er fördert ihr Selbstwertgefühl und ist deshalb selbst beliebt und willkommen. So wirkt er wie ein Magnet auf seine Umgebung. Die Menschen hungern nämlich nach Zustimmung und Verständnis. Beachtung und Wertschätzung braucht jeder, ob er sich dessen nun bewusst ist oder nicht. Der charismatische Mensch erfüllt diese Grundbedürfnisse. Er kann auf seine Nächsten eingehen und ihnen das geben, was sie benötigen. Er achtet sorgfältig auf die Qualitäten und Fähigkeiten der Menschen. So fällt es ihm auch nicht schwer, seinem Nächsten Lob und Anerkennung zu zollen.

> Mein Leben ist ein unteilbares Ganzes, und alle meine Tätigkeiten gehen ineinander über; und sie alle haben ihren Ursprung in meiner nicht zu sättigenden Liebe zu den Menschen.
>
> *Mahatma Gandhi*

> Es gibt keinen Weg zum Frieden. Der Frieden ist der Weg.
>
> *Mahatma Gandhi*

3. Leidenschaft und Begeisterung

Wer den großartigen Film „Gandhi" von Richard Attenborough gesehen oder Gandhis Lebensgeschichte gelesen hat, kann ermessen, was Leidenschaft und Begeisterung zu bewirken vermögen. Gandhi strebte mit eisernem Willen danach, seine eigenen Schwächen auszumerzen; auch die bloß vermeintlichen. Er trat bereits in seinen frühen Jahren in Britisch-Südafrika bedingungslos für die Gleichberechtigung farbiger und weißer Menschen ein. Er hatte ein tiefes Gefühl für Gerechtigkeit und er ließ sich lieber aus dem Zug werfen, als freiwillig den nur für die Weißen reservierten Waggon zu verlassen.

Sein Weg war der gewaltlose Kampf. Für Gandhi war es klar, dass Gewalt und Lieblosigkeit nur eine Kette von Gewalt und Lieblosigkeit hervorbringen kann.
Um das Salzmonopol der Briten zu brechen, machte sich Gandhi mit einer Gruppe von Anhängern auf einen zweihundert Kilometer weiten Fußmarsch zum Meer auf. Der Strand war von britischen Soldaten abgeriegelt. Gandhi und Hunderte seiner Begleiter traten, eine Gruppe nach der anderen, unbewaffnet auf die Kette der Soldaten zu. Eine Gruppe nach der anderen ließ sich ohne Gegenwehr von den Engländern mit Knüppeln niederschlagen. Die Berichte von diesem Drama gingen durch die Weltpresse und haben den Siegeszug der indischen Unabhängigkeitsbewegung eingeleitet.

Feige Leute, die das Risiko scheuen, gehen das größte Risiko ein.

George F. Kennan, US- Russlandexperte

Wer sich nicht in Gefahr begibt, kommt dennoch um.

Wolf. W. Lasko, Erfolgstrainer und Autor

4. Mut zum Risiko

„Wer wagt, gewinnt!" sagt ein Sprichwort. Zugegeben: Der Grat zwischen Risikofreude und Tollkühnheit ist schmal. Doch wer wirklich in das Leben eintaucht, befindet sich immer gleich auf mehreren Gratwanderungen: zwischen Tradition und Revolution, zwischen Beschaulichkeit und Abenteuer, zwischen Sicherheit und Wagnis ... Ich habe noch nie jemandem empfohlen, Hals über Kopf seinen Job zu kündigen. Doch jeder, der sich bei seiner Arbeit nicht wohlfühlt, sollte ernsthaft überlegen, ob er am richtigen Platz ist, und schließlich auch bereit sein, eine neue Aufgabe in Erwägung zu ziehen.
Mut braucht man nicht nur für Extremsportarten. Mut bedeutet nicht, sich willkürlich in eine Gefahr zu begeben. Mut beweist einer, der dort seinen Platz einnimmt, wo er hingehört.

Menschen mit Charisma lassen sich durch ein Risiko nicht leicht beirren oder abschrecken. Sie erwägen zwar sorgfältig alle Risken, denn sie sind nicht leichtsinnig. Doch sie zeigen Mut, Neuland zu betreten und sich neuen Herausforderungen zu stellen. **Im Zweifel entscheiden sie sich für das Neue. Sie lieben es nicht, nur die ausgetrampelten Pfade zu gehen.**

Wenn du nur das machst, was andere als erfolgreich bezeichnen, so kommst du nie zum großen Erfolg. Du musst das machen, woran keiner glaubt! Denke an große Vorbilder, wie Entdecker, Erfinder, Künstler ...

Lass dir nicht alles gefallen! Bekenne dich zu deinen Rechten und Ansprüchen! Gehe nicht jeder Konfrontation aus dem Weg. Doch versuche auch nicht, mit dem Kopf durch die Wand zu rennen!

Und vergiss nie: **Erfolg hängt davon ab, da weiterzumachen, wo andere aufgeben!** Lass dich nicht einschüchtern, geh scheinbar stur und unbeirrbar deinen Weg!

> Nichts widersteht, Berge fallen und Meere weichen
> vor einer Persönlichkeit, die handelt.
>
> *Emile Zola (1840 - 1902), französischer Romanschriftsteller*

> Besser unvollkommene Entscheidungen durchführen als ständig nach vollkommenen suchen, die es niemals geben wird.
>
> *Charles de Gaulle*

Mut ist auch erforderlich, um Entscheidungen im richtigen Augenblick zu treffen. Jede größere Entscheidung birgt ein Risiko in sich. Wir können zwar eine Vielzahl von Fakten sammeln, analysieren und daraus gewisse Tendenzen ablesen, doch niemand kann in die Zukunft schauen und alle Eventualitäten vorhersagen. Wie der berühmte französische Staatsmann Charles de Gaulle sagte, ist es **besser, unvollkommene Entscheidungen zu treffen und durchzuführen, als fortwährend nach der besten zu suchen**. Es gibt keine vollkommene Entscheidung, weil jede mit Ungewissheit verbunden ist. Ein Mensch mit Charisma steht zu einer getroffenen Entscheidung, ohne beständig weiterzugrübeln: „Wäre es nicht besser gewesen, eine andere Wahl zu treffen? Hätte ich nicht doch den anderen Weg gehen sollen?" Er lässt sich vom einmal eingeschlagenen Weg nicht abbringen, solange keine klaren Anzeichen dafür vorliegen, dass ein Kurswechsel notwendig ist.
Sag eindeutig, was du willst und wozu du dich entschlossen hast! Zaudere nicht lange, frag nicht einen nach dem anderen, was du nun machen sollst, um schließlich erst nichts zu verändern. Freilich kannst du vorher Rat einholen (nicht ohne vorher gründlich zu erwägen, auf wessen Rat du bauen willst), doch letztlich vertraue auf die Kraft deiner eigenen Gedanken, deiner eigenen Intuition. Stellt sich der eingeschlagene Weg als falsch heraus, so ist wieder Entschlossenheit für eine Korrektur erforderlich. Schiebe Probleme nicht lange vor dir her; packe den Stier bei den Hörnern und geh mutig und aufrecht deinen Weg.

Persönlichkeit haben heißt die tausend Irrtümer eingestehen, die man im Laufe des Lebens gemacht hat.

Alexander Mitscherlich (1836 - 1918), deutscher Chemiker, Psychoanalytiker und Publizist

Persönlichkeiten sind Menschen, die solche geblieben sind, obwohl sie Karriere gemacht haben.

Gerhard Uhlenbruck, deutscher Aphoristiker

5. Ausdrucksfähigkeit

Wer Charisma hat, verfügt über Fülle und lebt sie auch. Er schöpft aus dem Vollen und verleiht seiner Begeisterung und Lebensfreude damit Ausdruck. Charismatiker sind nicht notwendigerweise immer glänzende Redner. Es gibt stille Menschen, die nur durch ihr Erscheinen „Licht“ um sich verbreiten. In der Regel jedoch sind starke Persönlichkeiten in der Lage, die Begeisterung für ihre Ideen auf andere zu übertragen. Rhetorik kann man lernen. Der charismatische Mensch bringt schon viele Voraussetzungen für eine packende Rede mit sich: Selbstbewusstsein, Begeisterung, Hingabe, Zielbewusstheit. Auch du kannst ein guter, überzeugender Redner werden. **Wer sprechen kann, kann auch reden!**

Eine starke Persönlichkeit spricht nicht nur mit Worten, sondern auch mit Blicken, mit Gesten, mit dem ganzen Körper. Es ist gar nicht so schwierig, den Kopf zu heben, sich aufzurichten, den anderen in die Augen zu schauen, mit gelösten Handbewegungen seiner Botschaft mehr Ausdruck zu verleihen. Wer Ausstrahlung hat, hat einen starken inneren Bezug zu seinen Visionen. Er ist fähig, diese Gefühle zu offenbaren und die Emotionen seiner Zuhörer anzusprechen. **Er zeigt Gefühle und spricht zu den Gefühlen seines Publikums.**

Achte darauf, aufrecht zu stehen. Hängende Schultern suggerieren Resignation und Mutlosigkeit. Mit einem Lächeln, mit einem klaren, offenen Blick in die Augen deiner Mitmenschen verbreitest du eine fröhliche und Vertrauen erweckende Stimmung. Achte auf die Haltung und Bewegung deiner Gliedmaßen. Verschränkte Arme und Beine lassen auf Verschlossenheit, Unsicherheit und Abwehr schließen. Wer nervös an seinen Fingern zupft oder mit einem Bein auf und ab wippt, zeigt mangelndes Selbstvertrauen. Offene, ruhige Gesten strahlen hingegen Sicherheit aus und verbreiten eine angenehme Atmosphäre.

> Mein Job ist es, die Menschen zu ermutigen, kühn zu träumen und Visionen zu entwickeln.
>
> *Jack Welch, Chef von General Electric*

6. Visionen und Kreativität

Das menschliche Leben bekommt seinen Reichtum durch Visionen. Visionen sind Ideen darüber, wie sich die Welt, meine Welt verändern könnte. Das ganze Universum ist in einem steten Wandel begriffen. Fortwährend entstehen neue Sterne und Sonnensysteme; alte sterben ab und verglühen. Für dich gibt es zwei Möglichkeiten hier auf dieser Erde: Veränderungen passiv geschehen zu lassen, oder aktiv an der Gestaltung deiner Zukunft und an der Zukunft der Welt mitzuwirken. **Du hast die Wahl, Spielball oder Spieler zu sein.** Lass dich nicht beirren durch die „aufmunternden" Zurufe: „Das kann nicht gehen!" „Du wirst schon sehen, wo du damit hinkommst!" „Das haben schon viele vergeblich probiert!" „Dafür bis du zu alt!" usw.
Ohne Visionen, ohne Träume gibt es keinen Fortschritt. Alle technischen Errungenschaften, allen Komfort, den wir heute genießen dürfen, verdanken wir den Ideen einzelner mutiger Menschen, die Freude daran hatten, etwas Neues zu schaffen, die verrückt genug waren, sich nicht mit dem zufrieden zu geben, was ist, so wie es ist. Farbfernsehen, Video, digitale Kamera, Computer, Handy, Überschallflugzeuge - was vor 30, 50, 70 Jahren noch undenkbar war, ist heute selbstverständlicher Alltag. Jeder große Fortschritt geht diesen Weg: **1. undenkbar - 2. Vision – 3. Wirklichkeit**. Besonders erfolgreiche Menschen sind solche, die es wagen, das Unmögliche zu tun - und zwar als Erste!

- Es war undenkbar, die Weltmacht Großbritannien mit nackten Händen zu besiegen. Gandhi hatte diese Vision; sie wurde Wirklichkeit.
- Es galt als unmöglich, den Ozean zu überqueren. Columbus hat es dennoch getan.
- Es erschien nicht möglich, Töne „festzuhalten". Edison hat es geschafft, als Erster.
- Es war scheinbar ausgeschlossen, dem Menschen ein fremdes Herz einzusetzen. Cristiaan Barnard hat es gewagt, als Erster von vielen.
- Es ist unmöglich, den eigenen großen Traum zu verwirklichen. Wer es dennoch wagt, wird es erreichen.

Ohne Visionen verkümmert dein Leben. Wenn du nicht bereit bist, dich nach neuen Ufern umzuschauen und immer wieder neue Ideen zu verwirklichen, wird dein Leben schal und langweilig werden. Es muss nicht unbedingt etwas Sensationelles sein. Überlege dir einmal, dich völlig anders zu kleiden, als du es bisher gewohnt bist. Oder stell deine Ernährung komplett um. Oder plane einen ganz anderen Urlaub - etwa von Hütte zu Hütte durch die herrliche Berglandschaft wandernd oder mit Zelt und Rucksack an einem abgelegenen See ...

> Wenn Menschen nicht von Zeit zu Zeit etwas Verrücktes machten, würde niemals etwas Intelligentes getan werden.
>
> *Ludwig Wittgenstein, (1859 - 1951), österreichischer Philosoph*

Für jedes wirtschaftliche Unternehmen bedeutet Stillstand den Untergang. Ein Unternehmer ohne Visionen für die Zukunft seines Betriebes wird über kurz oder lang scheitern. Wer Visionen hat, hat Fantasie für das Neue. Fantasie entspringt aus der Vorstellungskraft des Geistes. Man kann die Fantasie bewusst steigern, indem man lernt, sich für die Eingebungen des Geistes zu öffnen. Visionen kann man nicht konstruieren oder machen. Visionen (wörtlich übersetzt: bildhafte Vorstellungen) kommen daher wie Träume. Und so wie man lernen kann, sich die flüchtigen Träume zu merken, so kann man auch wacher werden für Ideen – zum Beispiel indem man neu auftauchende Ideen, die scheinbar „verrückt" sind, nicht gleich verwirft, sondern mit ihnen umgeht, mit ihnen spielt, über Problemlösungen nachdenkt und sich immer wieder lebhaft vor Augen führt, wie das scheinbar Unmögliche Gestalt annimmt.

7. Im Hara ruhen - Verweilen im Hier und Jetzt

Viele Menschen haben eine natürliche Gabe, mental mit ihrem Inneren verbunden zu sein. Man sagt, sie denken, fühlen und handeln „aus dem Bauch heraus". Tatsächlich korrespondiert unser Bauch, genauer gesagt der Solarplexus (das Sonnengeflecht), das großflächige Nervengewebe, das die Organe des Oberbauchs umgibt, in inniger Weise mit unserer tieferen Persönlichkeit.
Die Japaner nennen diesen Körperbereich „**Hara**". Obwohl Buddha in Wirklichkeit sicher kein wohlbeleibter Lebemann war, wird er auf Bildern und in den meisten Skulpturen mit einem dicken Bauch dargestellt. Dies ist als Symbol dafür zu verstehen, dass Buddha in sich selbst, in seinem Hara ruht. In gewissen japanischen Traditionen wird gelehrt, dieses Ruhen im Hara und das Handeln aus dem Hara zu kultivieren. Wenn ein Zen-Schüler in einer schwierigen Situation nervös wird und seine Fassung zu verlieren droht, mag ihm sein Lehrer zurufen: „Bleib im Hara!" Auch die meisten anderen Meditationstechniken empfehlen, die Aufmerksamkeit auf eine tiefe Atmung bis in den Bauch hinunter zu richten. Diese Lenkung des Bewusstseins auf das Hara und auf den Atemvorgang hilft dir, den Zugang zu deiner geistigen „Mitte" zu finden.
Du kannst dich schulen, immer mehr in deiner Mitte zu sein. Achte auf deine Gedanken und Gefühle. Achte darauf, dich in deiner Freizeit weniger zu zerstreuen, sondern dich stattdessen zu **sammeln**. Unterbrich mehrmals am Tag deine gewohnten Denk- und Handlungsprozesse. Verweile einen Augenblick, es genügt eine Minute, im Hier und Jetzt. Denk in diesem Moment an nichts; beobachte nur, was im Augenblick um dich und in dir vor sich geht.

Leader statt Vorgesetzte

In fortschrittlichen Unternehmen setzt sich immer mehr die Erkenntnis durch, dass Hierarchie allein noch nichts bewirkt. Der Vorgesetzte, der seine Macht einfach nur aufgrund seines Chefstatus kultiviert, unabhängig davon, ob er auch fähig ist, seine Mitarbeiter zu lenken und zu begeistern, ist nicht mehr gefragt. Um den Herausforderungen des 21.

Jahrhunderts zu entsprechen, ist eine neue Generation von Führungspersönlichkeiten erforderlich.

Welche Qualitäten zeichnen „Leader" in einem Unternehmen aus?

Sie…

- …sind starke Persönlichkeiten mit ausgeprägtem Image
- …sind begeistert für die Aufgaben des Unternehmens
- …sind fähig, diese Begeisterung auf die Mitarbeiter zu übertragen
- …können die Aufgabenstellung und die Etappenziele eindeutig vorgeben
- …überzeugen durch Worte ***und*** Taten
- …stellen hohe Erwartungen an ihre Mitarbeiter
- …betrachten Mitarbeiter nicht als Untergebene, sondern als Mitstreiter
- …fordern laufende Verbesserungen der Arbeitsqualität
- …anerkennen und loben die Leistungen der anderen und schenken ihnen Vertrauen.

Auch in deinem Unternehmen wirst du letztlich nur dann erfolgreich sein, wenn du

1. Deine Mitbewerber nicht als Konkurrenten oder Widersacher ansiehst
2. in erster Linie den Nutzen für deinen Kunden im Auge hast und nicht, wie du dem Kunden möglichst schnell sein Geld abknöpfen kannst
3. an das Wohlergehen deiner Kollegen und Mitarbeiter denkst.

Diese Erde bietet jedem ihrer Bewohner reichlich Platz, und Reichtum im Übermaß. Und behalte stets im Auge: Es ist herrlich, schenken zu dürfen und beschenkt zu werden.

> Führungspersönlichkeiten sind Leute, die andere unheimlich nötig haben.
>
> *Antoine de Saint-Exupéry*

Leader mit Überzeugungskraft

Was bewirkt die besondere Ausstrahlung, die von gewissen Menschen ausgeht? Gerade hochintelligente Menschen wirken oft langweilig und kraftlos. Andere wiederum scheinen über keinerlei auffallende Fähigkeiten zu verfügen und schaffen es dennoch, andere Menschen in ihren Bann ziehen ...
Die Eigenschaften charismatischer Führungspersönlichkeiten sind Thema zahlreicher wissenschaftlicher Studien. Hier ist eine kurze Zusammenfassung der Ergebnisse solcher Forschungen.

Starke Führungspersönlichkeiten zeichnen sich aus durch:

1. **überdurchschnittliche *Intelligenz*.** Ein allzu hoher Intelligenzquotient beeinträchtigt jedoch den Kontakt zur Gruppe.
2. ***starkes Selbstbewusstsein.*** Sie neigen allerdings oft dazu, ihre Leistungen überzubewerten.
3. ***hohe Aktivität.*** Sie sind dynamisch, voller Energie und einsatzfreudig.
4. ***Risikobereitschaft.*** Sie stellen sich neuen Herausforderungen und zeigen Mut zur Veränderung.
5. ***Motivation.*** Sie sind besonders motiviert, möchten sich auszeichnen und lassen sich durch Widerstände nicht von ihrem Ziel abbringen.
6. ***Vision.*** Sie haben eine große Vision, leben sie, glauben an die Richtigkeit und Notwendigkeit ihres Ziels, sind überzeugt davon, ihren Traum verwirklichen zu können und können andere für ihre Idee begeistern.
7. ***Image.*** Sie kultivieren die Besonderheit und Einmaligkeit ihrer Persönlichkeit.
8. ***Kontaktfreudigkeit.*** Es fällt ihnen leicht, mit anderen zu kommunizieren und sich in ihre Gedanken- und Gefühlswelt einzufühlen.
9. ***Überzeugungskraft.*** Sie übermitteln ihre Botschaften mit Leidenschaft, sind fähig, Gefühle anzusprechen und sie wirken nicht nur über das Wort, sondern auch nonverbal durch die Art ihrer Erscheinung und ihres Auftretens.

Deine Kernfähigkeiten

Charismatiker sind selbstbewusst, wie gesagt. Sie vertrauen ihren speziellen Stärken. Sie haben eine Vision, wie sie die Welt für sich und andere verändern können. Sie bringen ihre Kernfähigkeiten zum Ausdruck.

Was sind deine besonderen Stärken? Werde dir deiner Fähigkeiten bewusster.

Schreib locker auf, was immer dir einfällt (zum Beispiel Fröhlichkeit, Begeisterung für Tennis, Genauigkeit bei der Arbeit ...).

1. Was sind deine Stärken und Begabungen?

   ____

   ____

   ____

2. Wie kannst du andern Menschen Nutzen bieten (beruflich wie privat)?

   ____

   ____

   ____

3. Lies die einzelnen Punkte der obenstehenden Liste (Charakteristika starker Führungspersönlichkeiten) nochmals durch. Welche der Eigenschaften 1-9 trifft auf dich zu?

   ____

   ____

   ____

4. Welche deiner Fähigkeiten kannst du verbessern?

____

____

____

5. Was wirst du unternehmen, um dein Charisma zu verstärken? (Schwächen abbauen, Bücher, Seminare, „Coaching“ -Beratung durch Experten, etwas Neues wagen ...)

____

____

____

Charisma und Zen

Die Denkweise des Zen ist daran orientiert, mit den innersten Kräften des Menschen in Verbindung zu kommen und diese zu leben. Diese Verbindung kann dir niemand von außen geben. Nur du allein kannst sie herstellen. Deshalb verwirft Zen jede äußere Autorität und jede Gefolgschaft. Die einzige brauchbare Autorität findest du in dir. Wer dieser Kraft vertraut und sich mit dieser Kraft verbindet, bekommt einen Glanz, der nicht von dieser Welt ist. Buddha, Jesus, Mohammed, Gandhi waren mit ihrem tiefsten Inneren im Einklang. Deshalb konnten sie tausende Menschen für ihre Ideen begeistern - und im wahrsten Wortsinn Berge versetzen.

Personal Branding - Verkaufe dich selbst!

Der Zimmermann bearbeitet das Holz. Der Schütze krümmt den Bogen. Der Weise formt sich selbst.

Gautama Buddha (um 550 - 480 v. Chr.)
indischer Philosoph

Mach dir einen Namen - Verkaufe dich gut!

In früheren Zeiten wurden Sklaven - oder auch Rinder - mit den Initialen ihres Eigentümers gebrandmarkt. Heute ist es in gewissen Kreisen in Mode gekommen, sich freiwillig Tätowierungen oder Brandmale in die Haut prägen zu lassen. Falls du Lust verspürst, dich auf diese interessante Weise mit einer persönlichen Note versehen zu lassen: Mittlerweile gibt es fast in jeder größeren Stadt Tattoo-Studios, an die du dich diesbezüglich wenden kannst. ☺ Aber es gibt wesentlich sinnvollere und weniger schmerzvolle Methoden, die du wählen kannst, um dich vom Durchschnitt abzuheben.

Der amerikanische Begriff „Brand" heißt so viel wie „Marke". Marketingexperten gebrauchen die Worte „Brand-Building" oder „Branding" im Zusammenhang mit dem Aufbau eines Markennamens für ein Unternehmen. Al und Laura Ries erklären in ihrem Buch „Die 22 unumstößlichen Gebote des Branding": *„Ein Brandingprogramm sollte bewirken, dass sich Ihre Cash-Cow klar von den anderen unterscheidet, die auf derselben Weide grasen."* Eine Marke soll bewirken, dass der Konsument eine rationelle, emotionale und visuelle Beziehung zu einem Unternehmen und seinen Produkten aufbaut. Anders gesagt: Der Kunde soll bei einer Marke an ein bestimmtes Produkt und bei einem Produkt an eine bestimmte Marke denken. Coca-Cola ist ein süßes, dunkelbraunes

Getränk, das den Extrakt der Colanuss enthält. Und umgekehrt: Ein süßes, dunkelbraunes Getränk, das den Extrakt der Colanuss enthält, ist Coca-Cola! Ein anderes Beispiel für gelungenes Branding liefert Volvo: Volvo = Auto mit hohem Sicherheitsstandard. Auto mit hohem Sicherheitsstandard = Volvo.

Eine Marke ist zunächst nichts anderes als ein Name. Da die meisten Menschen visuell wahrnehmen und denken, werden Markennamen zumeist durch Logos unterstützt, besonders eindringlich gestaltete Schriftzüge oder Symbole, wie etwa der Mercedes-Stern. Was die Marke aber erst zur „Marke" macht, ist ihre verkaufsfördernde Wirkung. Diese entsteht dann, wenn der Konsument beginnt, mit dem Markennamen ganz bestimmte Werte, Gedanken oder Gefühle zu verbinden: Mercedes bedeutet nicht bloß Auto, sondern Prestige. Weißer Riese bedeutet nicht bloß Waschmittel, sondern Waschkraft und Reinheit. Nike bedeutet nicht bloß Sportschuh, sondern Sportlichkeit. Markenprodukte lassen sich eindeutig besser (und teurer) verkaufen als gleichwertige Produkte ohne einen guten Namen. Nicht ohne Grund investieren Firmen sehr viel Geld in Brand-Building.

Beim ***Personal Branding*** geht es nicht darum, ein Produkt gut zu verkaufen, sondern die eigene Person optimal zu vermarkten. Verkaufe dich selbst, und verkaufe dich gut! (Schock! ☺) Diese Aufforderung riecht nach Prostitution, nach Selbstverleugnung und primitiver Profitgier! Doch betrachten wir die Angelegenheit doch einmal aus der Nähe. Was sehen wir? Jeder von uns verkauft sich! Gewöhnlich sind das normale Vorgänge, die uns nicht weiter auffallen. Wenn eine junge Frau ein vielversprechendes Rendezvous hat, so wird sie einige Zeit vor dem Spiegel verbringen und sich sorgfältig schminken, und sie wird sich so vorteilhaft wie möglich kleiden. Warum wohl? Auch der junge Mann, mit dem sie sich trifft, wird wahrscheinlich seine schicke schwarze Hose und sein feinstes Hemd anlegen, auf eine frische Rasur achten und seine Schuhe putzen. Warum wohl? - Wenn sie dann am Caféhaustisch einander gegenübersitzen, werden sie sich gegenseitig nicht von ihren Schwächen erzählen, sondern – natürlich so dezent wie möglich - ihre besten Seiten zu betonen suchen. Niemand findet so etwas anstößig - und doch „verkaufen" sich die beiden frisch Verliebten in gewisser Weise. Jeder zeigt sich im besten Licht und erhofft sich damit die

Zuneigung des anderen. Jetzt könnte man einwenden: „Aber das hat doch nichts mit Geld zu tun! Die jungen Leute verkaufen sich doch nicht!" Stimmt. Es hat nichts mit Geld zu tun. Trotzdem geht es um ein Geschäft. Ein Tauschgeschäft. Jeder von den beiden gibt etwas (sich selbst) und möchte etwas dafür bekommen: Die Aufmerksamkeit und Liebe des anderen.

Auch jemand, der sich um einen gut bezahlten Arbeitsplatz bewirbt, „verkauft sich", wenn auch gewöhnlich nicht mit Haut und Haaren. Dennoch will er Geld sehen, und zwar möglichst viel. Und das mit Recht! Infolgedessen wird er, so er klug ist, beim Vorstellungsgespräch zum Ausdruck bringen, dass er nicht nur die Arbeitskraft seiner Hände und seines Gehirns „zum Kauf anbietet", sondern er wird seine ganze Persönlichkeit in die Waagschale werfen. Ein guter Mitarbeiter ist nämlich mit „Leib und Seele" bei seiner Arbeit und wird dafür auch entsprechend entlohnt.

Das Schöne bei dieser Art „sich selbst zu verkaufen" ist, dass wir dabei nicht weniger werden. Im Gegenteil - es ist wie mit der Liebe. **Je mehr wir schenken, desto mehr wächst in uns nach.** Je mehr wir bereit sind, unsere ganze Persönlichkeit einzubringen, desto stärker wird diese. Es gibt gar nicht wenige Menschen, die an ihrem Arbeitsplatz möglichst sparsam mit ihrer Energie umgehen, um zum Beispiel in ihrer Freizeit über genügend Power zu verfügen. Doch darin liegt ein Irrtum. **Je mehr positive Energie und Begeisterung wir in unsere Arbeit investieren, desto mehr Energie steht uns zur Verfügung.** Und umgekehrt: Je mehr wir uns schonen, desto saft- und kraftloser werden wir.

Anne von Blomberg schreibt in ihrem anregenden Buch „Der Lustquotient": *„Sie wollen sich nicht verkaufen wie ein Markenprodukt? Es bleibt Ihnen gar nichts anderes übrig, wenn Sie den Turnaround vom Unglücklichfühlen zum hohen LQ (Lustquotient) schaffen wollen, denn Sie* ***sind*** *eine Marke."* Auch Blomberg weist darauf hin, dass jeder Mensch etwas Einmaliges ist. Diese Einzigartigkeit beginnt schon mit der Geburt und nimmt im Laufe des Lebens stetig zu, durch die persönlichen Erfahrungen und die Entwicklung individueller Fähigkeiten. Blomberg empfiehlt daher, diesen Vorteil der eigenen Kernkompetenzen für Erfolg- und Lustvermehrung zu nutzen:

- *„Es macht Spaß, die eigenen Vorzüge zu betonen. Im Äußeren, aber auch bei den, inneren Werten'.*
- *Es erleichtert uns den Kontakt mit allen Menschen, denen diese Marke namens ‚Ich' gefällt. Weil sie dann schneller erkennen, was wir ihnen zu bieten haben."*

Seine Marke zu leben heißt, sich zum Geschenk für seine Umgebung zu machen. Wenn du deine Besonderheit zeigst, verwandelst du dich von einer „kleinen grauen Maus" in einen interessanten, klugen, anregenden, amüsanten Menschen, dessen Gegenwart geschätzt wird. Das hat nichts mit egoistischer Selbstdarstellung zu tun. Eigentlich sind wir das unserer Umwelt sogar schuldig, zumindest jedoch bereichern wir sie dadurch, denn es laufen wahrlich genügend Menschen herum, die eher deprimierend als anregend wirken.

> Sagen Sie nicht: Ich will kein Selbstdarsteller werden. Sagen Sie nicht: Nur Egoisten drängen sich in den Vordergrund. Sagen Sie nicht: Bescheidenheit ist eine Zier... Wenn Sie nur einen Funken Ehrgeiz in Richtung Lust- Optimierung haben, müssen Sie sich über ihre Markenidentität Gedanken machen.
>
> *Anne von Blomberg, deutsche Schriftstellerin*

Coco Chanel

Coco Chanel ist in einem Armenhaus zur Welt gekommen. Ihre Eltern waren Marktverkäufer. Aus einfachsten Verhältnissen hat sie sich zur berühmtesten Modeschöpferin ihrer Zeit emporgearbeitet. Kurz vor dem zweiten Weltkrieg war sie am Höhepunkt ihres Erfolges. Sie hatte rund 4000 Mitarbeiter und verkaufte ihre Modellkleider in alle Welt. Nach dem Ausbruch des Krieges musste sie ihren Modesalon und fast alle ihre Geschäfte schließen. 1954, im Alter von 71 Jahren, feierte sie ein großes Comeback in Paris. Ein Jahr später wurde „Mademoiselle"

Chanel mit dem Mode- Oskar als einflussreichste Modeschöpferin des 20. Jahrhunderts ausgezeichnet.
Was war das Geheimnis von Coco Chanels Erfolg? Sie sagte von sich selbst *„Le style c´est moi!“* (Ich bin die Mode). Chanel verstand es hervorragend, sich selbst und ihren Namen zu verkaufen. Mit 27 Jahren eröffnete sie einen Hutsalon unter dem Namen „Chanel Mode“. Bald darauf folgte eine Modeboutique. Im Gegensatz zu den überladenen und übermäßig aufgeputzten Modellen der damaligen Zeit erregten Chanels Kreationen mit einer völlig anderen Linie Aufsehen: Schlicht, geradlinig, bequem und dennoch elegant. Chanel hat jeden Erfolg mit ihrem Namen verknüpft und auf diese Weise geschickt einen Mythos um ihre eigene Person geschaffen.
1921 lernte sie in Grasse an der Cote d´Azur den Parfumeur Ernest Beaux kennen. Beaux hatte, ebenfalls abweichend von der damals herrschenden Mode, ein neues, mit synthetischen Duftstoffen versetztes Parfum entwickelt. Bis dahin war die Auswahl an Düften sehr beschränkt; Parfums wurden zumeist auf der Basis von einigen wenigen dominierenden pflanzlichen Grundstoffen hergestellt. Die Frauen rochen entweder nach Flieder oder nach Lavendel. Coco: *„Entsetzlich, das ist eine typische Männeridee, aus Frauen Blumentöpfe zu machen.“* Chanel machte Beaux's neuen Duft mit seiner geheimnisvollen, widersprüchlichen Note zu „ihrem“ Parfum und nannte ihn „Chanel N° 5“. Sie lancierte den Verkauf mit Hilfe einer raffinierten Verkaufsstrategie. Binnen kurzem war „Chanel N° 5“ ein Welterfolg, und das ist es bis heute, achtzig Jahre lang, geblieben.

Marken verkaufen sich besser!

Die Vorliebe der Konsumenten für Produkte mit einer bekannten Marke (zum Beispiel Coca -Cola, Mercedes oder Adidas) beruht zum Teil auf der Vermutung, dass hinter diesen Namen eine erprobte und hervorragende Qualität steht. Wer kann schon die Qualität eines neuen Produktes auf den ersten Blick beurteilen? Rationale Überlegungen hinsichtlich der Qualität einer Produktes sind allerdings weit weniger ausschlaggebend für die Kaufentscheidung als Emotionen. **Wir kaufen nicht das**

Ding an sich, sondern das Gefühl, das wir mit seinem Besitz verbinden. Benetton-Textilien zum Beispiel sind bei der Jugend beliebt, weil die Marke das Gefühl vermittelt, „in“ zu sein, dazuzugehören, international zu sein, einmalig zu sein, rebellisch zu sein ... Die provokante Werbung der Firma, etwa mit Bildern von Aidskranken oder Insassen amerikanischer Todeszellen, rührt genau an diesen Emotionen.

Die Menschen fühlen sich nicht nur zu Produkten mit einer Marke, sondern auch zu „markanten“ Personen hingezogen. Solche werden automatisch bevorzugt; sie genießen Vertrauen. Das kannst auch du dir zu Nutze machen. Mach es dir leichter - mach dir einen Namen. Dazu musst du keineswegs Millionen in Werbung investieren wie die großen Firmen. An deiner Marke kannst du täglich und stündlich arbeiten, wo immer du gerade gehst und stehst. Tom Peters, US- Trainer für Selbstmanagement, empfiehlt als Ausstattung für den Anfang bloß: ***„Leidenschaft, Entschlossenheit, ein paar Freunde ... und ein unbezähmbares Verlangen den nächsten, in der Regel winzig kleinen Schritt zu tun.“***

Wenn es dir gelingt, dich von der breiten Masse abzuheben, machst du dir einen Namen. Wenn du nun fragst, wie du es denn nun wohl anstellen könntest, dich abzuheben, um etwas Besonderes zu sein, sage ich dir: Du bist von Haus aus etwas Besonderes, denn du bist eine unverwechselbare Individualität. Dazu musst du nicht extra etwas tun. Keine zwei Menschen auf der Erde haben das gleiche Gesicht. Keine zwei unter all den Milliarden haben den gleichen Fingerabdruck. Mit einiger Achtsamkeit wirst du deine Einmaligkeit erkennen; du wirst deine unverwechselbaren Eigenheiten sehen können und du wirst verstehen, wie du sie zu deiner Marke machen kannst. Und das kann auch etwas durchaus Einfaches sein. Ein Hauswart namens Huber etwa mag bei allen Bewohnern seines Blockes als besonders hilfsbereit und ordentlich beliebt sein. Das genügt, ihn von der Masse der Hauswarte abzuheben und seinen Namen zu einer Marke zu machen: Er ist „der“ Hauswart Huber. Eine Kindergärtnerin mit Namen Erna könnte durch ihre besondere Gabe zum Märchenerzählen auffallen - das macht sie zu „der“ Tante Erna, deren Geschichten niemand vergisst.

Erforschen wir gemeinsam, was dein „brand", deine persönliche Note, sein könnte.

Beantworte die folgenden Fragen nach Art des Brainstorming; notiere ohne Bewertung und ohne Plan, so wie es dir eben in den Sinn kommt:

1. In welchen Bereichen hast du Eigenheiten und Besonderheiten, die nicht alltäglich sind? (Anregungen: Bekleidung; gut erzählen können; spezielles Fachwissen; ungewöhnliche künstlerische Begabung; außergewöhnliches Hobby; in deinem Arbeitsstil; im Umgang mit Freunden ...)

   ____

   ____

   ____

2. Wo und wie **zeigst** du deine Besonderheiten? In welchem Bereich hebst du dich von der Masse ab? Zeigst du Eigenheiten die anderen auffallen, auf die dich andere ansprechen, die dich für andere interessant machen? (Befrage dazu Freunde und Bekannte.)

   ____

   ____

   ____

3. Wie könntest du im Beruf deine Qualitäten und positiven Eigenheiten besser hervorheben?

   ____

   ____

   ____

4. Was ist dein Produkt? Womit kannst du Nutzen schaffen und dabei Spitzenleistungen erbringen? (Beispiele: in Teams moderieren; auf Kunden verständnisvoll eingehen; kenne mich besonders gut mit Kinderbüchern aus ...)

____

____

____

5. Wie kannst du im Privatleben mehr Profil zeigen und deine Persönlichkeit besser darstellen? (Anregung: Kommunikationsfähigkeit verbessern, charismatisches Auftreten, Eigenheiten nicht verbergen ...)

____

____

____

> "Als ich klein war, glaubte ich, Geld sei das wichtigste im Leben. Heute, da ich alt bin, weiß ich: Es stimmt."
>
> *Oscar Wilde*

Jeder ist sein eigenes Unternehmen

Ganz gleich ob du Hausfrau/-mann bist, ob du eine eigene Firma hast, angestellt bist oder ob du dich als Aussteiger auf einer Südseeinsel vergnügst: **Du bist (ob du willst oder nicht) ein kleines, zugleich aber das wichtigste Unternehmen auf dieser Erde.** Von morgens bis abends organisierst du dich selbst. Du entscheidest täglich, was du tust und unterlässt. Du bist immer wieder mit anderen Menschen verbunden und konfrontiert. Du entscheidest, wie du mit ihnen kommunizierst und wie du dich präsentierst. Du entscheidest, wie du dich verkaufst.

Ich lade dich ein, arbeite bewusst an deiner **„Ich-AG"** (der Begriff stammt von Tom Peters).
Welches Persönlichkeitsprofil könnte eine gute Selbst-Managerin haben? Welche allgemeinen Qualitäten sind gute Voraussetzungen für eine erfolgreiche Ich-AG? Dazu einige Anregungen aus Tom Peters' Buch „Selbstmanagement. Machen Sie aus sich eine Ich-AG" (gilt natürlich sinngemäß auch für Männer):

- Sie findet ihre Arbeit richtig toll!
- Ihre Arbeit ist nicht zu übersehen. (Das Establishment hat zu schlucken, ein bisschen wenigstens.)
- Sie ist eine Abenteuerin, hat etwas von einer Piratin.
- Sie ist exzentrisch (zumindest ein bisschen).
- Ihr Geschmack ist wählerisch, ihre Neugierde unersättlich.
- Sie lacht viel.
- Sie kennt und schätzt schräge, coole Typen.
- Sie findet Probleme so normal wie das Atmen.
- Sie verzichtet auf einen Prestigejob zugunsten einer Aufgabe, bei der sie etwas Neues lernen kann (das heißt: Sie träumt, isst und atmet Erneuerung.)
- Sie ist nicht Gott. Sie ist nicht Superwoman. Sie ist entschlossen mitzumischen!

Wir alle, und nicht nur die jungen Leute, müssen mit zunehmender Sicherheit damit rechnen, dass wir nicht nur den Arbeitgeber, sondern gleich unser gesamtes Betätigungsfeld mehrmals im Leben wechseln müssen. Peters schreibt in „Selbstmanagement": *„Ja ... die Bürorevolution ist endlich im Gang. Und ja, ich glaube, dass mindestens 90 Prozent der Büroarbeitsplätze verschwinden oder sich bis zur Unkenntlichkeit verändern werden. Innerhalb von 10 bis 15 Jahren."* Peters empfiehlt daher jedem, der in Zukunft weiterhin erfolgreich am Arbeitsmarkt bestehen will, den Aufbau seiner „Ich-AG".
Nicht nur Firmen, sondern auch deine „Ich-AG" benötigt dauerndes Reengineering und ständige Innovationen. Überdenke deine Lebensziele, lass nicht andere über deinen Weg entscheiden! Sag dir selbst, was für dich wichtig ist und lerne, es auch anderen zu sagen!

Wie starte ich durch?

Nachstehend einige Anregungen, wie du mit deiner „Ich-AG" besser durchstarten kannst:

1. Standortbestimmung

➢ Bestimme deinen persönlichen Standort. Wer bist du? Wer bist du nicht? Was ist dir wichtig? Was willst du sein?

____

____

____

➢ Wie wäre Arbeiten für dich sinnvoll und ideal? Was ist dein Traumarbeitsplatz, deine Traumtätigkeit?

____

____

____

➢ Mit welchen Eigenschaften könntest du dich besonders gut in einem Projektteam profilieren?

____

____

____

- Wo ist deine Nische? In welchen Bereichen kannst du etwas Besonderes leisten?

____

____

____

2. Verberge deine Spontaneität und deine Verrücktheiten nicht

Wer zu sehr angepasst ist und Angst hat aufzufallen, hat keine guten Chancen, seine persönliche Marke zu entwickeln. Fasse daher den Mut, positiv aufzufallen, sei es auch nur durch besondere Freundlichkeit oder durch deine Bereitschaft, deine Kollegen und Mitmenschen anzusprechen und sie zu fragen, was sie bewegt. Persönlichkeiten „mit Marke" haben etwas Besonderes, das sie von anderen abhebt. Zu ihnen geht man gern einkaufen, man schätzt sie als Kollegen, man anerkennt ihre Führungsqualitäten. Möglicherweise gibt es beispielsweise einen bestimmten Friseur, einen Tankwart, einen Buchverkäufer, den du bevorzugst. Vielleicht bist du gar bereit, einen Umweg zu machen, um seine Dienste in Anspruch zu nehmen, einfach weil du seine auffallende Freundlichkeit, das hervorragende Service, die spezielle Aufmerksamkeit schätzt, die er dir bietet ... Dieser Mann/diese Frau „hat Marke". Solche Menschen machen den gleichen Job wie tausend andere. Was sie unterscheidet, ist jedoch „das gewisse Etwas". Sie strahlen Energie aus und sie haben den Willen, positiv aufzufallen. Deshalb setzen sie sich bei jeder Arbeit, die sie angehen, durch und haben Erfolg. Diese Leute müssen sich keine Sorgen machen, nicht den richtigen Job zu finden.

> Mindestens 90 % aller Büroarbeitsplätze werden im nächsten Jahrzehnt völlig neu erfunden/ neu konzipiert werden.
>
> *Tom Peters, US-amerikanischer Management-Berater*

Wenn du keinen Spaß hast, so machst du etwas falsch.

Henry James, (1843 - 1916), US-amerikanischer Erzähler

Ich werde krank zu hören: „Ich will es ja, aber die andern lassen mich nicht". Mach dich zum Chef deines Lebens!

Tom Peters

3. Zeige deine Einmaligkeit - pflege deine Individualität!

Talente zu haben allein ist zu wenig. Wenn du sie nicht zu präsentieren verstehst, so wirst du wenig Beachtung finden. Das gilt nicht nur für Schauspieler und Künstler, sondern auch für dich, wenn du dich etwa in deiner Firma durchsetzen oder bei deinen Freunden Anerkennung finden willst. Zur Klarstellung sei noch angemerkt: Es geht nicht darum sich „lieb Kind" zu machen oder darum sich in den Vordergrund zu spielen. Was also ist der Sinn? **Das Leben wird für alle Menschen dynamischer, fröhlicher, bunter und interessanter, wenn jeder wie ein Schmetterling seine volle individuelle Pracht entfaltet.**

Wie sieht so eine Personalmarke aus? Denken wir an Niki Lauda und seine Schirmkappe, an Friedensreich Hundertwassers Bilder mit den fröhlich-bunten Spiralen oder an die angenehm dezente Art des Schauspielers Dustin Hoffman.

Ich leite gelegentlich Seminare in einem bekannten Kurort bei Wien. Abends pflege ich gerne ein bestimmtes Bierlokal im Zentrum aufzusuchen: die „Almkuchl". Hans, der Inhaber (man kennt ihn dort nur beim Vornamen), serviert selbst. Wann immer ich ihn sehe, trägt er eine kurze Trachtenlederhose und ein kariertes Hemd mit aufgekrempelten Ärmeln, dazu derbe Halbschuhe und gestrickte Strümpfe. Sein Gesicht ziert ein dicker, beidseitig aufgedrehter Schnauzbart. Er ist mit jedem Gast per du, spricht einen bodenständigen Dialekt, und er schmeißt den Laden scheinbar ohne Anstrengung, aber mit Kompetenz und Humor. Sein Auftreten und Aussehen sind zwar auffallend und außergewöhnlich, wirken aber keineswegs gekünstelt. Dieser Stil passt perfekt und harmonisch zu seiner Persönlichkeit und zu der Urtümlichkeit, die auch sein Lokal ausstrahlt. Er ist allseits beliebt und bekannt und sein Laden dementsprechend gut besucht. Hans hat meines Wissens nie Betriebswirtschaft studiert, und doch versteht er mehr von Marketing als so mancher „hochkarätige“ Manager. Seine Produktpalette ist einfach und klar: Man kann sein Speisenangebot an den fünf Fingern einer Hand abzählen. Er hat wenig Betriebsausgaben. Preise und Qualität stimmen. Der Umsatz ist konstant gut; in Relation zur beschränkten Anzahl der Sitzplätze gerechnet ist er sogar hervorragend. Das Branding von Hans ist vorbildhaft. Und das wichtigste: Wie sein Lokal den Gästen Freude bereitet, so die Gewinne dem Inhaber!

Das beste Produkt kann nicht verkauft werden, wenn die Verpackung nicht stimmt. Das gilt ebenso für eine einzelne Persönlichkeit. Doch die Verpackung sollte stets mit dem Inhalt übereinstimmen. Wenn jemand krampfhaft oder unnatürlich originell wirken will, macht er sich lächerlich. Eine Persönlichkeit wirkt nur dann eindrucksvoll, wenn sie authentisch ist. Wer seine Marke entwickeln will, muss daher zunächst einmal zu sich selbst finden, zu sich selbst stehen, **seinem eigenen Wesen entsprechen = wesentlich sein.**

Markenpersönlichkeiten sind keine Fähnchen, die sich nach dem Winde drehen. Sie versuchen auch nicht, andere zu kopieren. Von Vorbildern können wir zwar eine Menge lernen, doch zu Erfolg finden wir erst, wenn wir unseren ganz eigenen, unverwechselbaren Weg gehen. Steh zu deinen Eigenheiten. Sie sind kostbarer als du denkst. Verbirg deine Ecken und Kanten nicht, zeig deinen Humor, lebe deine Visionen. Entwickle deinen individuellen Stil und pflege ihn bei allem, was du tust. Das gilt für deine Kleidung, für deine Art zu sprechen, zu grüßen ... Es gilt für jeden Bereich deines Lebens und deiner Lebensart.

> Wer zu laut und zu oft seinen eigenen Namen kräht, erweckt den Verdacht, auf einem Misthaufen zu stehen.
>
> *Otto von Leixner, dt. Schriftsteller*

4. Mach dich unentbehrlich - bring mehr Nutzen!

Geben und Nehmen gleichen einander immer aus. Auf längere Sicht gesehen wirst du immer genau so viel von deiner Umgebung erhalten, wie du selbst gibst. Dieses Gesetz gilt für dich persönlich ebenso wie für jedes Unternehmen. Je mehr wir anderen Nutzen bringen, desto besser werden wir entlohnt werden, desto höher ist unser Gewinn.

Welcher Arbeitnehmer wird wohl eher Gefahr laufen, seinen Arbeitsplatz zu verlieren - derjenige, der sein Bestes gibt und stets aus eigenem Antrieb bestrebt ist, seine Leistung zu verbessern, oder derjenige, der gerade immer nur das tut, was von ihm gefordert wird?
Welcher Verkäufer wird auf längere Sicht mehr Erfolg haben - derjenige, der dem Kunden zuhört und auf dessen Zufriedenheit Wert legt, oder derjenige, der nur rasch seine Geschäfte zum Abschluss bringen will?
Welches Unternehmen wird bessere Marktchancen haben - das, welches durchschnittliche Produkte, durchschnittliche Beratung und durchschnittliches Service bietet, oder das, welches etwas mehr als üblich zu bieten hat?
(Schwierige Preisfragen! ☺)

> Wie du säst, so wirst du ernten.
>
> *Galater 6, 7*

Meine erste Ausbildungsstelle als Rechtsanwalt fand ich in einer Kleinstadt in der Weststeiermark. In Graz, wo ich studiert hatte, war es damals schwer, einen Ausbildungsplatz zu bekommen; außerdem war mir nahegelegt worden, bei einem „Landanwalt" zu beginnen, um zügig die ganze Palette der üblichen Rechtsfälle kennen zu lernen. Mein damaliger Chef, nennen wir ihn Dr. Kurz, war von kleiner Statur; er strotzte jedoch vor Energie und Durchschlagskraft. Er war im großen Umkreis berühmt und berüchtigt: berühmt durch seine Erfolge, berüchtigt durch seine Zornausbrüche. Immer wieder geschah es, dass er seine Klienten anbrüllte und aus seinem Büro warf (sie blieben ihm zumeist

dennoch treu). Die Kanzleileiterin bedurfte oft meines Trostes, wenn sie weinend an ihrem Schreibtisch saß, weil sie der Chef wieder einmal unsanft angesprochen hatte. Sie prophezeite mir gleich am ersten Tag, dass ich es in dieser Kanzlei nicht lange aushalten würde. Alle meine Vorgänger waren höchstens ein halbes Jahr geblieben, dann hatte sie entweder der Boss gefeuert, oder sie hatten selbst das Handtuch geworfen. Gleich nach meinem Einstand machte Dr. Kurz drei Wochen Ferien und überließ es mir, dem blutigen Anfänger, seine Kanzlei zu führen. Ich machte mich mit Elan an diese Aufgabe. Zwar schwitzte ich gelegentlich Blut und Wasser, weil ich keine Ahnung hatte, was hier wie und wo gespielt wurde, doch im kalten Wasser ließ es sich rasch schwimmen lernen.
Mein Ehrgeiz bestand darin - und diese Einstellung habe ich mir auch bei meinen späteren Arbeitsstellen während meiner Anwaltsausbildung beibehalten - mich durch Fleiß und Einsatz unentbehrlich zu machen, statt zuerst auf ein besonderes Gehalt zu schauen. Ich sagte mir, wenn ich dieses Ziel erst erreicht habe, werde ich auch entsprechende Ansprüche stellen können. Bald war es mir gelungen, eine erhebliche Wertschätzung von Dr. Kurz zu erringen. Allerdings ließ auch der erste gegen mich gerichtete Wutanfall meines Chefs nicht allzu lange auf sich warten (worauf ich innerlich bereits vorbereitet war). Ich blieb relativ ruhig, wartete, bis er mit seinem Ausbruch fertig war, und antwortete dann etwa so: „Herr Doktor, es ist nicht notwendig, dass Sie mich anbrüllen. Wenn sie an meiner Arbeitsleistung etwas auszusetzen haben, so können sie mir das auch in ruhigen Worten sagen. Ich weiß, dass ich ein Anfänger bin, doch ich bemühe mich darum, meine Sache so gut wie möglich zu machen. Wenn Sie mich nochmals so behandeln, würde ich daraus schließen, dass ich wohl nicht der richtige Mann für Sie bin." - Das Wunder geschah. Ab diesem Zeitpunkt hat mich Dr. Kurz stets respektvoll behandelt, und ich blieb eineinhalb Jahre. Dann kündigte ich, weil ich es für mich an der Zeit war, meine Ausbildung in einem anderen Büro fortzusetzen.

Bist du an deinem Arbeitsplatz unentbehrlich (Oder: Inwiefern könntest du es sein)?

Ich lade dich ein, schriftlich die folgenden Fragen zu beantworten:

1. Wie hebst du dich von Kollegen in deiner Firma oder in anderen Firmen ab, die ähnliche Aufgabenbereiche haben wie du?

   ____

   ____

   ____

2. Welche Anstrengungen hast du in den vergangenen drei Monaten unternommen, um deine Arbeitsleistung qualitativ zu verbessern?

   ____

   ____

   ____

3. In welchen Bereichen und wie könntest du deine besonderen Fähigkeiten und den Nutzen, den du bringst, steigern?

   ____

   ____

   ____

4. Wie können die Leistungen oder Produkte deiner Firma verbessert werden? Was kannst du dazu beitragen?

   ____

   ____

   ____

5. Wie kannst du dich fortbilden, um dein Image in der Firma zu verbessern? (Bücher, Seminare, Austausch mit Lehrern und Kollegen, Besuch von Messen)

   ____

   ____

   ____

5. Suche deine Nische - geh DEINEN Weg!

In den ersten Jahren meiner Praxis als Rechtsanwalt war ich sicher mit viel Elan und Fleiß bei der Sache. Doch ich war nur einer unter Vielen. Natürlich dachte ich daran, wie ich mein Geld leichter verdienen, sprich: wie ich mir einen Namen machen kann. Ich hatte unter anderem viel mit Ehescheidungen zu tun. Bei den Besprechungen mit den Klienten konnte ich immer wieder wahrnehmen, wie ahnungslos Eheleute oft sind, was ihre Aufgaben, Rechte und Pflichten in der Ehe anbelangt. „Darf ich den Partner aus der Ehewohnung aussperren, wenn er mir das Leben zur Hölle macht?" - „Darf ich einfach aus dem gemeinsamen Haus ausziehen, wenn es mir reicht?" - „Welchen Unterhaltsanspruch habe ich?" Diese und viele andere Fragen wurden an mich herangetragen. Nachdem ich feststellte, dass es zu jener Zeit keinen Ratgeber für solche Ehefragen gab, der sich auf österreichische Rechtsverhältnisse bezog, entschloss ich mich, ein Buch zu diesem Thema zu schreiben. Ich bemühte mich, die teilweise komplizierte Materie leicht verständlich aufzuarbeiten, sodass auch der Laie damit zurechtkommen konnte. Zugleich sollte das Thema so präzise dargestellt werden, dass das Buch auch für Fachleute als Quelle geeignet war. „Ehe und Scheidung auf Österreichisch" (herausgegeben vom Juridica/Manz-Verlag, Co-Autor E. Maurer, 5. Auflage 1999) wurde zu einem großen Erfolg. Mit einem Schlag war ich in Österreich „der" Scheidungsanwalt. Eheleute aus ganz Österreich und sogar österreichische Botschafter im Ausland suchten Rat in meiner Kanzlei. Jeder hat seine spezifische Aufgabe, seine Nische, seine Chance. Auch du! So ist es für jedes einzelne menschliche Individuum vom Schicksal vorgesehen. Erkenne deine Besonderheiten und deine Fähigkeiten. Blicke wach und aufmerksam um dich, erwecke deine Kreativität und auch du wirst erfolgreich sein. Wer allerdings mutlos und ohne Fantasie die ausgetrampelten Pfade dahintrottet, kann nicht damit rechnen, viel Freude und Erfolg zu ernten. Angst vor der Konkurrenz nicht zu bestehen, ist nur dort berechtigt, wo jemand nicht bereit ist, seinen persönlichen Stil zu leben. Konkurrenten gibt es nur dort, wo zwei versuchen, das Gleiche zu machen. Du bist einmalig! Für dich gibt es nur Mitbewerber, keine Konkurrenten. Das ist die gute

Nachricht: Wer authentisch lebt und wirkt, der wird immer seinen richtigen Platz in der Arbeitswelt und im privaten Leben finden.

> Machen Sie aus lausigen, kleinen Jobs hoffnungslos coole Projekte!
>
> *Tom Peters*

> Die meisten Menschen haben eine ausgeprägte Sehnsucht danach, etwas anderes zu machen, als das, was sie gut können.
>
> *Johannes Gross, deutscher Publizist, Herausgeber und TV-Moderator*

6. Gib dein Bestes oder lass es gleich ganz bleiben!

„Wenn du nicht 110 Prozent gibst, wirst du es nicht schaffen!" Was immer du unternimmst, mach daraus ein wildes Feuerwerk oder lass es gleich ganz bleiben! Nur so werden dir dein Leben und dein Beruf wirklich Spaß machen. Solange du keine gute Idee hast, etwas Neues zu beginnen, versuch erst einmal, aus deiner derzeitigen Aufgabe ein großartiges Projekt zu machen, DEIN Projekt! Überleg dir, was du an deinem derzeitigen Arbeitsplatz besser, neu, anders, spannender, lustvoller, interessanter machen kannst. Vielleicht stellt sich heraus, dass du ohnedies einen einmaligen, bestens auf dich zugeschnittenen Arbeitsplatz hast. **Möglicherweise warst bislang du selbst das Problem: zu wenig Begeisterung, zu wenig Ideen, zu wenig Einsatz.**

Beschaffe dir Fachliteratur, besuche Seminare, frage Freunde und Experten, was du besser machen kannst, wie du **deinen Job „neu erfinden"**, zu etwas Besonderem machen kannst.

Was für den Beruf gilt, sollten wir auch bei allen sonstigen Tätigkeiten und Herausforderungen beachten. Gib in deiner Familie, bei deinen Hobbys, bei allem, was du tust, 110 Prozent - und dein Leben wird sich radikal verändern. Und vergiss nicht: **110 Prozent geben heißt nicht, sich bis zum Umfallen zu verausgaben oder dem Freizeitstress zu verfallen, sondern: Ganz dabei zu sein.** Mit Fantasie, Leidenschaft und Genuss zu leben.

Eine Seminarteilnehmerin hat mir zu diesem Thema einmal entgegnet, es wäre doch ganz unmöglich, immer „Spitze“ zu sein. Sie hat recht, wenn wir „Spitze“ oder „Höchstleistung“ als objektiven Maßstab ansehen. Es geht nicht darum, im Vergleich zu andern der Beste zu sein, sondern einfach nur darum, zu jedem Zeitpunkt das Beste zu geben, das uns zu geben möglich ist. Das sind wir uns selbst schuldig und sonst niemandem. Es schafft nicht nur Nutzen und Freude für die anderen, sondern zugleich Befriedigung und Wohlbefinden für uns selbst.

Jeder einzelne Moment ist das Ziel.

Bhagwan Shree Rajneesch, (1931- 1990)
indischer Philosoph

7. Deine Zeit ist so kostbar wie dein Blut

Jede Minute deines Lebens ist so kostbar wie ein Tropfen deines Blutes. Wenn du sie nicht bis zur Neige gelebt hast, ist sie nutzlos verstrichen. Vergeude deshalb keine Minute. Dazu musst du keineswegs ständig in aufgedrehter, hektischer Aktion sein. Du kannst deine Zeit auch auf wunderbare Weise nutzen, indem du meditierst, nichts tust, einfach nur bist. Worauf es ankommt, ist, dass du bei allem, was du tust, vollkommen präsent bist. **„Be happy, be present.“** „Lebe so bewusst, als hättest du nur noch sechs Monate Lebenszeit vor dir!“ Das ist eine hervorragende Empfehlung. Tatsächlich könnte jeder Tag dein letzter sein. Daher solltest du allzeit für die Frage bereit sein: „Was habe ich aus meinem Leben gemacht? Wie habe ich die Zeit verwendet, die mir hier auf Erden geschenkt wurde?“
Um bewusst zu leben, sollten wir uns immer wieder die Frage stellen: „Was will ich vom Leben? Welche Lebensbereiche sind mir wichtig?“ Ich komme zurück auf das Leitthema dieses Buches: **Lust & Arbeit & Zen** = Erfolg. Ich für mein Teil fühle mich nur wohl, wenn mein Leben (Privatleben, Familie, Sport), mein Beruf und mein Innenleben (Achtsamkeit, Beschaulichkeit, Meditation) in einem ausgewogenen

Verhältnis zueinander stehen. Darüber hinaus bin ich davon überzeugt, dass diese Mischung auch entscheidend ist für das Gefühl, mit meiner Zeit sinnvoll zu umzugehen. Wie schon gesagt: Erfolg besteht nicht nur darin, viel Geld zu verdienen, sondern es gehört auch dazu, das verdiente Geld sinnvoll auszugeben, genügend freie Zeit zu haben, Zeit für Beziehungen, Zeit für Sport und Reisen, Zeit für mich selbst. Wenn eine Balance zwischen Leben, Arbeit und Zen besteht, so ergänzen und befruchten sich diese Bereiche auf wundersame Weise.
Es gibt reichlich Alternativen dafür, sich zu Tode zu sorgen, zu Tode zu arbeiten oder zu Tode zu langweilen. Selbstmanagement macht dich erfolgreicher. Gute Gesundheit, Sport und genügend Sauerstoff in den Gehirnzellen machen dich robuster und deine Arbeit effizienter. Zen stärkt deine Konzentrationsfähigkeit, dein Einfühlungsvermögen und deine Intuition. So erreichst du **mit weniger Arbeit mehr Erfolg**. Du wirst fähig, besser zu delegieren, also die richtigen Mitarbeiter für besondere Aufgaben einzusetzen. Wenn du deine Intuition schärfst, werden dir wie von selbst innovative Ideen zufließen, die dir und deinem Betrieb Vorteile verschaffen. Mit guter Intuition wirst du weniger Fehler und Umwege machen. Und schließlich wirst du lernen in Harmonie mit dir und deiner Zeit zu sein.

> Es ist nicht wenig Zeit, die wir haben, sondern es ist die viele, die wir nicht nützen.
>
> *Lucius Seneca*

> Gewöhnliche Menschen denken nur daran, wie sie ihre Zeit verbringen. Ein intelligenter Mensch versucht sie zu nützen.
>
> *Arthur Schopenhauer*

> Nichts ist auf dieser Erde gerechter verteilt als die Zeit. Jedem stehen täglich 24 Stunden zur Verfügung.
>
> *Sprichwort*

Viele Menschen jammern, sie hätten keine Zeit. **Wie das Sprichwort sagt, ist nichts gerechter verteilt als die Zeit.** Sie ist kostenlos, und jeder einzelne, ohne Ausnahme, erhält davon täglich 24 Stunden zur freien Verfügung.
Wenn du auch zu denen gehörst, die ständig zu wenig Zeit haben, dann lade ich dich ein, einmal genau hinzuschauen: Wer oder was raubt dir die Zeit? Hat bei dir ein Zeitdieb freien Zugang? Oder gar mehrere? ☺
Mit dem folgenden kleinen Test kannst du Zeitdiebe entlarven.

1. Willst du stets für jeden verfügbar sein?
   Nein ☐ Ja ☐
2. Kannst du unangemeldeten Besuchern (Kollegen, Kunden, Lieferanten) höflich sagen, du hättest jetzt keine Zeit für sie?
   Nein ☐ Ja ☐
3. Sind deine Mitarbeiter schlecht ausgebildet oder unfähig, selbstständig ihre Aufgaben zu verrichten?
   Nein ☐ Ja ☐
4. Nimmst du an Besprechungen teil, die schlecht vorbereitet sind und stümperhaft durchgeführt werden?
   Nein ☐ Ja ☐
5. Lässt du dich durch jeden Telefonanruf bei deiner Arbeit unterbrechen?
   Nein ☐ Ja ☐
6. Fällt es dir schwer, „nein“ zu sagen?
   Nein ☐ Ja ☐
7. Herrscht an deinem Arbeitsplatz permanent Unordnung?
   Nein ☐ Ja ☐
8. Hast du Schwierigkeiten, Aufgaben zu delegieren?
   Nein ☐ Ja ☐
9. Fühlst du dich an deinem Arbeitsplatz unersetzbar?
   Nein ☐ Ja ☐

10. Willst du supergenau und perfekt sein?
Nein ☐ Ja ☐

11. Schiebst du gerne Erledigungen und Entscheidungen vor dir her?
Nein ☐ Ja ☐

12. Hast du Probleme damit, deine täglichen Aufgaben gut einzuteilen und zu planen?
Nein ☐ Ja ☐

13. Hast du wenig Zeit für deine Familie und für dich selbst?
Nein ☐ Ja ☐

14. Nimmst du dir selten Zeit, dich auf das Wesentliche in deinem Leben zu besinnen?
Nein ☐ Ja ☐

15. Hältst du selten inne, um dich zu entspannen und um zu dir selbst zu kommen?
Nein ☐ Ja ☐

Testauswertung:

Mehr als 9-mal Ja:
Du solltest dich nicht wundern, wenn du unter Stress und Zeitdruck stehst. Es empfiehlt sich dringend, deine Einstellung zur Arbeit und zu dir selbst ehestens einer gründlichen Überprüfung zu unterziehen. Was haltest du vom Besuch eines Zeitmanagementseminars?

Mehr als 5-mal Ja:
Was Zeitvergeudung anbelangt, liegst du im guten Mittelfeld. Es laufen noch genug Zeitdiebe in deiner Umgebung herum, die du unschädlich machen könntest.

Mehr als 2-mal Ja:
Ein sehr gutes Ergebnis. Dein Bewusstsein für Zeitnutzung ist aber immer noch steigerungsfähig. Was wäre mit regelmäßigen Besinnungspausen?

0- bis 2-mal Ja:
Ich gratuliere! Du nutzt deine Zeit optimal.

Gesundheit - Quelle der Lust und Quelle des Erfolgs

Zeige mir eine Frau, die aus gesundheitlichen Gründen schlank sein möchte, und ich zeige dir einen Mann, der den Playboy nur wegen der Inserate liest.

Ellen Goodman, US-amerikanische Kolumnistin

Der Mann, der zu beschäftigt ist, sich um seine Gesundheit zu kümmern, ist wie ein Handwerker, der keine Zeit hat, seine Werkzeuge zu pflegen.

Sprichwort aus Spanien

In die Ordination eines Arztes kommt ein Mann mittleren Alters und sagt:

„Doktor, was muss ich tun, um hundert Jahre alt zu werden?“
„Nun, Sie sollten wenig Fleisch essen.“
„Ist für mich kein Problem. Ich lebe streng vegetarisch!“
„Sie sollten nur mäßig Alkohol trinken.“
„Ich bin strikter Antialkoholiker!“
„Und dann wäre es vielleicht gut, wenn Sie kein allzu ausschweifendes Sexualleben führen ...“
„Mit Frauen und Sexualität will ich ohnedies nichts zu tun haben, das bringt nur Aufregung und Ärger mit sich.“
„So, so. Jetzt habe ich mal eine Frage an Sie: Wozu wollen Sie eigentlich hundert Jahre alt werden?“

Stubenhocker

Alteingesessene Stubenhocker sind irritiert: Neuerdings treibt eine neue, äußerst beunruhigende Spezies in aller Öffentlichkeit ihr Unwesen. Diese eigentümlichen Gesellen rennen, radeln, rollern durchs Gelände, schwitzen und quälen sich in Fitnesscentern, knabbern Karotten statt Kartoffelchips und schwärmen von ihrem Ruhepuls und den Lustgefühlen, die ihnen irgendwelche körpereigenen Hormone bereiten. Wie kann man sich - als aufrechter Genießer - gegen solche Unruhestifter erfolgreich zur Wehr setzen? Falls dich einer dieser Gesundheitsapostel gar zum Mitmachen auffordern sollte: Hier sind einige Argumente, die du ihm entgegenschleudern kannst, um einen solchen Übergriff abzuwehren.

- Ich will sowieso nicht alt werden.
- Irgendwann sterben wir alle.
- Ohne Genuss ist das Leben nichts wert.
- Essen und Trinken hält Leib und Seele zusammen.
- Ich habe eine Veranlagung für Übergewicht. Das liegt an meinen Genen.
- Ich esse ja selbst fast nichts, ich werde schon vom Zuschauen dick.
- Ich bin das Opfer meiner Umwelt.
- Ich kann nichts dafür. Ich bin da so hineingeschlittert.
- Sport ist Mord.
- Sport ist gefährlich, da passieren so viele Unfälle.
- Alkohol tötet die Bazillen.
- Schnaps nach dem Essen fördert die Verdauung.
- Mein Großvater hat 40 Zigaretten pro Tag geraucht und ist achtzig Jahre alt geworden.
- Ohne Rauchen habe ich keinen Stuhlgang.
- Wenn ich nicht rauche, werde ich dick.
- Ich habe schon öfter versucht, mit dem Rauchen aufzuhören. Aber es funktioniert nicht.
- Enthaltsamkeit ist spießig.
- Ich habe mein Recht auf eigene Erfahrung.
- Ich habe einen guten Arzt, und die Behandlungen zahlt sowieso die Krankenkasse.

Tu Deinem Leib Gutes, damit Deine Seele Lust hat, darin zu wohnen.

Theresia von Avila (1515-1582), spanische Mystikerin

In der ersten Hälfte unseres Lebens opfern wir unsere Gesundheit, um Geld zu erwerben, in der zweiten Hälfte opfern wir unser Geld, um die Gesundheit wiederzuerlangen.

Voltaire, (1694 - 1778), französischer Philosoph

Glückshormone

Bedeuten Sport und Fitness wirklich Verzicht auf Lust und Genuss? Sind Marathonläufer und Gesundheitsapostel verrückte Asketen? Die in diesem Buch mehrmals erwähnte Glücksforschung vertritt die Ansicht, dass glückliche Menschen in der Regel sportlich sind. Nach Prof. David Myers werden ***„Niedergeschlagenheit, Leeregefühl, Konzentrationsstörungen durch Bewegung beiseite gefegt."*** Denn *„Ausdauersportarten aktivieren Endorphine, das sind körpereigene Glücksstoffe. Die erhöhte Sauerstoffzufuhr sorgt für eine bessere Ausnutzung der Gehirnkapazität. Außerdem werden beim Schwitzen depressionsfördernde Substanzen ausgeschieden. Und nicht zuletzt stärkt ein schlanker und durchtrainierter Körper ganz erheblich das Selbstbewusstsein."* Dieser Effekt wird nunmehr auch in der Therapie von Depressionen eingesetzt. James Blumenthal vom Medical Center der Duke Universität in Durham berichtet über erstaunliche Erfolge, wenn depressive Patienten dreimal pro Woche jeweils eine Dreiviertelstunde lang joggen oder flott marschieren. Auch die Rückfallquote bei diesen Patienten ist - wenn sie das Training beibehalten - wesentlich geringer im Vergleich zu anderen, die sich nicht körperlich betätigen.

Ein bekanntes Sprichwort lautet: „Gesundheit ist nicht alles, doch ohne Gesundheit ist alles nichts!" Für mich ist der Anfang von Erfolg im Leben und im Beruf ein Körper, der so gesund wie möglich ist. Je gesünder wir sind, je besser unser Organismus funktioniert, desto verlässlicher funktioniert auch unser Gefühlsleben. Die schönsten Gefühle entspringen nicht aus dem Übermaß, sondern eher aus maßvollem Verzicht. Verzicht ist für uns, die wir in der „Wohlstandszone" der Erde leben, keine häufige Erfahrung - aber vielleicht hast du schon einmal eine Bergtour gemacht und zu wenig Proviant mitgenommen, oder du hast dich einer Fastenkur unterzogen; dann weißt du, wie es ist, einmal so richtig hungrig und durstig zu sein und dann einen Apfel zu essen, ein Glas Wasser zu trinken ... köstlich! Kein Haubenkoch der Welt kann eine Speise so wohlschmeckend zubereiten. Du siehst: Prassen und Schlemmen haben wenig mit wirklichem Genuss zu tun.

> Im Maße liegt die Ordnung. Jedes Zuviel oder Zuwenig setzt anstelle von Gesundheit die Krankheit.
>
> *Sebastian Kneipp, (1821 - 1897), evangelischer Pastor und Naturheilkundler*

Motor ohne Service

Eigentlich bedarf es keiner besonderen Ausführung, dass ein schwacher, kranker Körper unser Wohlbefinden beeinträchtigt. Jeder kennt Kopfschmerzen, Grippe, Übelkeit ... Wenn der Körper in Unordnung ist, fühlen wir uns nicht nur elend, sondern wir sind in unserer Leistungsfähigkeit reduziert. Dies gilt auch hinsichtlich unserer Denkfähigkeit und unserer Intuition. Doch der Mensch ist ein „Gewohnheitstier". Er kann sich an jede Beeinträchtigung gewöhnen und merkt mit der Zeit gar nicht mehr, dass er in seiner Vitalität eingeschränkt ist. Wer die erste Zigarette seines Lebens raucht und den Rauch kräftig inhaliert, dem wird sofort übel, und er wird ein heftiges Schwindelgefühl verspüren. Doch je länger und je mehr jemand geraucht hat, desto weniger wird er die Wirkung des Giftes wahrnehmen, obwohl diese sogar mit jeder weiteren Zigarette zunimmt! Man konnte medizinisch nachweisen, dass eine einzige Zigarette sechs Stunden lang die Sauerstoffaufnahme der Körperzellen vermindert. Jede Zigarette senkt also die körperliche und geistige Leistungsfähigkeit.

Das Nachlassen der **physischen** Funktionen ist ein schleichender Vorgang. Je weniger wir uns körperlich fordern, etwa durch Sport, desto weniger bemerken wir diese Beeinträchtigung. Wir erkennen sie erst, wenn zum Beispiel der Lift ausgefallen ist und wir drei Stockwerke zu Fuß bewältigen müssen.

Die Minderung der **geistigen** Leistungsfähigkeit unmittelbar wahrzunehmen ist noch schwieriger, aber sie ist absolut nicht zu leugnen. Eine Testserie des Washington-College im Bundesstaat Maryland hat beispielsweise nachgewiesen, dass durch Rauchen das Erinnerungsvermögen, das Unterscheidungsvermögen und die Belastbarkeit in Stresssituationen erheblich eingeschränkt wird.

> Ein leidenschaftlicher Raucher, der immer von der Gefahr des Rauchens für die Gesundheit liest, hört in den meisten Fällen auf zu lesen.
>
> *Winston Churchill*

Unser Körper ist in mancher Hinsicht einem Auto vergleichbar. Wenn du dein Auto mit minderwertigem Kraftstoff versorgst und das Motoröl nicht regelmäßig erneuerst, wird es nicht sofort außer Funktion treten. Es kann noch einige tausend Kilometer ganz gut fahren. Die übermäßigen Verschleißerscheinungen äußern sich schleichend: Zuerst hörst du vielleicht ein etwas lauteres Motorengeräusch, oder die Ventile beginnen zu klappern. Nun, daran kann man sich gewöhnen. Der Motor ist ohne Zweifel nicht mehr so spritzig, wie er einmal war: Auch daran gewöhnst du dich. Eines Tages allerdings wirst du, womöglich mitten auf der Autobahn, ein ziemlich hässliches Geräusch vernehmen, und dein Auto wird am Bauch liegen bleiben. ☺ - So ähnlich geht es mit unserem Körper. Man kann lange Missbrauch mit ihm treiben, ohne dass die Alarmglocken läuten. Aber eines Tages kommt der Herzinfarkt, oder der Kreislauf versagt, oder Freund Krebs klopft an die Tür, oder die Blutzuckerwerte verschlechtern sich dramatisch ...

> Eine gesunde Verdorbenheit ist besser als eine verdorbene Gesundheit.
>
> *Aus einem Ärztekalender*

Gesundheitsapostel

Manchmal höre mir gegenüber die abschätzige Bezeichnung „Gesundheitsapostel". Das klingt ein wenig nach „Asket", „Spießer", „Lustverweigerer" ... Tatsächlich lebe ich ziemlich gesundheitsbewusst. Ich esse fast kein Fleisch, liebe Obst und Salate und betreibe regelmäßig Sport. Ich nähere mich meinem sechzigsten Geburtstag, und ich bin nichtsdestoweniger heute gesünder und leistungsfähiger, als ich es mit dreißig war. Kürzlich wurde ich gefragt, ob ich denn gesund sterben wolle. Ich gab darauf zur Antwort: „Ja, das will ich!" Mir geht es nicht darum, besonders alt zu werden. Ich will ich mich möglichst gesund fühlen, solange ich lebe. **Ich will nicht mehr Jahre in mein Leben bringen, sondern mehr Leben in meine Jahre**. Ich gehe regelmäßig laufen, genieße die Natur auf Bergwanderungen und langen Radtouren, und wo immer es geht, springe ich ins Wasser, um ein paar Runden zu schwimmen. Im Beruf fühle ich mich jung und leistungsstark; und ich habe durchaus nicht das Gefühl, mich in irgendeiner Weise kasteien oder auf besondere Genüsse zu verzichten. Hin und wieder nehme ich gerne Fisch zu mir, und ein Glas Wein weiß ich auch zu schätzen. Ein siebengängiges Luxusmenü in einem exquisiten Restaurant in netter Gesellschaft kann ein besonderes Erlebnis sein, doch eine einfache Mahlzeit mit Kartoffeln und Salat ist für mich ebenso schön.

"Was ist Ihnen lieber: Mit zweiundsiebzig auf dem Golfplatz den Sekundentod zu sterben oder bis neunundsiebzig in einem Altenheim dahinzusiechen?"

Prof. Richard Rost, Sportmediziner

Um meine Gesundheit war es durchaus nicht immer zum Besten bestellt. Vor Jahren, in einer Phase hoher beruflicher Belastung, gepaart mit ungesunder Lebensweise, stellten sich bei mir anhaltende heftige Kreislauf- und Herzrhythmusbeschwerden ein. Bei jeder kleinen Anstrengung begann mein Herz wie wild zu rasen. Anfangs versuchte ich mit verschiedenen Medikamenten, die mir der Hausarzt verschrieben hatte, den Störungen beizukommen. Als die nicht halfen, suchte ich einen Spezialisten auf. Dieser erklärte mir, ich hätte einen erheblichen Herzschaden. Ich dürfe in Hinkunft keinen anstrengenden Sport betreiben und müsse bis an mein Lebensende ständig Medikamente einnehmen ...

Als ich das hörte, machte es in meinem Verstand „klick“, als hätte man einen Schalter umgelegt. Das konnte es ja nun wirklich nicht sein. Ich verzichtete auf die weiteren Untersuchungen, die mir der Arzt empfohlen hatte, und beschloss, meine Gesundheit selbst in die Hand zu nehmen. In der Folge versorgte ich mich mit unzähligen Büchern über Ernährung und gesunde Lebensweise und besuchte einschlägige Seminare. Ich setzte alle Medikamente ab und stellte meine Ernährung um. Behutsam, aber regelmäßig begann ich mit Laufen und Radfahren. Seit damals habe ich, vom Zahnarzt abgesehen, die Hilfe keines einzigen Mediziners mehr in Anspruch genommen. Binnen kurzer Zeit lösten sich meine Beschwerden in Wohlgefallen auf. Heute mache ich Radtouren mit Tagesetappen bis zu 140 Kilometern und stürme mit Lust auf die heimischen Berggipfel.

Die Umstellung meiner Ernährungs- und Lebensgewohnheiten fiel mir nicht schwer. Ich hielt mich ganz einfach, und ohne mich dabei unter Druck zu setzen, an das Prinzip: **„Ersetze den Genuss ungesunder Nahrungsmittel durch den Genuss gesünderer. Ersetze die Lust an einseitigen oder ungesunden Freizeitaktivitäten durch Freude an gesünderen.“**

Der Arzt versteht im besten Fall etwas von Krankheit, aber nichts von Gesundheit. Er ist ja mit normalen, gesunden Menschen fast nicht mehr in Berührung.

Prentice Mulford, (1834 – 1891), US-Journalist, Goldgräber und Warenhausbesitzer

Tiefere Medikamentenpreise hätten verheerende Auswirkungen auf die Volksgesundheit

*Dr. Gerhard Kocher (*1939), Schweizer Politologe und Gesundheitsökonom*

Verantwortung für die Gesundheit

Viele Menschen gehen regelmäßig zum Arzt und in die Apotheke. Das mag von einem gewissen Nutzen sein, wenn du krank bist, denn die moderne Schulmedizin weiß enorm viel über Krankheiten. Und die Pharmaindustrie hat unglaublich wirksame Medikamente entwickelt (die allerdings auch alle äußerst unerfreuliche Nebenwirkungen haben...). Doch solltest du eins im Auge behalten: **Du magst die Ärzte mit deinen Krankheiten befassen; für deine Gesundheit bist du allein verantwortlich!** Die meisten Ärzte verstehen etwas von Krankheit, aber wenig von Gesundheit. Ärzte rauchen im Schnitt nicht weniger, sind nicht weniger übergewichtig und machen nicht mehr Bewegung als der Durchschnitt der Bevölkerung. So ist es nicht verwunderlich, dass sie selten ein wirkliches Verständnis für gesundes Leben aufbringen. Die hochwirksamen Produkte der Pharmazie lassen zudem meist nur die Symptome von Krankheiten verschwinden, nicht aber deren Ursachen. Die moderne Medizin hat die durchschnittliche Lebenserwartung der Menschen enorm angehoben. Die Leistungen der Chirurgie, vor allem bei der Behandlung von Unfallfolgen und Gefäßerkrankungen sowie bei Organtransplantationen, sind beeindruckend. Dennoch nimmt die Gesundheit der Bevölkerung in den Wohlstandsländern konstant ab. Die sogenannten „Wohlstandskrankheiten" - Krebs, Diabetes, Allergien, Herz- und Kreislauferkrankungen - füllen die Ordinationen der Ärzte

und die Betten der Spitäler. Die Kosten, die daraus entstehen, lassen die Budgets der Sozialversicherungen explodieren.
Es bleibt dabei: nicht die Ärzte sind für deine Gesundheit verantwortlich, sondern du selbst. Mit vernünftiger, genussvoller Ernährung, ausreichender, lustvoller Bewegung und Freude am Leben sparst du eine Menge Zeit, Geld und hast mehr Energie für ein erfülltes Sein.

> Was bringt den Doktor um sein Brot?
> A: die Gesundheit, B: der Tod.
> Darum hält der Arzt, auf dass er lebe,
> uns zwischen beiden in der Schwebe.
>
> *Eugen Roth (1895-1976), deutscher Humorist*

Immer wieder höre ich den Einwand, dass auch gesunde Lebensweise nicht gegen Krankheiten schützt. Das stimmt natürlich in gewissem Maße. Kein vernünftiger Mensch kann jedoch bestreiten, dass Übergewicht, Rauchen, Alkoholmissbrauch, Medikamentenmissbrauch und mangelnde Bewegung das Entstehen von Krankheiten enorm fördert. So haben Raucher ein 500 mal größeres Herzinfarktrisiko zu tragen als Nichtraucher! Es mag schon sein, dass so manche Erkrankung auf Ursachen zurückgeht, die nicht mit ungesunder Lebensweise zu tun haben: genetische Veranlagung, Unfall ... Doch es fällt auf, dass gerade die Erbanlagen immer wieder gerne als Rechtfertigung dafür herangezogen werden, sich gehen zu lassen. Sollte eine Neigung zu bestimmten Krankheiten nicht erst recht als Aufforderung verstanden werden, auf die Gesundheit zu achten?
Der „Fitness-Boom" der letzten Jahre ist sicherlich eine höchst erfreuliche Zeiterscheinung; Jogging, Radfahren, Skating sind gesellschaftsfähig geworden, und die Fitnessstudios wachsen aus dem Boden wie die Pilze. Doch das soll nicht darüber hinwegtäuschen, dass intensive Bewegung immer noch ein Programm für Minderheiten ist! Nur jeder zehnte Erwachsene zwischen 35 bis 60 betreibt in Deutschland wenigstens zwei Stunden pro Woche moderat Sport. In der Gruppe der über Fünfzigjährigen sind es sogar weniger als fünf Prozent. (Quelle: Klaus Bös, Sportuniversität Karlsruhe)

Richtige Ernährung verschafft Lust und Energie

Dieses Buch ist nicht als Ernährungs- oder Gesundheitsbuch gedacht. Ich werde mich daher nicht wirklich breit mit diesen Themen auseinandersetzen. Doch ist körperliche Gesundheit von derart entscheidender Bedeutung für Lust und Erfolg im Leben, dass es sich lohnt, der Gesundheit etwas Aufmerksamkeit zu widmen. Dazu soll dieses Kapitel anregen.

Nachstehend will ich ein paar Tipps geben, wie du deine Gesundheit erheblich steigern kannst.

Ich bin kein Arzt und kann deshalb keine ärztlichen Ratschläge geben. Wenn du krank bist, solltest du einen Experten aufsuchen, am besten gleich mehrere. Möglicherweise sagt jeder von ihnen etwas anderes ... und das ist gut so. Dann bist du nämlich aufgerufen, selbst zu entscheiden - und selbst Verantwortung für deine Gesundheit zu übernehmen.

Ich habe lange Zeit intensiv mit einem Ernährungswissenschaftler und Krebsforscher zusammengearbeitet. Zudem habe ich zahlreiche Ernährungsmethoden - es gibt Dutzende davon - studiert und sie in monatelangen Selbstversuchen ausprobiert. Jede empfiehlt etwas anderes, und zum Teil widersprechen sie einander heftig. Die Makrobiotik etwa empfiehlt, die Speisen intensiv zu kochen bzw. zu braten, um sie mit Energie aufzuladen. Die Rohkost hingegen verwirft das Erhitzen von Speisen vollständig. Die einen schreiben strikt vegetarische Ernährung vor, die anderen empfehlen, sich möglichst ohne Kohlehydrate, nur von Fleisch und Salat zu ernähren. Die Trennkost sagt, man soll keine kohlehydratreiche Speisen zugleich mit stark eiweißhaltigen zu sich nehmen.

Wenn sich nun selbst die Experten untereinander so uneinig sind, was für uns die richtige Ernährung darstellt, liegt der Verdacht nahe, dass es gar kein allgemeingültiges Rezept gibt. Bei den meisten Tieren ist das anders. Jede Kuh ist eindeutig darauf programmiert, nur das zu fressen, was auf Wiesen wächst. Gibst du der Kuh (zum Beispiel um mehr Profit herauszuschlagen) Tiermehl ins Fressen, kann sie an Rinderwahnsinn erkranken. Das haben die Tierzüchter aus den Epidemien der letzten Jahre (hoffentlich) gelernt. Menschen hingegen verfügen über die

Möglichkeit und die Freiheit, ihr Leben selbst zu gestalten - auch was ihre Ernährung betrifft. Jeder Mensch ist ein einmaliges Individuum und deshalb ist für jeden Menschen etwas anderes „richtig". Deshalb sollte jeder Mensch selbst erkennen und entscheiden, welche Nahrung und welche Lebensweise für ihn gesund ist.

> Man kann die Erkenntnisse der Medizin auf eine knappe Formel bringen: Wasser, mäßig genossen, ist unschädlich
>
> *Mark Twain*

Zen und Ernährung

Wie kann der Mensch nun erkennen, welche Nahrung für ihn „die richtige" ist? Du kannst deine Individualität nur dann harmonisch entfalten, wenn du aufmerksam und wach in dich hineinhörst - womit wir wieder bei Zen sind. Mach Experimente mit deiner Ernährung. Verlasse deine alten Essgewohnheiten und probiere Neues aus. Finde heraus, was dir gut tut. Informiere dich aus guten Ratgebern über Ernährung und Gesundheit; begeistere dich dafür. Die nachstehenden Anregungen könnten den ersten Schritt in diese Richtung ein wenig erleichtern.

Auch wenn für jedes menschliche Individuum eine andere Ernährung richtig und wichtig sein mag, gibt es doch biologische Gesetze; allgemeingültige Grundsätze, die auch für dich eine Leitlinie abgeben können.

Rudolf Steiner, der Begründer der Anthroposophie und der Waldorfschule betonte: ***„Der Mensch ist, was er isst!"*** Er wies darauf hin, dass jedes Nahrungsmittel nicht nur Auswirkungen auf den Körper, sondern auch auf die Psyche und den Charakter des Menschen hat. Besonders augenfällig ist das bei alkoholhaltigen Getränken, die enthemmen und (scheinbar) heiter machen. - Manche Heilpflanzen beruhigen oder stärken die Nerven, was sich die Pharmazie zu Nutze macht. - Hafer macht nicht nur Pferde feurig, sondern belebt auch die Aktivität des

Menschen. - Fleischkonsum dämpft das Gemüt und verursacht eine gewisse Schwere. Rein pflanzliche Nahrung hingegen vermittelt ein Gefühl von Leichtigkeit.

> Mir riet ein Arzt: „Essen Sie Fleisch, sonst müssen Sie sterben!" Ich tat keines von beiden.
>
> *George Bernard Shaw*

Bevorzuge vegetarische Kost!

Vieles spricht für vorwiegend pflanzliche Kost:

- Die Fleischverdauung ist besonders energieaufwendig. Der Verdauungszyklus (inklusive Verweildauer der Nahrung im Darm) dauert ungefähr doppelt so lange wie bei pflanzlicher Ernährung.
- Der wichtigste Brennstoff- (Energie-) Lieferant sind Kohlehydrate. Fleisch enthält fast keine Kohlehydrate.
- Fleisch enthält fast keine Ballaststoffe. Diese sind jedoch für den Verdauungsvorgang unerlässlich.
- Fleisch (und vor allem der Fettgehalt im Fleisch) fördert Übergewicht.
- Eiweißüberschuss führt zu Ablagerungen in den Körperzellen, insbesondere in den Blutgefäßen.
- Bei der Fleischverdauung entsteht Harnsäure, die den Körper (insbesondere die Nieren) belastet. Ablagerung von Harnsäure in den Gelenken führt zu Rheuma und Gicht.
- Durch den Verzehr von konzentrierter Eiweißnahrung werden Herzerkrankungen, Bluthochdruck, Krebs, Arthritis, Osteoporose, Gicht, Magengeschwüre und vieles mehr begünstigt.

Auch hinsichtlich fleischlicher Kost sollte jeder für sich herausfinden, was für ihn das Richtige ist. Kleine Mengen von Fleisch, gelegentlich genossen, sind für manche Menschen durchaus empfehlenswert. Wer Fleisch isst, sollte darauf achten die besonders fett- und purinhaltigen Sorten von Schwein und Rind zu meiden und statt dessen eher weißes Fleisch (Geflügel, Kalb, Kaninchen) und Wild zu verzehren.

1. *Irrtum:*

Der Mensch benötigt tierisches Eiweiß, um den Eiweißbedarf des Körpers vollständig abzudecken ...

Proteine sind aus Aminosäuren zusammengesetzt. Acht dieser etwa zwanzig verschiedenen Aminosäuren kann der menschliche Körper nicht aus eigener Kraft erzeugen. Sie müssen daher dem Körper zugeführt werden. Dies wird jedoch auch durch eine ausgewogene pflanzliche Kost (insbesondere wenn sie durch Milch- und Fischprodukte ergänzt wird) gewährleistet.

In jeder Nahrungspflanze, auch im Obst ist Eiweiß enthalten. Außerdem gibt es genügend Pflanzen mit hochwertigen konzentrierten Eiweißstoffen, wie Linsen, Erbsen, Bohnen und Soja. Gemeinsam mit Milchprodukten garantieren diese eine ausreichende Versorgung des menschlichen Körpers mit Eiweiß. Das beweisen viele westliche Vegetarier ebenso, wie Millionen von Menschen in Asien, die sich nur laktovegetarisch ernähren, ohne Mangelerscheinungen zu bekommen.

2. *Irrtum:*

Zum optimalen Aufbau und Erhalt der menschlichen Muskelkraft ist der Verzehr von viel Fleisch unabdingbar ...

Die Umwandlung von Eiweiß tierischer Herkunft in weiterverwertbare Aminosäuren ist für den Menschen ein komplizierter, energieraubender Prozess. Deshalb macht eine kräftige Fleischmahlzeit besonders müde. Der vegetarische Verdauungsprozess geht im Vergleich dazu viel leichter vor sich. Für die Produktion von körpereigenem Eiweiß braucht der Organismus nicht notwendigerweise Fleisch. Das beweist auch ein Blick auf die (grasfressenden) Rinder, die täglich etliche Liter Milch liefern.

Spitzensportler wissen, dass sie in erster Linie nicht Proteine, sondern Kohlehydrate benötigen, um Höchstleistungen erbringen zu können. Viele hervorragende Ausdauersportler ernähren sich überwiegend oder ausschließlich mit pflanzlicher Nahrung und zurückhaltend mit Milchprodukten.

Zu viel Fleischkonsum ist die Hauptursache der meisten Erkrankungen. Die Folgen sind: Übermäßige Mengen an Harn- und Oxalsäure im Blut, schädliche Fäulnisbakterien im Darm, Ablagerungen in den Zellen. Daraus ergeben sich die gängigen Wohlstandskrankheiten wie: Diabetes, Gicht, Rheuma, Arteriosklerose, Übergewicht, Paradentose und eine Schwächung des Immunsystems.

Achte auf die Fette!

Fett ist nicht gleich Fett! Die Wissenschaftler unterscheiden, kurz gesagt, zwischen **gesättigten, ungesättigten und mehrfach ungesättigten Fettsäuren**. Gesättigte Fettsäuren sind in allen Nahrungsfetten, insbesondere jedoch in tierischen Fetten (Fleisch, Milch, Butter) enthalten. In der heutigen Wohlstandsgesellschaft konsumieren die meisten Menschen zu viel von diesen ungesättigten Fetten. Sie verursachen Übergewicht und enthalten viel an sogenannten **LDL** (Low Density Lipoprotein - schädliches Cholesterin). LDL lagert sich in den Gefäßwänden („Verkalkung") ab und verursacht dadurch Bluthochdruck und die Gefahr eines Herzinfarktes.
Die einfach- und mehrfach ungesättigten Fettsäuren, finden wir vorwiegend in pflanzlichen Ölen. Sie enthalten **HDL** (High Density Lipoprotein - gesundes Cholesterin), welches das nachteilige LDL–Cholesterin im Blut senkt. Pflanzliche Fette sind daher wichtige und gesunde Nahrungsbestandteile. Je naturbelassener diese Fette sind (insbesondere nicht erhitzt oder gehärtet, wie in manchen Margarinen) desto wertvoller sind sie.
Ein besonders wertvolles Pflanzenfett liefern die Früchte des Olivenbaues. Schonend gepresstes („natives" oder auch „extra vergine" genanntes) **Olivenöl wird als Jungbrunnen bezeichnet.** Es ist relativ hitzebeständig neigt nicht zur Oxydation (ranzig werden) und ist besonders reich an den wertvollen einfach ungesättigten Fetten. Dem starken Konsum der Bewohner von Kreta an Olivenöl, wird deren Gesundheit und hohe Lebenserwartung zugeschrieben. Man nennt es auch das **„flüssige Gold des Mittelmeers"**, weil es in den mediterranen Ländern seit Jahrtausenden als wertvolle Fettquelle und als Heilmittel hoch im Kurs steht.

Auch das Fett von Fischen hat einen hohen Anteil an ungesättigten Fettsäuren (insbesondere an besonders wertvollen Omega-3-Fettsäuren). Eskimos essen reichlich Fisch, was Wissenschaftlern zufolge vor Herzinfarkten schützt. Tatsächlich erkrankt nur etwa ein Prozent der Eskimobevölkerung am Herzen. **Deswegen empfiehlt es sich, mehr Fisch zu sich zu nehmen und dabei gleichzeitig den Fleischverbrauch zu vermindern.** Wer keinen Fisch mag, kann auf die Einnahme von Fischölkapseln ausweichen.

Besondere Fettbomben stellen panierte und frittierte Speisen dar. Die stark erhitzten und oft mehrmals gebrauchten Frittieröle haben eine erheblich gesundheitsschädigende Wirkung.

Wer für sich oder seine Familie eine gesündere Ernährung anstrebt, sollte sich und seinen Lieben nicht die begehrten und gewohnten weniger gesunden Pommes, Wienerschnitzel und Würste verbieten (das macht sie nur umso begehrenswerter!), sondern Alternativen suchen, die Freude machen **und** gesund sind!

> Seien wir doch ehrlich: Krankheit ist viel interessanter als Gesundheit.
>
> *Dr. Gerhard Kocher*

Iss lebendige Nahrung!

Obst ist das ursprünglichste und vollkommenste Nahrungsmittel für den Menschen. Die dem Menschen genetisch am nächsten stehende Spezies, die Affen, ernähren sich vorwiegend von den Früchten der Bäume. Obst enthält in erster Linie Fruchtzucker. Das ist nicht nur die ergiebigste Energiequelle, sondern auch jene, die der Körper am leichtesten aufnehmen und verwerten kann. Dazu sind im Obst fast alle lebensnotwenigen Vitamine und Mineralstoffe enthalten. Man kann es ideal roh verzehren; Alle wichtigen Enzyme bekommt man gratis mitgeliefert.

Enzyme sind Eiweißmoleküle, die gewisse lebenswichtige chemische Reaktionen im Körper als Katalysatoren beschleunigen beziehungsweise erst ermöglichen. Es gibt Tausende von ihnen. In einem einfachen Bild ausgedrückt: **Enzyme sind die Heinzelmännchen im Stoffwechselsystem. Ohne sie sind keine Lebensprozesse möglich.**
Enzyme sind extrem hitzeempfindlich. Bei kurzzeitiger Hitzeeinwirkung von mehr als 65°C zerfallen sie, bei lang anhaltender Hitze sogar bereits bei 40°C. Daraus folgt, dass gekochte oder pasteurisierte Nahrung keine Enzyme mehr enthält. Fruchtsäfte und Gemüse in konservierter Form enthalten zwar noch einige Vitamine - ein hoher Prozentsatz von ihnen geht beim Erhitzen ebenfalls verloren - doch finden wir in ihnen keine verwertbaren Spuren der lebensnotwenigen Enzyme mehr. Viele Rohkostexperten, wie etwa Arnold Ehret, Herbert M. Shelton oder Harvey und Marilyn Diamond, empfehlen daher, dass ein hoher Prozentsatz unserer Nahrung aus rohem Obst und frischen Gemüse bestehen sollte. Ich habe selbst wochenlang nur Obst und etwas rohes Gemüse gegessen (und mich prächtig dabei gefühlt). In der Regel esse ich zum Frühstück und bis mittags nur Obst in reichlichen Mengen. Eine warme Mahlzeit pro Tag (mit viel grünem Salat) genügt mir vollkommen. Bei Obst ist mir Abwechslung wichtig und vor allem hervorragende Qualität. Mittlerweile liefert der Lebensmittelhandel ja erfreulicherweise das ganze Jahr über eine hervorragende Auswahl ...
Obst nährt und reinigt zugleich. Es besteht größtenteils aus wertvoller Flüssigkeit. Somit eignet es sich auch ideal zur Regulierung des Körpergewichts. Ich habe mehrere verschiedene Fastenkuren ausprobiert: Obstfasten ist für mich die einfachste, angenehmste und schonendste Form des Fastens. Beim Obstfasten musst du nie Hunger leiden, deine Darmfunktionen bleiben aufrecht und der Darm erfährt eine gründliche Reinigung. Die Ausscheidung von Schlacken und Schadstoffen aus dem Körper wird durch das Obst stark angeregt. Und Obstfasten hat auch nicht den als „Jojo-Effekt“ bekannten Nachteil anderer Fastenkuren, dass der Körper nach dem Fastenbrechen (aus Vorsorge gegenüber dem nächsten Nahrungsentzug) erst recht gierig neue Fettreserven anlegt.

Viele Menschen klagen, dass sie Obst schlecht verdauen. Obst sollte am besten nicht gemeinsam mit anderen Nahrungsmitteln gegessen werden. Es wird viel rascher verdaut als alle anderen Nahrungsmittel. Deshalb sollte es auch nicht, hinter einem normalen Essen, sondern eher am Beginn einer Mahlzeit konsumiert werden. Schließlich lässt man nicht den Eilzug hinter dem Bummelzug auf den gleichen Schienen losfahren! Der Verzehr von viel Obst löst Schlacken im Körper. Die damit verbundenen Folgen (zum Beispiel Blähungen) sind ein natürlicher Begleitprozess des Reinigungsvorganges.

> Wie kann man eine große Menge essen? Essen Sie wenig. Dann werden Sie lange genug leben um viel essen zu können.
>
> *Antony Robbins*

Iss mit Zen - iss mäßig und bewusst!

Die Wohlstandskrankheiten der modernen Zivilisation sind in erster Linie auf ein Übermaß an Nahrung zurückzuführen - zu viel Fleisch, zu viel Fett, zu viele Süßigkeiten und insgesamt zu viel. **Wer gerne isst und dies noch viele Jahre lang tun will, sollte also wenig essen.** Das haben auch Laborversuche mit Ratten gezeigt: Gibt man ihnen nur die Hälfte der gewohnten Nahrungsmenge, verlängert sich ihre Lebenserwartung auf das Doppelte! Jetzt fragt sich natürlich: Wie viel ist wenig, wie viel ist viel? Soll man etwa jede Speise genau auf Gramm abwiegen? Das wäre zweifellos die sicherste Methode, um sich die Lust am Essen zu verderben und schnell krank zu werden. Ich empfehle etwas viel Einfacheres: **achtsam und mit Hingabe essen.** Wie bei jeder anderen Tätigkeit im Leben kannst du auch beim Essen „im Zen sein“. Das heißt: ganz bei dem sein, was du gerade tust. Die Zeit des Essens ist zum Beispiel absolut ungeeignet, um schwierige Probleme zu wälzen. Das heißt jetzt nicht unbedingt, dass du beim Essen schweigen oder aus der

Nahrungsaufnahme eine todernste Angelegenheit machen sollst. Es ist eine Freude und ein Geschenk, essen zu dürfen. Genieß es, teile die Lust auch mit Freunden, doch bleibe dabei stets in dir selbst ruhend!
Noch ein Tipp: Je leichter deine Nahrung ist, das heißt, je weniger Eiweiß, Fett und Industriezucker sie enthält, desto mehr davon kannst du genüsslich konsumieren. Die besten Leckerbissen belasten den Körper am wenigsten: reifes, hochwertiges Obst. Es ist nur eine Frage der Gewöhnung, bis dich fleischige Mangos, herbsüße Ananas, saftige Papayas oder auch Weintrauben, Äpfel oder Orangen in den siebten Himmel versetzen können. Von dieser wahrhaft göttlichen Nahrung kannst du praktisch essen, so viel du willst. Hier funktioniert nämlich noch die natürliche „**instinktive Sperre**", die uns punktgenau wissen lässt, wann „es genug ist".

> Gewohnheit ist Gewohnheit. Man kann sie nicht aus dem Fenster werfen, man muss sie Schritt für Schritt die Treppe runter locken.
>
> *Mark Twain*

Übergewicht, Rauchen, Alkoholmissbrauch

Wie Untersuchungen ergaben, sind etwa die Hälfte der erwachsenen Deutschen und Österreicher zu dick. Fünfzehn Prozent sind fettsüchtig. Schon ein Drittel der Sechsjährigen bringt deutlich zu viel Gewicht auf die Waage.

Aus eigener Erfahrung und aus der Beobachtung meiner Umgebung weiß ich, wie schwer es ist, gerade beim Essen von eingefahrenen Verhaltensmustern loszulassen. Was am wenigsten hilft, um einer Sucht Herr zu werden, sind Verbote. Je häufiger oder intensiver dir jemand anderer oder du selbst einredet: „Iss keine Schokolade", desto größer wird deine Gier danach. Allein das Wort „Schokolade" löst schon das Verlangen danach aus.

Was also tun? - **Jede Veränderung beginnt im Kopf.** Versuche also nicht, „Schokolade" (um Gottes willen, nicht schon wieder das Wort!) aus deinem Kopf zu verbannen; das funktioniert nicht. Bringe stattdessen eine andere, gesündere Freude oder Lust in deinen Kopf hinein. Zum Beispiel eben Obst. Obst ist süß, Obst macht schlank, Obst ist saftig, Obst weckt die Lebensgeister, Obst ist gesund, Obst macht dich aktiv. Halte Ausschau nach den besten Obstgeschäften in deiner Umgebung, probiere exotische Obstsorten, die du bisher nicht kanntest ... du wirst staunen, in welch kurzer Zeit du eine innige Liebe für Obst entfalten wirst.
Lass deine Kreativität spielen, um herauszufinden, wofür du dich statt Scho... sonst noch begeistern könntest: zum Beispiel für Radfahren, Salat und Gemüse essen, interessante Bücher lesen, Malen, Singen, den Besuch eines Kurses oder eines Seminars, Telefonieren, Meditieren ...

> Kämpfen Sie nicht gegen Ihre Sucht, sondern kämpfen Sie für Ihre Freiheit und für die Stabilisierung Ihrer neuen und unabhängigen Lebensweise.
>
> *Dr. Stephan Lermer, Arzt und Suchtexperte*

Eine Einladung an jene, die Gewicht verlieren wollen:

- Schreib dir lustvolle Tätigkeiten auf, denen du dich widmen könntest, statt jene Speisen zu essen, von denen du weißt, dass sie dich dick machen und deiner Gesundheit schaden!

____

____

____

- Führe dir lebendig vor Augen, wie schön und leicht du dich fühlen wirst, wenn du dein Idealgewicht erreicht hast. Schreib deine Gedanken dazu nieder!

____

____

____

- Überlege dir die Vorteile, die du genießen wirst, wenn du dein Idealgewicht erreicht hast. Schreib deine Gedanken dazu nieder (zum Beispiel Gesundheit, Selbstbewusstsein, Sex, Karriere ...)!

____

____

____

- Male dir aus, wie du dich kleiden wirst, wenn du dein Idealgewicht erreicht hast. Schreib deine Gedanken dazu nieder!

____

____

____

- Überlege dir, welche sportlichen Aktivitäten du schon jetzt unternehmen kannst, und welchen du dich widmen wirst können, wenn du dein Idealgewicht erreicht hast. Schreib deine Gedanken dazu nieder!

____

____

____

➢ Setze dir schriftlich einen Termin, bis zu dem du dein Idealgewicht erreicht haben willst!

___

___

___

Ich habe die weitverbreitete Schokoladesucht als Beispiel angeführt. Auf die gleiche Weise kannst du dich natürlich auch von anderen ungünstigen und lästigen Essgewohnheiten befreien: fettes Fleisch, Wurst, Mehlspeisen, raffinierter Zucker, gezuckerte Getränke (Limonaden, Cola). Vermeide Verbote, die du dann ohnedies nicht einhalten wirst. Schlechtes Gewissen schadet deinem Vorhaben nur. Ersetze die Lust an ungesunden Nahrungsmitteln durch den Genuss von gesünderen. Iss Fisch statt Fleisch, Obst statt Mehlspeisen, nimm Honig statt Industriezucker. Ersetze die Lust an lähmenden Freizeitaktivitäten (wie etwa Fernsehen) durch Freude an lebendigeren (wie etwa Sport). Such dir eine Sportart, die dir Freude bereitet. Wähle dir ein Hobby, das dich herausfordert und begeistert.

> Wenn du versuchst, mit dem alten Lebensstil abzunehmen, ist das das Härteste, was es gibt - ein nicht enden wollendes Martyrium. Wenn du wirklich abnehmen willst, musst du deinen Lebensstil ändern. Du musst dem Sport eine ganz andere Bedeutung beimessen."
>
> *Joschka Fischer; deutscher Außenminister*

Schlinge deine Nahrung nicht achtlos in dich hinein. Lass dir jeden Bissen bewusst auf der Zunge zergehen. Wenn sich dein Gaumen auf naturnahe Kost umgestellt hat, wird dir die gesündeste Nahrung auch am besten schmecken. Gewöhne dich an Speisen, die deinem Körper wohl tun - nach und nach werden dir fette Schweinsbraten und geile Torten gar nicht mehr schmecken.

> Mit dem Rauchen aufzuhören muss besonders leicht sein. Ich kenne viele, die das schon öfter gemacht haben.
>
> *Mark Twain*

Die Sucht beginnt im Gehirn

Jeder Schritt zu Freiheit und Gesundheit kann nur in deinem Kopf beginnen. 18 Millionen Deutsche - über ein Viertel der Bevölkerung - sind Raucher. Rund 30 % von ihnen, über vier Millionen Menschen, wollen aufhören. Warum schaffen es nur wenige? Warum bleibt es bei den meisten nur beim Wollen?

> Das Aufhören ist Nebensache. Wichtig ist das Anfangen!
>
> *Dr. Stephan Lermer*

Ein neues Leben kann mit jedem neuen Tag beginnen. Konzentriere all deine Kraft auf ein Leben in Freiheit. Entscheide dich bewusst, „Herr deiner selbst" zu sein.

Von der Sucht nach Nikotin und Zigaretten kannst du dich am besten befreien ...

1. ... wenn du dir klar machst, was Rauchen eigentlich bedeutet. Informiere dich zu diesem Thema so umfassend wie möglich. Besorge dir Literatur, suche Beratungsstellen auf, schließe dich einer Selbsthilfegruppe an. Setze dich intensiv mit dem Thema auseinander. Es folgen einige Fragen und Gedanken zur Anregung.

   Beantworte dir selbst und schreibe dir auf:

- Weshalb rauchst du? (aus Lust am Risiko, Protest, weil ich „cool" sein will, aus Lust am Saugen, Angst vor dem Leben, Beruhigung, Angst vor dem Entzug ...)?

____

____

____

- Welchen Einfluss hat die Werbung auf dein Rauchverhalten? (Meinst du wirklich, mit der Zigarette frei, erfolgreich oder „in" zu sein?)

  ___

  ___

  ___

- Du weißt um die gesundheitlichen Auswirkungen des Rauchens (hohes Krebsrisiko, Arteriosklerose, Impotenz, jährlich 30.000 Amputationen von Raucherbeinen in Deutschland ...).
  Was bedeutet dir das?

  ___

  ___

  ___

2. ... wenn du dich fest auf Ziele konzentrierst, die vom Rauchen wegführen.
   Befasse dich mit Literatur zum Thema Gesundheit.
   Aktiviere Deinen Serotonin- (Glückshormon-) Haushalt durch

- Bewegung und Sport
- Begeisterung für deine Aufgaben und Ziele
- Pflegen von Freundschaften
- eine harmonische Partnerschaft
- erfüllende Sexualität
- Zen-Meditation und Achtsamkeit.

Sorge dafür, statt Zigaretten stets gutes Obst in Griffweite zu haben, dass man ohne Umstände verzehren kann, wie etwa Äpfel, Birnen, Mandarinen oder Bananen. Du kannst ruhig auch in der Öffentlichkeit einen Apfel essen, statt zu einer Zigarette zu greifen; es besteht kein Grund, dass du dich dafür schämen müsstest. Mehr noch, wenn du dich dabei zur Erklärung als „neuer Nichtraucher" deklarierst, wird man dir allenthalben Beifall zollen.

3. ... wenn du deinen Kaffeekonsum einschränkst. Kaffee verlangt nach Zigaretten.

> Mein Suchtbedarf wird neuerdings durch Laufen gestillt.
>
> *Joschka Fischer*

Dies sind nur ein paar Anregungen, die dich unterstützen können, den Weg vom Rauchen zum freien Atmen zurückzufinden. Sie gelten, sinngemäß übertragen, freilich ebenso für alle anderen Süchte auch, wie zum Beispiel Alkoholismus. Und nochmals: **Mit selbstauferlegten Verboten funktioniert es nicht. Nur mit neuen Inhalten, die du deinem Leben gibst.**

Fitness und Sport steigern deinen Erfolg

> Wussten Sie schon, dass der beste Weg zur Gesundheit der Fußweg ist?
>
> *Jürgen Thielen, deutscher Publizist*

> Wer geht schon zu Fuß? Die Fußwege sind gewöhnlich leer, weil jeder mit dem Auto, dem Bus, der Tram oder mit der U- Bahn unterwegs ist. Ab und zu geht ein Hundebesitzer mit seinem Liebling auf dem Fußweg zum nächsten Park. Doch es kommt auch vor, dass er auf den Gehsteig sch..... Fußwege sind auch nicht bequem wegen der Autos die vorbeirasen und Abgase von sich geben. Gut, dass es Fußgängerzonen gibt, dort muss man zu Fuß gehen, ob man will oder nicht.
>
> *Aus einem Schüleraufsatz*

„Sport ist Mord". Davon war mein ehemaliger jüngerer Partner in meinem Anwaltsbüro fest überzeugt. Er rauchte zahllose Zigaretten und verweigerte jede unnötige Bewegung. Er ist vor kurzem, nach mehrmaliger Chemo- und Strahlentherapie an Lungenkrebs verstorben.

Vor nicht allzu langer Zeit noch wurden Leute, die auf städtischen Gehsteigen oder in Parks umherliefen, als exotische Sonderlinge belächelt. Mittlerweile ist die Fitnesswelle von den USA auch nach Europa übergeschwappt. Die Bilder des joggenden Präsidenten und Erdnussfarmers Jimmy Carter gingen um die Welt. In Deutschland dient jetzt der grüne Außenminister Joseph „Joschka" Fischer als großes Vorbild für Fitness und beruflichen Erfolg: Er hatte sich zuvor physisch und psychisch ziemlich heruntergewirtschaftet. Er brachte 110 Kilo auf die Waage, seine Partnerschaft war in die Brüche gegangen, und er fühlte sich einigermaßen am Ende. Sein Weg aus der schweren Lebenskrise war eine radikale Ernährungsumstellung und sehr viel Laufen. Mit Hilfe seines Trainers Herbert Steffny stellte er sich einen durchdachten Trainings- und Ernährungsplan zusammen. Seine Kraft, Ausdauer und Fitness nahmen konstant zu, sein Gewicht hingegen nahm ebenso konstant ab. Nach zehn Monaten hatte er dreißig Kilo abgenommen, und 1998 - kurz nach seinem fünfzigsten Geburtstag - nahm er an seinem ersten Marathon teil.

> „Ich habe mein Leben geändert, ein neues Programm geschrieben und das alte weggeworfen, das ist der entscheidende Punkt".
>
> *Joschka Fischer*

Die Erlanger Psychologin Aberle Brehm hat umfangreiche Forschungen darüber angestellt, inwieweit Sport das Wohlbefinden steigert. Etwa 75 Prozent der von ihr befragten Sportler erleben eine Steigerung ihres Wohlgefühls. Zehn Prozent hatten keine Veränderung verspürt, und 15 Prozent gaben an, sich nach sportlicher Betätigung geringfügig schlechter zu fühlen.
Brehm untersuchte zudem, welche positiven Veränderungen die Sportler an sich selbst bemerkt hatten:

- Sie fühlten sich ausgeglichener,
- kamen in "gehobene Stimmung“,
- fühlten sich aktiver,
- Erregtheit und Ärger nahmen ab,
- und Depressionen und Energielosigkeit verringerten sich.

Altersschwäche ist oft nur ein schlechter Trainingszustand.

Dr. Dieter Böhmer, Sportmediziner

„**Altersschwäche ist oft nur ein schlechter Trainingszustand**“ sagt Dr. Dieter Böhmer vom sportmedizinischen Institut Frankfurt. **Ab dem dreißigsten Lebensjahr fällt ohne Training die körperliche Leistungsfähigkeit konstant ab**. Doch dieser Trend lässt sich leicht stoppen, wie Mediziner der deutschen Sporthochschule feststellten: Sie baten 55- bis 70-jährige Männer, die jahrzehntelang keinen Sport getrieben hatten, dreimal die Woche jeweils 30 bis 40 Minuten auf dem Ergometer Rad zu fahren. Schon nach acht Wochen hatte sich die maximale Sauerstoffaufnahme um 18 Prozent erhöht; die Testpersonen waren ebenso leistungsfähig geworden wie 20 Jahre jüngere Personen ohne körperliches Training.
Zu Recht warnen Psychologen und Sportärzte davor, dass es gesundheitsschädigend sein kann, zu Sport und Überanstrengung eine falsche Einstellung zu haben. Wer sich abrackert, nur um einige Kilos loszuwerden, wird nicht in gehobene Stimmung kommen. Er wird vielmehr bald frustriert seine Aktivitäten abbrechen und sich wieder in zurück aufs bequeme Sofa begeben.

„Laufen ohne Schnaufen“ heißt die Parole der Sportmediziner. Untersuchungen haben gezeigt, dass sich 80 Prozent der Hobbysportler zu stark belasten. Dass sie diese (Über-) Anstrengungen dennoch als angenehm empfinden, liegt an den Serotoninen und Endorphinen. Diese Hormone schüttet der Körper aus, wenn er stark in Anspruch genommen wird. Das erzeugt einen kurzfristigen rauschähnlichen Zustand,

beeinträchtigt jedoch wesentlich die Fähigkeit, die eigene Leistungsstärke realistisch einzuschätzen.
Ich selbst trainiere fast jeden Tag zumindest eine halbe Stunde lang meinen Körper. Abwechselnd laufe ich, mache Radtouren, gehe schwimmen, wandern, spiele Basketball oder übe Tai-Chi. Winters finde ich nicht weit von meinem Haus Gelegenheit zum Langlauf oder Alpinschifahren. Ich lege großen Wert auf Abwechslung, um unterschiedliche Muskelpartien zu trainieren, einseitige Belastungen zu vermeiden und vor allem, weil mir so mein Fitnessprogramm viel Spaß macht.

Business und Fitness

Es steht außer Zweifel, dass hervorragende berufliche Leistungen in einem engen Zusammenhang mit Selbstdisziplin und körperlicher Gesundheit stehen. Körperliche Gesundheit fördert psychische Präsenz. Aus diesem Grunde unterstützen auch immer mehr Unternehmen die Fitness ihrer Mitarbeiter durch Seminare und Wellnessprogramme. Denn wer gesund lebt,

- ist ausgeglichener, dynamischer und kreativer,
- kann besser Stress bewältigen,
- ist belastbarer,
- wird seltener krank,
- hat mehr Selbstvertrauen,
- ist kontaktfreudiger,
- trifft leichter Entscheidungen
- und ist eher bereit, Verantwortung zu übernehmen.

Übrigens sind Umfragen zufolge 90 Prozent der Bevölkerung davon überzeugt, dass Fitness die berufliche Karriere erleichtert.

> Gesundheit kauft man nicht im Handel, sie liegt in unsrem Lebenswandel.
>
> *Autor unbekannt*

Auch das Denken schadet bisweilen der Gesundheit.

Aristoteles (384 - 322 v. Chr.), griechischer Philosoph

Sport und Zen

In einem Interview mit Herbert Steffny (Laufmagazin Spiridon Heft 12/1997) antwortete Joschka Fischer auf die Frage, ob Laufen für ihn mehr bedeute als bloß Gewichtsabnahme: *„... die meditative Seite tritt mehr und mehr in den Vordergrund. Ich finde eine innere Ruhe, die ich sonst nicht gefunden habe.* ***Dieser meditative Aspekt gibt mir sehr viel für mein Berufsleben.*** *(...) Dazu gehört auch Naturerleben, aber durch den eigenen Körper, der ist dann ein Teil der Natur, das merkt man, wenn man keucht, wenn man schwitzt, wenn man seine Muskeln spürt. Ich gehöre nicht zu den Läufern, die mit schweigendem Blick durch die Landschaft traben, eher mit einer starken Konzentration aufs Laufen und auf mich selbst."*

Schöner kann man Sport und Zen in kurzen Worten kaum charakterisieren. Sport kann mehr sein als körperliche Fitness. **Sport kann ein wichtiger Teil deines inneren Lebens sein.** Wenn du während des Laufens oder Radfahrens wach und aufmerksam beobachtest, was in dir und um dich geschieht, wenn du vergisst, was vorher war und nachher sein wird, wenn du im Hier und Jetzt bist, an den Augenblick hingegeben - bist du im Zen. So kann sportliche Betätigung deine meditativen Fähigkeiten großartig unterstützen.

Regelmäßige Umarmungen machen zufriedener, stärken die Gesundheit und erweitern die Lebensspanne - was wissenschaftlich bewiesen ist.

Paul Wilson

Humor - Das Leben ist ein spannendes Spiel

Ein Tag, an dem du nicht gelacht hast, ist ein verlorener Tag.

*Phil Bosmans (*1922), belgischer Ordenspriester, Telefonseelsorger und Schriftsteller*

Mit Humor kann man Frauen am leichtesten verführen, denn die meisten Frauen lachen gerne, bevor sie anfangen zu küssen.

*Jerry Lewis (*1926), US-amerikanischer Komiker*

Die Schönheit brauchen wir Frauen, damit die Männer uns lieben, die Dummheit, damit wir die Männer lieben.

Coco Chanel, (1883 - 1971), französische Modeschöpferin

Humor ist, wenn man trotzdem lacht

Unterhalten sich zwei Geschäftsleute: „Ich sitze völlig auf dem Trockenen", sagt der eine. Meint der andere: „So viel Glück möchte ich auch mal haben. Mir steht das Wasser bis zum Hals."

Ein bekanntes Sprichwort sagt: „Humor ist, wenn man trotzdem lacht!" oder auch „Humor hat, wer trotzdem lacht!" Humorvolle Menschen zeichnen sich dadurch aus, dass sie auch in schwierigen Zeiten dem Leben seine schönen und heiteren Seiten abgewinnen können. Humor zu haben bedeutet, nicht nur mit den Schwächen seiner Umgebung, sondern vor allem auch mit den eigenen Schwächen gut umgehen zu können. Ein Mensch mit Humor wird nicht gleich gereizt reagieren, wenn etwas schief läuft. Dennoch ist Humor keineswegs mit Oberflächlichkeit oder Leichtsinn gleichzusetzen: Humor gedeiht vielmehr auf dem Boden der Weisheit und des Mitgefühls.

Wie sollen sich Glück, Heiterkeit und Freude ausbreiten, wenn wir uns mit verbissenem Gesicht durch den Alltag hindurchkämpfen? Jeder Mensch, der das Lächeln noch nicht verlernt hat, ist ein Geschenk für seine Umwelt.
Werde ein Glückssender! Glückssender sind Menschen, die durch ihre Ausstrahlung und durch ihre Heiterkeit den anderen mitteilen: „Ich bin glücklich; das Leben ist ein Geschenk; freu dich mit mir! Ich schätze dich, ich mag dich, du bist für mich ein wertvoller Mensch. Ich schenke dir mein Lächeln."

> Ein bisschen gesunder Menschenverstand, Toleranz und Humor - wie behaglich ließe es sich damit leben!
>
> *William Somerset Maugham*

> Wenn wir bedenken, dass wir alle verrückt sind, ist das Leben erklärt.
>
> *Mark Twain*

Zugegeben, es gibt harte Situationen im Leben. Wir alle werden mit Leid, Krankheit und Tod konfrontiert. Trauer und Schmerz haben ihre Berechtigung. Sie sind ein Teil des wunderbaren „Stirb und Werde". *„Wenn das Weizenkorn nicht in die Erde fällt und stirbt, bleibt es allein; wenn es aber stirbt, bringt es reiche Frucht"*, heißt es im neuen Testament (Johannes 12,24). Es gibt Zeiten der Freude, der Lust, des Werdens, des Erfolges - aber auch Zeiten des Verlustes, des Todes, der Trauer. Khalil Gibran spricht (durch die Worte des Propheten Almustafa) über den Tod: *„Wenn ihr wirklich den Geist des Todes schauen wollt, öffnet eure Herzen weit dem Körper des Lebens.* ***Denn Leben und Tod sind eins, so wie der Fluss und das Meer eins sind.*** *In der Tiefe eurer Hoffnungen und Wünsche liegt euer stilles Wissen um das Jenseits. Und wie Samen, der unter dem Schnee träumt, träumt euer Herz vom Frühling.* ***Traut den Träumen, denn in ihnen ist das Tor zur Ewigkeit verborgen."***

Wer im Zen ruht, ist feinfühlig gegenüber diesem Wechselspiel von Werden und Vergehen. Er weiß um die Einheit von Leben und Tod. Er nimmt mit größter Achtsamkeit wahr, was ist. Doch er verfängt sich nicht in Gedanken und Gefühlen des Schmerzes. Schmerz kommt, und Schmerz geht auch wieder - wenn wir ihn nicht gedanklich festhalten. Der Mensch im Zen wehrt sich nicht gegen das, was ist. Er kann annehmen, betrachten, aber auch wieder loslassen. In Zeiten des Erfolges bleibt er bescheiden und gelassen. Der Grundzug seines Gemüts ist heitere Gelassenheit. Er weiß von Traurigkeit und Fröhlichkeit und kann beides leben.
Über den für seinen Humor bekannten chinesischen Philosoph Tschuang-tse (er lebte ungefähr um 300 v. Chr.) wird folgende Geschichte erzählt: Als seine Frau starb, besuchte ihn einer seiner Schüler. Er fand ihn in der Gesellschaft zweier Freunde, fröhlich singend und die Trommel schlagend, vor. Verwundert, dass der Meister nicht der Trauer hingegeben war, hielt er ihm vor: „Es ist schon schlimm genug, dass Ihr nicht Tränen über den toten Leib eurer Frau vergießt. Aber zu singen und zu trommeln, das geht doch wirklich zu weit!" - „Keineswegs" erwiderte der Meister. „Als sie starb, da war es unvermeidlich, dass ihr Tod mir nahe ging. Bald jedoch entsann ich mich, dass sie schon vor dieser Geburt in einem früheren Leben da gewesen war. Jetzt ist sie, kraft einer neuen Verwandlung, gestorben und geht von einer Stufe zur anderen, gleich der Folge von Frühling, Sommer, Herbst und Winter ... Weinend und jammernd umherlaufen hieße für mich: Bekennen, dass ich von diesen natürlichen Gesetzen nichts weiß. Darum halte ich mich nicht daran."

Das kleine Häschen sitzt am Waldesrand und manikürt seine Nägel.
Kommt ein Reh vorbei.
„Hallo Häschen - was machst du denn hier, so alleine am Waldesrand?"
„Oh... ich sitze hier, schaue mir die Gegend an und feile meine Nägel ganz spitz und scharf. Und wenn der Fuchs kommt, dann kratze ich ihn!"
Mitleidig schüttelt das Reh den Kopf und geht seiner Wege.

Bald darauf kommt ein Wildschwein vorbei.

„Hallo Häschen - was machst du denn hier, so alleine am Waldesrand?"
„Oh... ich sitze hier, schaue mir die Gegend an und feile meine Nägel ganz spitz und scharf. Und wenn der Fuchs kommt, dann kratze ich ihn!"
Erstaunt schüttelt das Wildschwein den Kopf und geht seiner Wege.
Bald darauf kommt der Fuchs vorbei.
„Hallo Häschen - was machst du denn hier, so alleine am Waldesrand?"
„Oh... ich sitze hier, schaue mir die Gegend an, maniküre meine Nägel und rede gelegentlich dummes Zeug ..."

> Humor, Zärtlichkeit und Aufmüpfigkeit sind die besten Mittel gegen das Altern.
>
> *Yves Montand (1921 - 1991), französischer Chansonnier und Filmschauspieler*

> Humor ist die Medizin, die am wenigsten kostet und am leichtesten einzunehmen ist.
>
> *Giovannino Guareschi (1908 - 1968), italienischer Schriftsteller und Karikaturist*

Lachen ist die beste Medizin

Wer Humor hat, lacht niemanden aus, doch er kann lächeln - über sich selbst und die ganze Welt. - Was bedeutet dieses Lächeln?
Lachen und Lächeln sind zutiefst menschliche Verhaltensformen. So viel wir wissen, können Tiere nicht lachen. Ein Hund etwa kann sich freuen und seiner Freude auch Ausdruck verleihen, doch er kann nicht lächeln. Lächeln bedeutet zumeist auch, von dem, was vor sich geht, inneren Abstand zu haben oder zu gewinnen. Wer lächelt, macht - wie ein Maler an der Staffelei - einen Schritt rückwärts. Er betrachtet das gesamte Bild. Er ist nicht völlig eingebunden in sein Tun oder in das

äußere Geschehen. Wer inneren Abstand gewinnen kann, von sich selbst und seinen (zumeist nur scheinbar) großen Problemen, hat schon gewonnen. Denken wir nur daran, wie leicht es uns oft fällt, zu erkennen, wie sich andere richtig (oder: richtiger) verhalten sollten und wie ihre Probleme zu lösen sind!

Lerne dir selbst zuzuschauen, als ob du bloß ein unbeteiligter Zeuge wärest, und es wird dir sofort leichter fallen, lächelnd die richtigen Entscheidungen zu treffen.

Buddha wird immer lächelnd dargestellt: Weil er nicht nur im Leben, sondern auch über dem Leben steht. Wer lächelt, befindet sich im Zen-Zustand. Wer lächelt, kann sich selbst und sein Umfeld mit fröhlicher Gelassenheit beobachten.

Wie ich bei meinen Aufenthalten in Indien, Nepal und Thailand feststellen konnte, sind die Menschen dort im Allgemeinen viel freundlicher und heiterer als bei uns. Das hängt wesentlich mit ihrer Religion und ihrem Schicksalsvertrauen zusammen. In unserer christlichen Religion und Denkweise spielen Sünde, Buße, Leid und das Hoffen auf eine Erlösung, die irgendwann in ferner Zukunft zu erwarten ist, eine große Rolle. Diese Inhalte beeinflussen das Gemüt unserer ganzen Kultur. Das tragende Symbol des christlichen Glaubens, dem wir allenthalben begegnen, ist der tote, geschundene, ans Kreuz genagelte Christus. Diesem jahrhundertealten Einfluss können sich auch Menschen, die mit den christlichen Kirchen nichts zu tun haben wollen, schwer entziehen. Ganz anders hingegen wirkt der Buddhismus mit seinen Abbildungen des stets heiter lächelnden, in sich ruhenden Buddha.

Lachen, als ob...

Lachen ist die beste Medizin. Was aber sollen wir tun, wenn wir tatsächlich „nichts zu lachen haben“? Dann können wir immer noch „lachen als ob“ ... als ob uns zum Lachen wäre, als ob wir glücklich, heiter und im höchsten Grade amüsiert wären. Lerne zu lächeln und zu lachen, auch wenn dir nicht danach zumute ist! Die bekannte Trainerin Vera F. Birkenbihl erklärt die Wirkung des „künstlichen Lachens“ ungefähr so:

Zuerst bringst du wahrscheinlich bloß eine Grimasse zustande, denn dein Lachen ist ja nicht echt, deine Körpersprache stimmt mit dem, was du im Augenblick fühlst, nicht überein. Es ist nicht ganz leicht, künstlich zu lachen. In den ersten fünfzehn Sekunden wirst du dir ziemlich „blöd" vorkommen. Das macht aber nichts, weil *„man sich sowieso, wenn es einem schlecht geht, blöd fühlt."* Doch die Nerven in den Lachmuskeln melden an dein Gehirn zurück: Es wird gelacht, es besteht kein Grund mehr für Stress, Kampf und Anspannung. Darauf reagiert das Gehirn automatisch mit der Ausschüttung von *„Freudehormonen"*. Wir entspannen uns wieder, unser „Verbiss" in eine schwierig scheinende Situation lässt nach. Plötzlich sind wir wieder fähig, „normal" zu denken und gelassen zu reagieren. Birkenbihl empfiehlt daher, wenn wir knapp vor oder schon mitten in einer Krise stehen, rasch einen ruhigen Ort (nötigenfalls das „stille Örtchen") aufzusuchen und eine Minute lang zu lachen „als ob". Das ist ein hervorragendes Mittel, um von den Gedanken und Ereignissen, in denen wir gerade stecken, inneren Abstand zu gewinnen.

Treffen sich zwei Planeten: „Na, wie geht´s denn so?"
„Schlecht, ich habe Homo Sapiens."
„Ach, mach dir nichts draus, das vergeht ...!"

Der beste Beweis, dass es außerirdische Lebewesen mit hoher Intelligenz geben muss, ist der, dass sie bis jetzt keinen Kontakt mit uns aufgenommen haben.

Lächeln ist das Kleingeld des Glücks.

Heinz Rühmann (1902 - 1994), deutscher Schauspieler

Der Humor ist der Regenschirm der Weisen.

Erich Kästner (1899 - 1974), deutscher Humorist

Das Leben - ein Spiel

Das Leben ist ein herrliches Spiel. Auf der Bühne kann sowohl ein Lustspiel als auch eine Tragödie schön sein und unser Gemüt bereichern und erfreuen. Und es steht uns frei, auch das sogenannte „wirkliche Leben" als Drama zu betrachten, in dem wir uns selbst als Schauspieler auf der „Bühne Erde" sehen können ... Im Schauspiel unseres Daseins sind wir Mitspieler und Zuschauer zugleich, und in gewissem Maße auch Regisseur. - Nun stell dir vor, du verlässt dieses Schauspielhaus für eine kurze Zeit, um dich zu besinnen, auszuruhen und Abstand zu gewinnen: Das ist Meditation. So bleibt sich der Mensch im Zen des Schauspiels auf der „Bühne Erde" bewusst.

Wissenschaftler lieben es alles zu untersuchen. So haben sie festgestellt, dass Erwachsene (bestenfalls) ungefähr fünfzehnmal täglich lachen, während dies Kinder durchschnittlich etwa 400-mal täglich tun! Im Zuge des Heranwachsens kommen uns bedauerlicherweise einige hundert „Lacher pro Tag" abhanden. Wir können uns aber dem unbeschwerten Lachen der Kinder durchaus wieder annähern.
Wenn ein Kind sein Spiel zu ernst nimmt und dabei sich ärgert und unglücklich ist, erklären wir ihm: „Es ist doch nur ein Spiel!" Auch den Erwachsenen würde es gut tun, das Leben nicht so ernst zu nehmen und es als ein schönes, spannendes Spiel anzusehen. Wer hindert uns, das Leben als ein Spiel zu sehen, in dem wir all die wunderbaren, in uns schlummernden Talente und Fähigkeiten entwickeln können?
Kinder lieben das Spiel so sehr, weil es für sie das Leben ist. Sie ahmen im Spiel oft die Tätigkeiten der Erwachsenen nach. Das Spiel ist für die Kinder eine Vorbereitung auf das spätere Leben. Im Spiel lernen sie, ihre Fähigkeiten zu mobilisieren, ein Ziel anzustreben und auf Rückschläge und unvorhergesehene Situationen richtig zu reagieren. Wer Kindern beim Spielen zusieht, kann schon die Neigung des Einzelnen erkennen, wie es sich wohl im späteren Leben verhalten wird: Das eine Kind reagiert auf Gewinn mit Triumph und Spott für die Verlierer und mit Ärger und Zorn, wenn es verliert. Andere können wesentlich gelassener mit Sieg und Rückschlägen umgehen. **„Mensch ärgere dich nicht!"** ist deswegen seit vielen Jahrzehnten ein beliebtes Spiel, weil es dem

Erwachsenenleben ziemlich gut entspricht. Während des Spiels geht es andauernd bergauf und bergab. Und eigentlich gewinnt dabei nicht der, der als erster alle Spielsteine „zu Hause" versammelt hat, sondern derjenige, der sich am wenigsten ärgert und seine Freude am Spielen ungetrübt genießen kann.
Wir dürfen lernen, das Leben leicht zu nehmen und unsere Aufmerksamkeit den Dingen zuzuwenden, die Spaß machen und schön sind. Sicher hat es etwas für sich, mit Eifer, Begeisterung und auch mit Ernst bei der Sache zu sein. Doch wenn dabei das Lachen und die Leichtigkeit verloren geht, dann ist der „Ernst" falsch verstanden worden. Wie der Verhaltensforscher Konrad Lorenz sagt, kann man im Leben nur eines nicht ernst genug nehmen: Den Humor.

„Aus Ihren Handlinien lese ich Schreckliches," flüstert die - etwas kurzsichtige - Wahrsagerin.
„Es wird ein böses Ende mit Ihnen nehmen. Man wird Sie töten, kochen und auffressen."
„Moment," unterbricht sie der Kunde.
„Lassen Sie mich doch erst meine Schweinslederhandschuhe ausziehen!"

Wer nicht lächeln kann, sollte keinen Laden aufmachen.

Japanische Marketing-Weisheit

Spielverderber

Mir macht es im Allgemeinen keine besondere Freude, mit besonders ehrgeizigen Partnern ein Tennismatch auszutragen. Freilich ist es mir beim Sport ein Genuss, an meine Grenzen zu gehen und Erfolg zu haben. Aber ebenso wichtig ist mir auch die bloße Freude an der Bewegung und daran, mich selbst zu beobachten, wie ich innerlich auf einen verschlagenen Ball reagiere. Ich empfinde es als ein besonderes Erlebnis, Zeuge dessen zu werden, was zwischen mir und meinem Partner abläuft; es geht mir nicht nur um den Ballwechsel, sondern um den

zwischenmenschlichen Austausch. Wenn der Gegner nur mit sich selbst und seiner Gier nach einem Sieg beschäftigt ist und sich zum Beispiel maßlos ärgert, wenn er verliert, dann ist dieser menschliche Austausch gestört, dann wird das Spiel zum Kampf und Krampf.
Im Berufsleben gilt dasselbe wie im Spiel der Kinder und im Sport auf dem Tennisplatz. Überall gibt es „Spielverderber", die sich im Kampf verlieren und damit die Schönheit des Spieles aus den Augen verlieren. Was dem Spielverderber fehlt, ist der nötige Abstand zu sich selbst, der Gesamtüberblick, die Leichtigkeit, der Humor und damit auch das Lächeln. Meist fehlt es ihm auch an Freude im Beruf, an Liebe zu seinen Mitarbeitern, an Begeisterung für die Anliegen seiner Kunden. Er ist oft nur am finanziellen Gewinn interessiert und versäumt die Lust am Tun, den Spaß am Weg zum Ziel.
Lerne zu lächeln! Curt Goetz, der beliebte Schauspieler und Verfasser von Bühnenstücken, meint allen Ernstes, Humor sei nicht erlernbar. Ich bezweifle das sehr. Doch in einem anderen Satz gebe ich ihm absolut recht: *„Humor setzt neben Geist und Witz vor allem ein großes Maß an Herzensgüte voraus, an Geduld, Nachsicht und Menschenliebe."* - **Dein Humor wird im selben Ausmaß wachsen wie deine Liebe zu anderen Menschen.** Schenke also deinen Mitmenschen ein Lächeln, so oft du Gelegenheit dazu hast.

Lächle, und die Sonne hat Platz in deinem Herzen.

> Humor ist nicht erlernbar. Neben Geist und Witz setzt er vor allem ein großes Maß an Herzensgüte voraus, an Geduld, Nachsicht und Menschenliebe.
>
> *Curt Goetz, (1888 – 1960), Schauspieler und Bühnenautor*

> Ich habe versucht, das Leben gut zu behandeln, und es hat mich belohnt. Denn das Leben erwidert unweigerlich Lächeln mit Lächeln, Tritt mit Tritt!
>
> *Prentice Mulford*

Humor ist die Medizin, die am wenigsten kostet und am sichersten hilft.

Sprichwort

„Hast du gehört? Unser Direktor ist gestorben."
„Ja, und ich frage mich die ganze Zeit, wer da noch mit ihm verstorben ist."
„Wieso mit ihm???"
„Na, in der Anzeige stand doch: Mit ihm starb einer unserer fähigsten Mitarbeiter ..."

Lachforschung - Gelotologie

Die Volksweisheit kennt schon seit jeher die gesundheitsfördernde Wirkung von Humor und Lachen. Lachen entspannt, löst verkrampfte Muskeln, erfrischt das Gemüt und hält jung. Seit einigen Jahren hat sich auch die medizinische Wissenschaft dieses Themas angenommen. Es wurde festgestellt, dass „vorgetäuschtes" Lachen, das oben beschriebene „Lachen als ob" ebenso wirksam ist wie „echtes" Lachen. Der Körper reagiert auf solch grundloses Lachen genauso positiv wie auf Lachen, dass durch eine heitere Situation ausgelöst wird. Es ist also völlig egal, warum wir lachen. Hauptsache, wir lachen.
Als Vater der Gelotologie (gelos = grich. „Gelächter"), wie sich die Lachforschung nennt, wird der amerikanische Arzt und Journalist Norman Cousins bezeichnet. Er litt an einer schweren Knochenerkrankung, dem Morbus Bechterew. Nachdem sich alle Bemühungen der Ärzte als erfolglos erwiesen hatten und ihm erklärt wurde, dass seine Erkrankung unheilbar sei, verordnete Cousins sich selbst eine Lachtherapie. Er sagte sich, wenn es erwiesen ist, dass negative Gefühle und Gedanken krank machen und das Immunsystem schwächen, so müsste umgekehrt Heiterkeit und Lachen eine heilende Wirkung haben. Er verließ das Spital, weil er die Stimmung dort nicht als aufbauend empfand, und übersiedelte in ein benachbartes Hotel. Monatelang tat er dort nicht viel anderes, als sich Filme mit berühmten Komikern anzusehen. Tatsächlich gelang es ihm, auf diese ungewöhnliche Weise seine Krankheit zu heilen!

In der Folge gründete er an der Universität Los Angeles eine Abteilung für therapeutische Humorforschung. Bald fand die Humortherapie in weiten Kreisen Anerkennung; heute wird sie in vielen Krankenhäusern in den USA (und neuerdings auch in Europa) höchst erfolgreich eingesetzt.

In einem Streitgespräch zwischen Computeranwendern wurde zu klären versucht, ob der Computer nun „männlich" oder „weiblich" sei.

Die Frauen votierten aus folgenden Gründen für „männlich":

- Man muss ihn erst anmachen, um seine Aufmerksamkeit zu erregen.
- Er hat jede Menge Wissen, ist aber trotzdem planlos.
- Er sollte einem helfen, Probleme zu lösen, die halbe Zeit aber ist er selbst das Problem.
- Sobald man sich einen zulegt, kommt man drauf, dass, wenn man ein bisschen gewartet hätte, ein besserer zu haben gewesen wäre.

Die Männer stimmten für „weiblich", und zwar mit den Begründungen:

- Nicht einmal der Schöpfer versteht ihre innere Logik.
- Die Sprache, mit der sie sich untereinander verständigen, ist für niemand sonst verständlich.
- Sogar die kleinsten Fehler werden im Langzeitgedächtnis zur späteren Verwendung abgespeichert.
- Sobald man einen hat, geht fast das ganze Geld für Zubehör drauf.

> Je mehr ein Mensch des ganzen Ernstes fähig ist,
> desto herzlicher kann er lachen.
>
> *Arthur Schopenhauer*

Viele Menschen nehmen den Humor nicht ernst genug.

Konrad Lorenz, (1903 - 1989), österreichischer Zoologe, Psychologe und Verhaltensforscher, Nobelpreis für Medizin 1973

Lachen verursacht Eustress

Die Wissenschaft der Psycho-Neuroimmunologie befasst sich mit den Auswirkungen unseres Gemütszustandes auf die Gesundheit. Die Forscher Lee Berk und Stanly Tan (medizinisches Institut der Loma Linda University of California) haben in umfangreichen Versuchsreihen nachgewiesen, dass Lachen das Immunsystem stärkt. Jedes Lachen verursacht eine Form von positivem Stress. Stress kann positive Auswirkungen haben, dann nennt man ihn **„Eustress“** (**„**guter Stress**“)** - im Gegensatz zu jenen Stressformen, die sich negativ auswirken **(„Disstress“**). Tan und Berk fanden heraus, dass Humor und Sport ähnliche physiologische Prozesse auslösen. Beide steigern die Produktion lebensförderlicher Hormone (Endorphine und Neurotransmitter) im Körper und verringern gleichzeitig die „negativen“ Stresshormone (Adrenalin und Cortisol). Durch die „positiven“ Hormone vermindern sich körperliche Spannungen, während die Zahl der Zellen, die Antikörper gegen Viren produzieren, ansteigt. Dr. Tan bringt dazu den Vergleich: *„Alle diese Neuro-Hormone verhalten sich wie ein Orchester, jedes Instrument spielt eine spezielle Note. Lachen macht das gesamte Orchester melodiöser oder harmonischer. Mit anderen Worten:* ***Lachen bringt ein Gleichgewicht in alle Komponenten des Immunsystems****“*

Jeder Mensch hat seine eigene Methode, mit negativem Stress umzugehen. Dabei gibt es sinnvolle, produktive und weniger sinnvolle Methoden. Positive Beispiele: die Lieblingsmusik hören, sich mit Freunden austauschen, joggen, lachen ... Alkohol oder die Zufuhr eines Übermaßes von Süßigkeiten scheint für den Augenblick dieselbe Wirkung zu haben, aber auf die Dauer verursachen sie natürlich mehr oder weniger schwere gesundheitliche Schäden.

Es gibt eine Unzahl an Ursachen, die Stress auslösen können: schreiende Kinder, Auseinandersetzungen mit Arbeitskollegen, Sorgen, leidenschaftliche Küsse, Spiel und Sport. ... Aufregungen im Berufsleben können sowohl Eustress als auch Disstress auslösen. Ob sich Stress positiv oder negativ auswirkt, ist oft nur eine Frage der persönlichen Einstellung und Vorliebe. Der eine liebt seine Arbeit, der andere hasst sie.
Es ist jedenfalls absolut nicht sinnvoll, jede Form von Stress zu vermeiden. Null Stress führt zu Erschlaffen und schmälert die Lebensfreude. Bis zu einem gewissen Grad der Anspannung ist Stress förderlich. Doch wenn eine bestimmte (individuell sehr unterschiedliche) Grenze überschritten wird, schlägt Eustress **immer** in Disstress um. Sport, bis zu einem gewissen Maß betrieben, ist gesund und fördert das Wohlbefinden, die Gesundheit und das Immunsystem. Wird dieses Maß überschritten, tritt der gegenteilige Effekt ein.
Wer sich bei einem neuen Arbeitsplatz bewirbt, wird sich beim Vorstellungsgespräch sicher zumindest in einer leichten inneren Gespanntheit und Aufregung befinden. Dieser Stress ist wünschenswert, denn er mobilisiert die Wachheit der Sinne, das Reaktionsvermögen und damit die Fähigkeit, sich vollkommen auf das Geschehen konzentrieren zu können.

> „Nichts auf der Welt ist so gerecht verteilt wie der Verstand. Denn jedermann ist überzeugt, dass er genug davon habe."
>
> *Rene Descartes, (1596-1650), französischer Mathematiker u. Philosoph*

Der Unterschied zwischen Christentum und Kommunismus: Das Christentum predigt die Armut, der Kommunismus verwirklicht sie.

Dass Menschen, die sich häufig oder gar dauernd im Disstress befinden, über kurz oder lang der Humor vergeht, leuchtet ein. Deshalb folgen hier ein paar Anregungen, wie wir Disstress vermeiden und Eustress fördern können:

1. Sorge für **genügend guten Schlaf und für Erholungspausen** auch tagsüber (schon ein oder zwei Minuten lang die Augen zu schließen und sich bewusst zu entspannen wirkt Wunder!).
2. Vermeide Rauchen, mehr als eine bis höchstens zwei Tassen Kaffee pro Tag, verzichte auf raffinierten Zucker in jeder Form und übermäßigen Alkoholgenuss (halte es ruhig mit der englischen Tradition: „**Never drink before the sun is down!**").
3. Sorge für eine positive Lebenseinstellung: „**Think Pink**".
4. Schaffe dir ein möglichst angenehmes Umfeld, sowohl zu Hause als auch am Arbeitsplatz - Einrichtung, Licht, Sauberkeit, Ordnung, Ruhe.
5. Achte auf **positive Kommunikation** mit deinen Mitmenschen.
6. Achte auf deine Zeiteinteilung („**Time Management**"): Nimm sofort und energisch in Angriff, was du schon lange vor dir herschiebst.
7. **Lerne „Nein" zu sagen**, wenn du „Nein" sagen willst.
8. Schaffe klare **Prioritäten** für deine Aufgaben und Ziele.
9. Betreib regelmäßig **lustvollen Sport** (Joggen, Wandern, Radfahren ...) - zumindest einmal pro Tag sollte der Kreislauf angeregt und wirklich gefordert werden.
10. Lerne Aufgaben zu **delegieren** und im Team zu arbeiten.
11. Vermeide ein Übermaß an Fernsehen, vor allem an nervenaufreibenden Filmen. Lies regelmäßig **„erfreuliche" ☺ Bücher**!
12. Schließ Frieden mit deinen Mitmenschen - zumindest innerlich.
13. Lerne und betreibe **Entspannungstechniken** - Yoga, Meditation.
14. Schaff dir einen „**mentalen Anker**", ein „Zauberwort", ein Mantra, auf das du in jeder Situation zurückgreifen kannst. Zum Beispiel: „Ich entscheide mich, glücklich zu sein!" „Ich bin mutig und voller Vertrauen!" „Mich kann nichts erschüttern!" „Ich bin dankbar für mein (Da)- Sein!"

Lache ins Leben und es lacht dir zurück.

Sprichwort

Was ist der Unterschied zwischen einem Dieb und einem Arzt? Der Dieb weiß immer, was seinem Opfer fehlt.

Was ist der Unterschied zwischen einem Politiker und einem Tumor? Ein Tumor kann gutartig sein.

Hasya-Yoga

In Indien hat Dr. Mandan Kataria eine eigene Yoga-Lachtechnik als Therapie entwickelt, Hasya-Yoga genannt. Bei dieser Art von „Lachtherapie" trifft man sich unentgeltlich in kleinen Gruppen zum gemeinschaftlichen Lachen - etwa eine Viertelstunde lang. Solche Treffen beginnen mit einer Atemübung, anschließend deklamiert man im Chor „HO-HO-HA-HA". Danach folgen „anregende Übungen wie herzhaftes Lachen, stilles Lachen, wohlwollendes Lachen oder tanzendes Lachen". Bei der Lachtherapie nach Dr. Kataria werden keine Witze erzählt. Es wird gelacht, „als hätte man Grund zum Lachen".
Die Philosophie dahinter lautet: Lachen und Fröhlichkeit ist für sich schon genug. Wir benötigen keinen Grund, um glücklich zu sein. Lachen ist Balsam für das Gemüt. Wer lacht, lebt länger - und glücklicher!
Mittlerweile entstehen auf der ganzen Welt Lachclubs nach Dr. Kataria, und sie vermehren sich mit unglaublicher Geschwindigkeit. Dort wird gelacht, weil Lachen Spaß macht und weil es gesund ist. Viele Teilnehmer an diesen Runden bezeugen, dass sich durch die Übungen ihre Gesundheit stabilisiert, ihr Schlaf verbessert und ein Gefühl von Wohlbefinden und andauernder Frische eingestellt habe.
Auch in den Chefetagen zahlreicher Unternehmen hat sich die positive Wirkung des Humors herumgesprochen, und so werden immer mehr Mitarbeiter zu Lachseminaren geschickt, um dort Stress abbauen und sich Motivation für neue Engagements holen zu können. Lachen gehört zum Kind sein und **etwas mehr „Kindsein" haben die meisten Erwachsenen dringend nötig!**

Schlagfertig: Der Chef rüttelt seinen Angestellten wach und brüllt: „Wissen Sie, was sie sind?"

„Ja, ein aufgeweckter Angestellter!"

> Humor ist das Salz des Lebens. Wer gut gesalzen ist, lebt länger.
>
> *Nossrat Peseschkian, persisch-deutscher Psychiater und Psychotherapeut*

Humortest

Bist du ein humorvoller Mensch?

1. Hast du in den letzten zwei Monaten herzhaft mit jemandem gelacht und geblödelt?
   Nein ☐ Ja ☐
2. Fällt es dir leicht, über dich selbst und deine kleinen Schwächen zu lachen?
   Nein ☐ Ja ☐
3. Kannst du gut damit umgehen, wenn man einen Scherz über dich macht?
   Nein ☐ Ja ☐
4. Vermeidest du Spott und Klatsch über andere Menschen?
   Nein ☐ Ja ☐
5. Fällt es dir leicht, vorwiegend die Schönheiten dieser Welt zu sehen?
   Nein ☐ Ja ☐
6. Fällt es dir leicht, Dinge zu vergessen, die unangenehm, aber nicht zu ändern sind?
   Nein ☐ Ja ☐
7. Bist du beim Spiel ein guter Verlierer?
   Nein ☐ Ja ☐

8. Kannst du mit Misserfolgen relativ gelassen umgehen?
   Nein ☐ Ja ☐

9. Bist du beweglich, wenn sich eine Situation plötzlich ändert?
   Nein ☐ Ja ☐

10. Machst du dir keine großen Sorgen über die Zukunft?
    Nein ☐ Ja ☐

11. Schenkst du deinen Mitmenschen gerne und häufig ein Lächeln?
    Nein ☐ Ja ☐

12. Fällt es dir leicht, andere Menschen mit deiner guten Laune anzustecken?
    Nein ☐ Ja ☐

Testauswertung:

0- bis 2-mal „Nein":
Du hast eine Menge Humor und kannst die schönen und heiteren Seiten des Lebens gut wahrnehmen. Meine Gratulation!
3- bis 6-mal „Nein":
Du hast im Grunde ein humorvolles Gemüt. Nimm das Leben dennoch etwas lockerer! Achte etwas mehr auf „Sonne im Herzen" und die Schönheiten und Annehmlichkeiten des Daseins.
Mehr als 6-mal „Nein":
Dieses Buch, vor allem dieses Kapitel dürften ist genau das Richtige für dich sein. Mach dich mit der Übung des „grundlosen Lächelns" vertraut, wiederhole sie häufig, und du wirst bald wesentlich mehr Anlass zur Freude in deinem Leben finden.

Ehemann beim Rechtsanwalt: „Ich möchte mich von meiner Frau scheiden lassen, weil wir seit unserer Heirat immer nur streiten."

Rechtsanwalt: „Können Sie sich noch an den ersten Streit erinnern?"

Ehemann: „Ja, ganz genau sogar. Es ging gleich bei der Hochzeit los. Meine Frau wollte unbedingt mit auf das Hochzeitsfoto!"

Erkenne deine Glaubenssätze – erkenne wer du bist!

Zu glauben ist schwer. Nichts zu glauben ist unmöglich.

Victor Hugo (1802 - 1885), französischer Dichter und Maler

Die gegenwärtige Lebenssituation eines Menschen ist das Spiegelbild seiner Glaubenssätze

Bernd H. Fritsch

Wenn es einen Glauben gibt, der Berge versetzen kann, dann ist es der Glaube an die eigene Kraft.

Maria von Ebner-Eschenbach (1830-1916), Schriftsteller

Es hat sich ja schon herumgesprochen, dass fast alles, woran man intensiv glaubt, früher oder später in Erfüllung geht. Dazu eine kleine Geschichte ☺:

Eine einsame alte Dame erwirbt ein junges Papageienweibchen, um ein wenig Ansprache zu haben. Kaum ist sie mit dem Vogel zu Hause angekommen, beginnt dieser, ein ums andere Mal zu schreien: „Ich bin ein Freudenmädchen! Ich bin ein Freudenmädchen!"

Nachdem sich die alte Dame einige Tage lang immer wieder diesen Satz anhören musste, ruft sie in ihrer Verzweiflung per Telefon ihren Pfarrer an und bittet diesen um seinen Rat. Dieser empfiehlt ihr, das Papageienweibchen für eine Zeit bei ihm einzuquartieren. Er habe nämlich zwei Papageien, die tief religiös seien und sicher einen guten Einfluss auf ihr sittenloses Haustier haben würden.

Tags drauf bringt die alte Dame ihren Vogel im Pfarrhaus vorbei. Tatsächlich steht dort ein Käfig mit zwei prächtigen Papageien, die unaufhörlich Gebete murmeln und die Heiligen anrufen ... Ohne zu zögern, setzt die Dame ihren Papagei zu den beiden anderen Vögeln in den Käfig. Und das Weibchen beginnt auch sofort wieder zu krächzen: „Ich bin ein Freundenmädchen! Ich bin ein Freudenmädchen!"
Da blicken die beiden Pfarrerspapageien einander verdutzt an und jubeln schließlich: „Gott sei´s gedankt, endlich sind unsere Gebete erhört worden!"

Deine Persönlichkeit ist Ausdruck deines Glaubens

Mit dem Wort ***„Glauben"*** assoziieren wir gewöhnlich ein religiöses Bekenntnis. Doch die Glaubensinhalte, die von Religionsgemeinschaften gelehrt werden, bilden nur einen Bruchteil dessen, was wir Menschen tatsächlich glauben. Ja, die gesamte Persönlichkeit eines jeden Menschen ist im Grunde genommen nichts anderes als die Summe seiner (bewussten und unbewussten) Glaubensvorstellungen. Wir sind, was wir glauben! Jeder einzelne besteht wesentlich aus einem Bündel von Glaubensvorstellungen, die er sich im Laufe seines Lebens angeeignet hat

Das höhere Selbst

Außer unserer Persönlichkeit (der Summe unserer Glaubensvorstellungen, siehe oben) tragen wir einen Wesenskern in uns, der von diesen Glaubenssätzen unberührt bleibt. Dieser kann nicht mit Worten beschrieben oder mit dem gewöhnlichen Verstand erfasst werden. Mystiker und Erleuchtete berichten, dass sie bis zu diesem Kern vorgedrungen sind. Sie geben ihm Namen wie *„höheres Selbst"*, *„Tao"*, *„Krishna"* oder *„Gott in mir"*. Die Buddhisten nennen es „das Nichts" oder „die Große Leere". Damit wollen sie nicht sagen, dass da „nichts" (im

Gegensatz zu „etwas") wäre, sondern dass auf dieser Ebene nur das Unbeschreibliche existiert, frei von Inhalt und logischer Bedeutung. Im „Satori" (Erleuchtungszustand), der erreicht ist, wenn wir uns von allen Glaubensvorstellungen frei gemacht haben, begegnen wir diesem „Nichts".

Das Neue Testament sagt dazu: *„Selig sind die Armen im Geiste, denn Ihrer ist das Himmelreich."* Mit den „Armen im Geiste", sind dabei nicht etwa dumme oder geisteskranke Menschen gemeint, sondern diejenigen, die sich vom gewöhnlichen Denken, von der Sklaverei des sorgenvollen, rastlosen Grübelns frei machen konnten.

Dieses rätselhafte, unbeschreibliche „höhere Selbst" wird uns in diesem Kapitel nur am Rande beschäftigen. Unser Interesse gilt hier vielmehr der „Persönlichkeit", also der Gesamtheit unserer Glaubens- und Gedankeninhalte. Paradoxerweise ist jene Instanz in uns, die uns überhaupt dazu befähigt, uns selbst zu beobachten, eben genau jenes höhere Selbst. Im alltäglichen Wachbewusstsein können wir lediglich unseren eigenen Körper, bestenfalls unsere Gedanken und Gefühle beobachten und wahrnehmen - niemals jedoch unser „Selbst". Den „Denker", „Fühler" (das Ich), sehen wir nie. Dieses „Ich", das wir eigentlich sind, steht und wirkt unbemerkt im Hintergrund. Wir erahnen es, wir „spüren" es, wir erwähnen es mit jedem „Ich", doch wir können es nicht, abgesondert von unseren Gedankeninhalten, betrachten.

Jeder zieht aus dem Leben heraus, was er zuvor hineindenkt.

Ernest Holmes (1887 – 1960) US-Philosoph

Glauben soll man an das, was noch nicht ist, damit es werde!

Elisabeth Haich (1897 - 1994), ungarische Bildhauerin, Autorin, Yoga-Lehrerin

Du kannst glauben, was du willst

Henry Ford, der Pionier der serienmäßigen Automobilherstellung, prägte den Satz: ***„Ob du nun glaubst, dass dir etwas gelingen wird, oder ob du es nicht glaubst: Du wirst immer recht behalten!“*** Dein Denken bestimmt deine Zukunft. Dem Menschen steht es frei, zu glauben, was er will. Wenn wir glauben, dass wir schwach, unfähig oder unbedeutend sind, werden wir uns auch so fühlen. Umgekehrt, wird derjenige der sich „einbildet“ stark und energiegeladen zu sein auch tatsächlich immer machtvoller werden.

Etliche Erfolgsgurus verkünden es und viele Menschen sind auch davon überzeugt, dass alle unsere Träume sich verwirklichen, wenn wir nur fest genug daran glauben. Das erscheint mir doch etwas simpel, plakativ und übertrieben. Tatsächlich ist der Zusammenhang zwischen der Gedankenwelt und der Wirklichkeit sehr viel komplexer. Manche Menschen etwa haben geglaubt, dass mit Beginn des dritten Jahrtausends die Welt untergehen würde. Der eine oder andere rechnete gar damit, dass zuvor vor seinem Haus eine fliegende Untertasse landen würde und dass ihn einige Außerirdische dazu einladen würden, in ihr Raumschiff einzusteigen und mitzufliegen. Diese Menschen mögen erstaunt oder enttäuscht gewesen sein, als der Jahrtausendwechsel vorüber gegangen und nichts dergleichen geschehen war. Flugs hatte man sich irgendeine Erklärung zurecht gelegt, warum der Weltuntergang verschoben wurde.

Um die Wirkungsweise von Glaubensvorstellungen zu verstehen, müssen wir sie in ihrer Gesamtheit betrachten. Dem erwähnten Gedankengebäude „Weltuntergang“ gehen eine Menge anderer Gedanken voraus, die einem eigenen Glaubenssystem entsprechen. Der UFO-Gläubige aus unserem Beispiel hat zuvor zahlreiche Ideen, oft aus unterschiedlichen Quellen, übernommen, ohne sie auf Sinnhaftigkeit und Realitätsbezug überprüft zu haben. Das Endprodukt dieses Cocktails an Glaubensvorstellungen ist ein Chaos aus abgehobenen und irrealen Fantasievorstellungen. Auch dieser Glauben wird sich verwirklichen, jedoch nicht in Gestalt irgendwelcher Untertassen, sondern in massiven Konflikten zwischen Fantasie und Realität.

Wenn sich Gedanken, Wünsche, Glaubenssätze nicht eins zu eins verwirklichen, so hängt das vor allem damit zusammen, dass wir nicht nur eine einzige Glaubensvorstellung haben, sondern deren viele, die einander in ihrer Wirksamkeit beeinflussen und teilweise widersprechen. So kann es zum Beispiel sein, dass einer, der sich suggeriert, binnen dreißig Tagen einen gut bezahlten Job anzutreten, deswegen mit seiner Autosuggestion erfolglos bleibt, weil er zugleich (unterbewusst) überhaupt nicht entsprechend arbeiten will oder Scheu davor hat, sich den Herausforderungen einer regelmäßigen Erwerbstätigkeit zu stellen.
Wie Anton Tschechow, der russische Erzähler treffend sagt, sind wir das, woran wir glauben. Aus diesem Grunde lohnt es sich, dass wir uns bewusst machen, woran wir glauben – um letztlich selbst zu entscheiden, woran wir glauben wollen! Auf dieses Weise können wir auch die Ursachen für mangelnden Erfolg, für Konflikte und Probleme in unserem Leben selbst feststellen und jene auszuschalten, durch die wir uns mehr oder weniger regelmäßig selbst sabotieren.
Ein einfacher Weg dazu besteht darin, eine Vielzahl an verbreiteten Glaubenssätzen zu überprüfen und uns zu fragen, wie wir selbst zu ihnen stehen. Mit dem folgendem kleinen Workshop wollen wir auf ganz einfache, praktische Weise unsere Glaubensvorstellungen erforschen und überlegen, welche davon wir annehmen, beibehalten, ändern oder ablegen wollen.

> Alles, was wir sind, ist das Ergebnis dessen,
> was wir vorher gedacht haben.
>
> *Siddhartha Gautama Buddha*

> Der Mensch ist das, woran er glaubt.
>
> *Anton Pawlowitsch Tschechow (1860 - 1904),*
> *russischer Erzähler und Dramatiker*

> Es gibt keinen Gedanken in irgendeinem Kopf, der
> sich nicht rasch in eine Macht verwandelt.
>
> *Ralph Waldo Emerson*

Workshop deiner Glaubensvorstellungen

Ich bin zutiefst davon überzeugt, dass es keine *„richtigen"* oder *„falschen"* Glaubensvorstellungen gibt. Die Kirchen sehen das in der Regel etwas anders. Sie stehen zuweilen fanatisch und intolerant hinter ihren Glaubensideen. Das gilt nicht nur für gewisse islamische Fundamentalisten, die am Beginn des dritten Jahrtausends die Welt in Unruhe versetzen. Erinnern wir uns an Giordano Bruno, Johannes Hus, Girolamo Savonarola und viele andere, die ihrer Weltanschauung wegen von den Schergen der katholischen Kirche lebendig verbrannt wurden. Halten wir uns vor Augen, dass die Mehrzahl aller Kriege in den letzten Jahrtausenden Glaubenskriege waren. Fanatische Glaubensvorstellungen zeugen stets von einer Art Besessenheit. Fanatiker sehen, als trügen sie Scheuklappen, nur ganz bestimmte Gedanken als richtig an. Diese wollen sie auch möglichst vielen Mitmenschen aufdrängen. Auf diese Weise werden jedoch selbst die besten Glaubensvorstellungen pervertiert.

Die einzig sinnvolle und vernünftige Unterscheidung von Glaubenssätzen ist für mich die in ***lebensbejahende***, fördernde und in ***lebensverneinende***, behindernde. Unter diesem Gesichtspunkt wollen wir unsere Glaubensvorstellungen untersuchen. Finden wir heraus, welche unserer Gedanken uns stark und erfolgreich machen und welche uns schwächen und uns die Freude am Leben verderben.

Lass dir Zeit für diese Übung; verteile sie getrost auch auf mehrere Tage. Es geht immerhin um deine Glaubensätze, also um nichts weniger als um deine Einstellung zum Leben und letztlich um deine Lebensfreude. Vertiefe dich in die einzelnen Aussagen, fühle in dich ein, wie es dir mit jedem einzelnen dieser Glaubenssätze geht. Lass sie intensiv auf dich einwirken. Einige von ihnen spiegeln die Lebenshaltung großer Denker und weiser Persönlichkeiten wider. Soweit es sich um Zitate handelt, habe ich bewusst die Autoren nicht angefügt, um dich nicht zu beeinflussen.

Prüfe die nachstehenden Glaubenssätze und Sprüche und halte deine Gedanken dazu schriftlich fest. Die schriftliche Auseinandersetzung mit deinen Glaubensvorstellungen ist dabei besonders wichtig. Bloßes

„Überfliegen" der Texte dürfte kaum einen tiefgreifenden Bewusstwerdungs- und Veränderungsprozess in dir auslösen.

Lege dir ausreichend Schreibmaterial zurecht und beantworte für dich zu jedem einzelnen Satz die Fragen:

- Kann ich mich dieser Meinung anschließen?
- Ist diese Aussage lebensbejahend oder lebensverneinend?
- Ist dieser Gedanke in meiner Persönlichkeit verankert?
- Will ich diese Aussage in meiner Persönlichkeit verankern, oder will ich mich von ihr abwenden?
- Weshalb gefällt mir diese Aussage, oder missfällt sie mir?
- Falls ich zu dem Schluss gekommen bin, dass ich diese Aussage in mir verankern will: Aus welchen Gründen habe ich ihr bisher noch nicht die Beachtung geschenkt, die sie nun offensichtlich für mich verdient?

Glaubenssätze der Sinnebene

- Alles Geschehen hat einen weisheitsvollen Urgrund. Darauf können wir vertrauen, auch wenn unser Verstand nicht immer ausreicht, den tieferen Sinn zu begreifen.

- Alles Leben ist auf eine ständige Höherentwicklung angelegt.

- Wir können selbst den Sinn unseres Lebens mitbestimmen.

- Was der Mensch sät, das wird er ernten.

- Wir sind Sklaven der Vergangenheit und Herren der Zukunft.

- Das Leben geht immer weiter. Nichts ist vergänglich.

- Wir sind unser Körper. Mit dem Tod ist alles aus.

- Der Körper ist eine bloße Hülle, ein Werkzeug, ein Erfüllungsgehilfe des Ich.

- Das Schicksal macht keine Fehler.

- Es gibt eine höhere Ordnung und Gerechtigkeit im Universum.

- Die Zeiten werden immer schlechter.

Glaubenssätze der Entwicklungsebene

- Wer aufhört zu wachsen, hört auf zu leben.

- An meinem Unglück sind meine Eltern, meine Erziehung, meine Lebensumstände schuld.

- Je mehr Energie wir verbrauchen, desto mehr haben wir.

- Ändere dich, und deine Umgebung wird sich ändern.

- Wenn man absichtlich weniger aus sich macht, als man könnte, wird man für den Rest des Lebens unglücklich sein.

- Auch aus Steinen, die dir in den Weg gelegt werden, kannst du etwas Schönes bauen.

- Wenn es einen Glauben gibt, der Berge versetzen kann, dann ist es der Glaube an die eigene Kraft.

- Niemals wird dir ein Wunsch gegeben, ohne dass dir auch die Kraft verliehen wurde, ihn zu verwirklichen.

- Täglich mit frischen Augen die Dinge betrachten lernen, täglich die Pläne, Ansichten und Ziele des gestrigen Tages überflügeln, das ist Leben.

- Intuition ist der Weg, um neue Erkenntnisse zu gewinnen.

- Meditation gibt Kraft und Einsicht.

- Der Mensch kann nicht zu neuen Ufern vordringen, wenn er nicht den Mut aufbringt, die alten zu verlassen.

- Abenteuer und Risiko gehören zu einem erfüllten Leben. Ohne Abenteuer verdorren wir wie eine Primel.

Glaubenssätze der Glücksebene

- Glückliche Menschen denken nicht problemorientiert, sondern lösungsorientiert.

- Ein Mensch hat Erfolg, wenn er morgens aufsteht und abends zu Bett geht und in der Zwischenzeit genau das tut, was er tun will.

- Trenne dich nie von deinen Illusionen und Träumen. Wenn sie verschwunden sind, wirst du weiter existieren, aber aufgehört haben zu leben.

- Glückliche Menschen haben eine Vision - etwas, wofür sie leben.

- Glück ist kein Geschenk der Götter, es ist die Frucht einer inneren Einstellung.

- Das Komische am Leben ist: Wenn man darauf besteht, das Beste zu bekommen, dann bekommt man es auch.

- Es gehört schon eine Menge Mut dazu, schlicht und einfach zu erklären, dass der Zweck des Lebens ist, sich seiner zu erfreuen.

- Es ist leicht, glücklich zu sein, wenn man reich ist und keine Schwierigkeiten überwinden muss.

- Glück ist ungerecht verteilt. Es beruht auf Zufall oder Ellbogentechnik.

- Die wirklich glücklichen Menschen, denen ich begegnet bin, waren diejenigen, die in der Hingabe an eine Aufgabe aufgegangen sind.

- Glücklich zu sein ist eines der besten Mittel, um ein guter Mensch zu werden.

- Glückliche Menschen umgeben sich mit unterstützenden Leuten und reduzieren den Kontakt zu Miesmachern.

Glaubenssätze der Erfolgsebene

- Der goldene Mittelweg ist der einzige Weg, der nie zum Ziele führt.
- Erfolg hat nur der, der etwas tut, während er auf den Erfolg wartet.
- Tue erst das Notwendige, dann das Mögliche, und plötzlich schaffst du das Unmögliche!
- Jeder ist nur so viel wert wie das Ziel seines Strebens.
- Das Geheimnis des Erfolges ist es, den Standpunkt des anderen zu verstehen.
- Reichtum ist verwerflich. Reiche Leute sind keine guten Menschen.
- Besser unvollkommene Entscheidungen durchführen als ständig nach vollkommenen suchen, die es niemals geben wird.
- Dass etwas schwer ist, muss ein Grund mehr sein, es zu tun.
- Mancher verdankt seinen Erfolg den guten Ratschlägen, die er nicht angenommen hat.
- Es hat noch niemand etwas Ordentliches geleistet, der nicht etwas Außerordentliches leisten wollte.
- Wo man nehmen will, da muss man erst geben.
- Nicht weil es schwer ist, wagen wir es nicht, sondern: Weil wir es nicht wagen, ist es schwer.

Glaubenssätze der emotional-psychischen Ebene

- Optimale Erfahrung hängt von der Fähigkeit ab, zu steuern, was sich jeden Augenblick im Bewusstsein abspielt.

- Denke, du bist glücklich, und du wirst es sein.

- Das Leben ist das Ergebnis unserer Gedanken.

- Das Leben ist bezaubernd, man muss es nur durch die richtige Brille sehen.

- Der Mensch wird nicht durch Dinge beunruhigt, sondern durch seine eigene Meinung über Dinge.

- Das macht den vollendeten Charakter aus: Jeden Tag so leben, als wäre es der letzte, und weder erregt noch verkrampft noch unecht zu sein.

- Seine eigenen Erfahrungen bedauern, heißt seine eigene Entwicklung aufhalten.

- Was du befürchtest, wird sich bewahrheiten.

- Das Leben ist voller Gefahren. Das Unglück lauert hinter vielen Ecken.

- Mit Vertrauen in die höhere Führung kannst du nicht fehl gehen.

- Eure erste Verteidigung gegen die Gefahren und Sorgen der Welt sollte stets darin bestehen, Zuflucht in einer kurzen Meditation über das all-weise, all-mächtige Überselbst zu nehmen. Erst eure zweite darin, zu den menschlichen Hilfsmitteln des Egos zu greifen.

- Ich habe viel falsch gemacht. Ich habe viel Schuld auf mich geladen. Ich bin ein Versager.

- Jeder macht Fehler. Wir machen Fehler, weil wir es nicht besser wissen. Fehler sind notwendige Lernprozesse.

- Ich kann nicht aus meiner Haut heraus. Ich kann mich nicht einfach verändern.

- Es gibt nur zwei Wege, sein Leben zu leben: Der eine ist, nicht an Wunder zu glauben, und der andere ist, alles als ein Wunder anzusehen.

- Ohne Leidenschaft gibt es keine Genialität.

> Die stärkste Gewalt ist eben die, der man sich nicht bewusst ist.
>
> *Prentice Mulford*

> Greise glauben alles. Männer bezweifeln alles. Junge wissen alles besser.
>
> *Oscar Wilde*

> Das Einzige, was niemand glauben will, ist die Wahrheit.
>
> *George Bernard Shaw*

So nicht! Ich werde erfolgreich sein!

Je tiefer eine Glaubensvorstellung in dir verankert ist, desto wirksamer ist sie. Gerade jene Glaubenssätze, die uns gar nicht bewusst sind, wirken besonders stark. Viele Kinder beispielsweise, die von ihren ängstlichen Müttern vor dem Ertrinken, vor Einbrechern oder vor sonstigen Gefahren des Lebens übermäßig gewarnt werden, entwickeln eine lebenslange, oft irrationale und extrem hinderliche Ängste. Oder: Erntet ein Kind wenig Lob, dafür aber desto mehr Tadel, so entsteht in ihm der Glauben an seine Unfähigkeit und die Erwartung immer wieder zu

versagen. Kein Wunder, wenn es diese Kinder im späteren Leben schwer haben ein gesundes Selbstvertrauen zu entwickeln.
Was können wir Erwachsene gegen solche Glaubenssätze, die uns schon in der Kindheit eingeprägt worden sind, unternehmen? Wie können wir negative Glaubensvorstellungen, die wir uns selbst einsuggeriert haben (weil andere auch so denken, weil wir unglückliche Schlüsselerlebnisse hatten, weil wir gewisse Geschehnisse in unserer Vergangenheit falsch interpretiert haben) wieder aufheben?
Eine Möglichkeit besteht darin, einen Psychiater aufzusuchen und unter dessen Anleitung schwerwiegende traumatische Kindheitserlebnisse aufzuarbeiten. Auch über Körperarbeit (zum Beispiel die Feldenkrais-Methode) können Verkrampfungen und innere Blockaden aufgelöst werden. Doch **im Allgemeinen genügt es, wenn wir möglichst wach und aufmerksam beobachten, was in unseren Gefühlen und Gedanken vor sich geht**. Ja, das genügt. Ich gebe allerdings zu, dass dazu ein hoher Grad an Achtsamkeit erforderlich ist. Bleib daher dran! Es ist eine Aufgabe, die sich über Jahre hinziehen wird, doch ich versichere dir: Es lohnt sich! Besonders aufschlussreich sind dabei Worte und Redensarten, die wir immer wieder gebrauchen, wie zum Beispiel:

- Das schaffe ich nicht!
- Davor fürchte ich mich!
- Das kann nicht gut gehen!
- Was immer ich angreife, geht schief!
- Nein, nicht schon wieder!
- Mein Gott, ist das schrecklich!
- Entsetzlich, wie kann das nur geschehen!
- Ich ertrage das nicht!
- Schon wieder trifft es mich!
- Ich bin so unglücklich!
- Das ist zum Verzweifeln!
- Das macht mich fertig!
- Das macht mich noch krank!

Eingefahrene „negative“ Gedankenmuster und Glaubensvorstellungen können wir am besten dadurch auflösen, dass wir sie, sobald sie durch unsere Gedanken huschen oder über unsere Lippen kommen, sofort „festnageln" und uns zum Beispiel sagen: **„Stopp! so nicht!** Ich werde erfolgreich sein! Heiter und gelassen meistere ich jede Schwierigkeit. Der Satz „Das schaffe ich nicht!", gilt nicht mehr. Wenn ich will, kann ich alles erreichen. Ich werde mich hundertprozentig dafür einsetzen. Ich bin überzeugt, ich werde erfolgreich sein!"

Es erfordert, wie gesagt, eine Menge Aufmerksamkeit, um all unseren negativen Gedanken auf die Schliche zu kommen. Wenn uns Gefühle heimsuchen, die uns schwach, lustlos, depressiv oder antriebsschwach machen, sollten wir möglichst rasch in uns gehen und nachforschen, welche Gedanken diesen Gefühlen vorangegangen sind und sie ausgelöst haben. Diese auslösenden Gedanken tauchen nämlich meist nur kurz auf und verschwinden sofort wieder. Aber die Emotionen, die sie auslösen (Ängste, Unlustgefühle, Niedergeschlagenheit), wirken lange nach, auch wenn wir den „Auslöser" schon längst wieder vergessen haben.

Am wirksamsten ist es, nicht nur den Fluss der Gedanken immer wieder zu beobachten, sondern darüber hinaus positive, lebensbejahende Gedanken (Affirmationen), in laufenden Wiederholungen, aktiv in uns einfließen zu lassen.

Reflektiere, welche Ergebnisse der Workshop deiner Glaubensvorstellungen erbracht hat:

1. Schreib untereinander auf, welche negativen, erfolgsverneinenden Glaubenssätze in dir wirksam sind:

   ___

   ___

   ___

2. Notiere, wie sich deine negativen Glaubenssätze bisher in deinem Privat- und Berufsleben ausgewirkt haben:

   ___

   ___

   ___

3. Notiere starke, dynamische Sätze, die dein Leben in Hinkunft verändern und positiv beeinflussen werden. Verwende dabei nach Belieben die eine oder andere der oben zitierten Aussagen, oder auch andere, die du in einem guten Buch gelesen hast oder die dir auf andere Weise eingefallen oder zugefallen sind:

____

____

____

Es ist wirklich leicht, unsere Persönlichkeit zum Positiven zu verändern, wenn wir uns neue kraftvolle Gedanken einprägen. Das weiß ich nicht nur aus zahlreichen Berichten von Menschen, die es getan haben, sondern natürlich auch aus eigener Erfahrung. Ich empfehle dir jene „Kraftsätze", die für dich besonders wichtig sind, in Postergröße niederzuschreiben und an gut sichtbarer Stelle in deiner Wohnung aufzuhängen. So kannst du sie dir immer wieder, wochen- und monatelang einprägen. Und zwar so lange, bis sie dir in Fleisch und Blut übergegangen sind und die alten negativen Denkmuster verdrängt haben.

Beschreibe die charakteristischen Glaubensvorstellungen, die deine Persönlichkeit prägen. Wie siehst du dich selbst? Wie, meinst du, sehen dich die anderen? (Scheu dich nicht, von Personen, die dir nahe stehen ein entsprechendes Freedback einzuholen!)

____

____

____

Was ist dein Traumbild von dir selbst, von deinen persönlichen Eigenschaften? Forme deine idealen Glaubensvorstellungen:

____

____

____

Wenn dir eine Eigenschaft mangelt und du möchtest sie dir zulegen, dann tu so, als hättest du sie schon.

William James

Handeln Sie, als ob Sie keine Angst hätten, und Sie werden mutig werden, als ob Sie könnten, und Sie werden feststellen, dass Sie können. Tun Sie so, als ob Sie einen Menschen gut leiden könnten, und Sie werden zu einer Freundschaft kommen.

Norman Vincent Peale

Gesetze des Lebens

Es steht uns, wie schon erwähnt, grundsätzlich frei, über uns selbst, über die Welt, über ihren Sinn, über das, was gut oder schlecht, was gesund oder ungesund ist, zu glauben, was immer wir wollen. Unabhängig davon, ob das, was wir glauben, objektiv richtig ist oder nicht, ob es lebensfördernd ist oder nicht, ob es mit den Naturgesetzen im Einklang steht oder nicht: Was wir glauben, wird unser Leben und unser Wohlbefinden stets maßgeblich beeinflussen. So heißt es auch in der Bibel: ***„So wie du glaubst, so wird dir geschehen!"*** Allerdings sind die in uns verankerten Glaubensätze zumeist „fremdbestimmt", das heißt aus weltlicher und religiöser Erziehung, von Freunden, Medien und dergleichen übernommen. Deshalb sind wir in der Regel hinsichtlich dessen, was wir glauben (und was demzufolge unser Leben bestimmt), ziemlich unfrei. Es ist daher lohnend, all unsere Glaubensätze zuweilen zu überprüfen und infrage zu stellen.
Besondere Schwierigkeiten können uns Glaubenssätze bereiten, die im Widerspruch mit Naturgesetzen oder geistigen Gesetzen stehen. Diese Gesetze bilden die sogenannten **„Spielregeln" des Lebens**. Verstoßen wir gegen diese Spielregeln, so entsteht für uns ein ernstes Problem. Es ist wie bei einem Fußballspiel. Wenn wir die Regeln missachten und beispielsweise ein Foul spielen, so bekommen wir vom Schiedsrichter eine Verwarnung, unsere Mannschaft wird durch einen Strafstoß für die gegnerische Mannschaft bestraft und im Wiederholungsfall oder bei einem groben Foul können wir sogar vom Platz verwiesen werden. Mindestens ebenso unangenehm sind die Konsequenzen eines Verstoßes gegen die

Lebensgesetze. Wer meint, einen Achttausender ohne entsprechende Erfahrung, Konstitution und Training bezwingen zu können, wird diese Anmaßung höchst wahrscheinlich mit seinem Leben bezahlen. Wer die Erdanziehungskraft unterschätzt und aus, sagen wir, vier oder fünf Metern Höhe herunterspringt, kann sich dabei erheblich verletzen.
Neben den naturwissenschaftlich erforschten Gesetzmäßigkeiten (wie wir sie aus Physik und Chemie kennen) gibt es die geistigen Gesetze: Sie sind nicht so leicht nachweisbar, aber um nichts weniger wirksam. Den Schluss dieses Kapitels bilden die sechs wichtigsten dieser Lebensregeln. Wir finden sie in den Worten der großen Menschheitslehrer, wie sie in den heiligen Schriften aller Kulturen niedergeschrieben sind: In den indischen Veden wie in der Tabula Smaragdina, im Alten und Neuen Testament der Bibel, in den buddhistischen Urtexten, im Koran und vielen anderen. Sie sollten nicht als harte, grausame Zwangsvorschriften aufgefasst werden. Im Gegenteil: **Sie sind Orientierungs- und Lebenshilfen – nicht mehr und nicht weniger!** Man kann sie mit der Straßenverkehrsordnung vergleichen, die notwendig ist, um einen halbwegs geordneten und gefahrlosen Verkehr zu ermöglichen.

> Wie oben, so auch unten. Alles, was in den oberen Sphären geschieht, wirkt auf die untere Welt und prägt sich ihr ein, alles auf Erden ist ein Abbild der Kräfte, die vom Himmel ausstrahlen.
>
> *Leitsatz der tabula smaragdina des Hermes Trismegistos*

Die sechs wichtigsten Spielregeln

I. Das Gesetz von Ursache und Wirkung

Das Gesetz von Ursache und Wirkung ist aus der Physik allgemein bekannt. Wasser, das auf 100 Grad Celsius erhitzt wird, „kocht", das heißt es geht in den gasförmigen Zustand über und verdampft. Pflanze ich heute einen jungen Kirschbaum, kann ich (wenn keine äußeren Hindernisse dazwischentreten) in zwei bis drei Jahren die ersten Kirschen ernten.

Dasselbe Gesetz gilt auch im geistigen Bereich: Jeder Gedanke, jede Handlung zieht Folgen nach sich, die unmittelbar auf ihren Urheber rückwirken. In den Religionen Asiens wird dieses Gesetz „Karma" genannt. Das Neue Testament bezieht sich darauf mit den Worten: ***„Was der Mensch sät, das wird er ernten"*** (Gal 6,7). Karmische Zusammenhänge zwischen Ursache und Wirkung können freilich nicht so leicht nachvollzogen und bewiesen werden wie naturwissenschaftliche. Wer jemand anderem etwas Gutes tut, der wird irgendwann von irgendwoher wiederum Gutes erfahren. Das kann man nicht nachprüfen, nicht messen und nicht rational erklären. Die Volksweisheit meint dasselbe, wenn sie sagt: „Ehrlich währt am längsten." - Jemand mag sich durch unlauteres Handeln momentan einen Vorteil verschaffen können, doch auf längere Sicht hat ein Betrüger keinen Erfolg. Nach dem geistigen Gesetz von Ursache und Wirkung kommt das, was wir aussenden, wieder auf uns zurück.
Das Gesetz des Karma besagt darüber hinaus: Es gibt keinen willkürlichen „Zu-Fall". Jedes Ereignis hat seine Ursache in einem vorangegangenen Gedanken, einer vorangegangenen Tat. Uns „fällt nur zu", was wir tatsächlich auch selbst verursacht haben! Wenn unser Unternehmen krankt, sollten wir die Ursache nicht nur im Außen suchen, auch wenn „die Zeiten eben schlecht sind". Wir sollten uns bewusst machen, dass es an uns liegt, die schlechten Zeiten in gute zu verwandeln.

> Alles, was ihr erbetet und erbittet, glaubt nur, dass ihr es schon erhalten habt, so wird es euch zuteil werden.
>
> *Markus 11/24*

II. Die Kraft der Gedanken

Alles, was wir hier auf der Erde vorfinden, hat seinen Ursprung in einer gedanklichen Welt. Ein Haus muss erst einmal als Wunsch, dann als Vision und schließlich als Bauplan vorhanden sein, bevor es gebaut werden kann. Es muss im Geist des Architekten erdacht und in einem Plan niedergelegt werden, bevor der erste Stein verlegt werden kann. Der Mensch hat die Gabe, schöpferisch zu wirken. Jedes seiner Werke hat seinen Ursprung in einer Idee und im Willen, diese auch zu verwirklichen. **Der Gedanke, die Idee allein hat schon die Kraft sich verwirklichen zu wollen.** Gedanken können aufbauen und zerstören. Hüte dich vor der Kraft negativer Gedanken. Sie haben unglaubliches Potenzial, dich energielos und krank zu machen. Ein Unglück, das wir „kommen sehen", das wir uns immer wieder intensiv vorstellen, hat die fatale Tendenz, irgendwann einmal tatsächlich einzutreten. Wovor wir uns am meisten fürchten, hat die größte Chance, in die Wirklichkeit zu treten. Ebenso haben aber positive Gedanken die Kraft, alles Schöne und Wertvolle in unser Leben zu bringen, das wir uns nur vorstellen können.

Was für unser eigenes Schicksal gilt, gilt auch für jedes Unternehmen. Je mehr Menschen im Kontext eines Unternehmens negativ und pessimistisch denken, desto nachteiliger sind die Auswirkungen für den Unternehmenserfolg. In jeder Gemeinschaft gibt es auch gemeinsame gebündelte Vorstellungsbilder. Das müssen nicht unbedingt bewusste gemeinsame Ziele und Überzeugungen sein. Der „**Unternehmensgeist**", die Gedanken der Mitarbeiter eines Unternehmens (insbesondere jedoch der Führungskräfte), entscheidet über Glück und Missgeschick, Erfolg und Misserfolg des Unternehmens.

Die gute Nachricht dabei ist, ist, dass wir buchstäblich jeden Tag durch einen kräftigen Zug am Steuerrad unserer Gedanken unserem Schiff eine neue Richtung geben können.

III. Das Resonanzgesetz

Gleiches zieht Gleiches an. Wer das Leben aufmerksam beobachtet, kann dieses Gesetz immer wieder bestätigt sehen. Es finden sich immer wieder die „richtigen" Leute zusammen. Wer heiter und fröhlich durchs Leben geht, zieht mit der Schwingung, die er ausstrahlt, lebensbejahende Menschen in seine Umgebung. Wer mit Begeisterung ein Ziel verfolgt, wird Menschen anziehen, die ebenfalls fähig sind, sich zu begeistern und seine Freude an einer Arbeit für ein gemeinsames Ziel teilen.

Wer zu Depressionen neigt, wird häufig Menschen begegnen, die mit ähnlichen Problemen zu kämpfen haben. Wir fühlen uns von jenen Menschen magisch angezogen, die uns ähnlich sind, die uns einen Spiegel unseres eigenen Wesens vorhalten. Umgekehrt werden wir eine

Gesellschaft, in der wir uns nicht wohl fühlen, da sie nicht unserer eigenen Schwingung entspricht, wohl bald wieder verlassen.

IV. Die Umwelt ist mein Spiegel

Vielen Menschen fällt es sehr schwer, sich mit dieser Wahrheit anzufreunden und sie zu verstehen. Nach meiner Erfahrung kann dieses Gesetz am besten so erklärt werden:

1. **Meine Sichtweise entscheidet**. Wie mir die Welt erscheint, hängt von meiner Einstellung zu ihr, von meinen Gedanken über sie ab. Ich kann die Umwelt als Bedrohung ansehen („Das Leben ist hart und grausam!") oder als überwältigend wertvolles Geschenk („Danke für die Sonne, die Bäume, die Mitmenschen, für all das, was ich erfahren darf!"). Meine Brille (rosa ☺ oder grau ☹) entscheidet, wie die Welt für mich „ist". Das Wasserglas ist bekanntlich entweder halb voll oder halb leer - je nach der Betrachtungsweise.

2. Dem Resonanzgesetz entsprechend, ziehe ich Menschen und Ereignisse an, die meinem Wesen, meinem Charakter, meiner Denkweise entsprechen. Wer das erkannt hat, wird bald darauf verzichten, seinen Partner, seinen Chef, seine Kollegen, seine Kunden verändern oder erziehen zu wollen, wenn er mit ihnen nicht zufrieden ist. Denn das funktioniert ohnedies nur in den seltensten Fällen. **Er macht es sich leichter und verändert sich selbst ☺. Er schimpft nicht über Gott und die Welt, sondern kehrt vor der eigenen Tür**. Er wird es aufgeben, zu nörgeln oder andere zu manipulieren, sondern sich selbst fragen: „Was kann ich tun, wie kann ich mich besser verhalten, wie kann ich mich verändern, um dem unerwünschten Zustand oder Verhalten meiner Umwelt nicht länger ausgesetzt zu sein?"
   Die einzige Chance, wirklich in der Welt etwas grundlegend zu verändern, besteht darin, sich selbst zu ändern.

Wie das funktioniert, soll ein kleines Beispiel erläutern: Nimm an, dein Chef ist intolerant, zeigt für deine Arbeitsweise kein Verständnis und kritisiert laufend an dir herum. Du fragst dich selbst: „Was hat das mit mir zu tun? In welcher Beziehung bin ich selbst zu wenig einfühlsam? Kritisiere ich selbst gern (in Gedanken oder auch offen) meine Mitmenschen?" - Du beginnst, dich selbst zu verändern: Du bemühst dich, deine so erkannten Schwächen abzubauen. Und siehe da, es geschehen Zeichen und Wunder: Dein Chef zeigt sich plötzlich verständnisvoller, weiß deine Arbeit besser zu schätzen. Möglicherweise verändert er sich aber auch nicht, wird aber stattdessen in eine andere Abteilung versetzt oder tritt in den Ruhestand. Wer will es verstehen ...?

V. Das Gesetz der Polarität

Jede Erscheinung auf dieser Erde hat ihr Gegenbild. Fesseln und Freiheit, Licht und Schatten, Freude und Leid, Mann und Frau, Tod und Leben: Alle diese Gegensätze gehören zusammen, sind untrennbar miteinander verbunden und bedingen einander. Wir könnten unsere Freiheit nicht schätzen, wenn wir nicht wüssten, wie sich Unfreiheit anfühlt. Wir könnten nichts als weich oder warm empfinden, hätten wir nicht auch Härte und Kälte kennen gelernt.

Jede Erfahrung, die wir machen dürfen, birgt auch das Gegenteil in sich. Jede Krise bietet eine Chance. **Je mehr wir uns gegen eine Erfahrung auflehnen, desto stärker wirkt sie**. Wer sich gegen Alter, Krankheit oder Tod auflehnt, kann die Chancen nicht erkennen, die in ihnen verborgen liegen. Im Gegenteil: Gedanken an Alter, Krankheit und Tod werden auf diese Weise zu bedrohlichen Gespenstern, die uns daran hindern, im Hier und Jetzt zu leben und daran, jugendlich, gesund und lebendig zu bleiben. Wer sich gegen Missgeschicke auflehnt und sie nicht annehmen kann, der ist auch weder reif noch fähig dazu, ihr Gegenteil, nämlich Glück und Erfolg, in sein Leben einzulassen.

VI. Das Gesetz des Ausgleichs

Das Gesetz des Ausgleichs entspricht dem ihm übergeordneten Gesetz von Ursache und Wirkung. Wer gibt, der bekommt. **Niemand kann auf lange Sicht nehmen, ohne entsprechend zu geben**. Jedes erfolgreiche Unternehmen wird Nutzen geben müssen, um Gewinn erzielen zu können. Auf lange Sicht bewährt sich für jedes Geschäft nur das Prinzip des „**Win-Win**": Ich gewinne, du gewinnst. Nur wenn beide Seiten gewinnen, sind gute, dauerhafte Geschäftsbeziehungen möglich.

Es hat oft den Anschein, als ob es sich bezahlt machte, sich ungerechtfertigte Vorteile zu verschaffen. Auf längere Sicht haben wir jedoch für alles zu bezahlen, was wir nehmen; und wir bekommen alles vergolten, was wir geben. Die Bezahlung muss dabei nicht immer in Bargeld erfolgen. Wer Unrecht tut, schadet zunächst einmal seinem eigenen Gemüt. Auch wenn er es verleugnet und es nicht wahrhaben will: Tief drinnen fühlt er sich unwohl. In der Folge kann dies eine Krankheit verursachen. Jedenfalls wird er sich an unrechtmäßig Erworbenem nicht auf die gleiche beglückende Weise erfreuen können wie jemand, der frei, offen, ehrlich und unbeschwert gibt und nimmt.
Niemand kann mehr Liebe empfangen, als er zu geben fähig und bereit ist. **„Je mehr du gibst, desto mehr hast du zu geben"**. Wer immer wieder gibt, wird immer wohlhabender. Wer nicht zu geben bereit ist, wird immer ärmer. Menschen, die sich in ihrer Gemüts- und Gedankenwelt verschließen, neigen oft zu Depressionen. Sie fühlen sich unglücklich, weil sie zu wenig zu bekommen meinen; dabei entgeht ihnen, dass sie ihr Glück nur wieder herstellen können, indem sie selbst wieder beginnen zu geben.
Das Gesetz des Ausgleichs verweist auch darauf, dass wir nicht unbedingt aus derselben Richtung empfangen werden, in die wir gegeben haben. Wer einem anderen aus einer Not hilft, wird selbst Hilfe erhalten, wenn er sie benötigt - und zwar höchstwahrscheinlich von ganz anderer Seite. Die Liebe, die Eltern einem Kind schenken, wird ihnen möglicherweise nicht von diesem, sondern vielleicht von Freunden zurückgeschenkt oder die Partner beschenken sich gegenseitig. Auch kann der Ausgleich ganz einfach in der beglückenden Erkenntnis der Schönheit des Lebens auf dieser Erde begründet sein.

Was ist dir wichtig? - Die Hierarchie deiner Werte

Ich habe drei Schätze, die ich hüte und hege: Der eine ist die Liebe, der zweite ist die Genügsamkeit, der dritte ist die Demut. Nur der Liebende ist mutig, nur der Genügsame ist großzügig, nur der Demütige ist fähig zu herrschen.

Laotse

Das größte Problem unserer modernen Gesellschaft ist, dass die Menschen sich selbst für zu billig halten.

Abraham Maslow

Abraham Maslow

Der Forscher und Psychologe Abraham Maslow (1908-1970) wurde vor allem durch die von ihm entwickelte „Bedürfnispyramide" weltberühmt. Diesem Modell zu Folge hat jeder Mensch acht Grundbedürfnisse, die sein Leben prägen:

Pyramide der menschlichen Bedürfnisse

1. Biologisch (Sauerstoff, Nahrung, Sexualität)
2. Sicherheit (Schutz, Ruhe, Freiheit von Angst)
3. Zugehörigkeit (Zuneigung, Liebe, Bindung)
4. Wertschätzung (Selbstwertgefühl, Anerkennung, Prestige)
5. Kognitiv (Neues, Wissen, Erkenntnis)
6. Ästhetik (Ordnung, Schönheit)
7. Selbstverwirklichung (Ziele, Potentialausschöpfung)
8. Transzendenz (Spiritualität, höheres Bewusstsein)

Schon auf den ersten Blick erkennen wir, dass die Stufen dieser Pyramide eine Entwicklung des Menschen von den einfachsten Grundbedürfnissen zu immer höheren Ansprüchen des Gefühls und des Denkens abbilden; Maslows These besagt, dass jede Person bestrebt ist, sich ausgehend von der untersten Stufe (Überleben) bis zur höchsten (spirituelle Selbstverwirklichung) zu entwickeln. Es müssen jeweils die Bedürfnisse einer Ebene weitgehend befriedigt sein, bevor der Mensch Ansprüche, die der nächsthöheren Ebene entsprechen, in Angriff nehmen kann. Jemand, der keine Wohnung und keine Nahrung hat, wird im Allgemeinen wenig Interesse zum Beispiel für klassische Musik zeigen.
Das oberste Stockwerk der Bedürfnispyramide erreichen, Maslows Ansicht nach, nur etwa zwei Prozent aller Menschen - jene nämlich, die sich ganz in den Dienst einer großen Idee gestellt haben, wie zum Beispiel Mahatma Gandhi, Martin Luther King, Albert Einstein oder Mutter Theresa.
Dieser Meinung Maslows kann ich mich nur beschränkt anschließen. Keine Frage; das physische Leben und Überleben des Menschen muss gesichert sein, bevor er sich anderen Bedürfnissen, Interessen und Wünschen widmen kann. Doch wenn dies geschehen ist, könnten, wie ich meine, alle anderen Werte der Pyramide gleichrangig nebeneinander stehen. Welchen Rang ein Mensch den einzelnen Bedürfnissen zumisst, hängt wesentlich von seinem Charakter und seinem Temperament ab. Viele starke, charismatische Persönlichkeiten, Menschen, die von einer großen Aufgabe beseelt sind, können auf die Erfüllung von Bedürfnissen wie Sicherheit, Anerkennung oder auch Sexualität verzichten, um ihre Ziele zu erreichen.
Das magische Dreieck „Leben - Arbeit - Zen", der Titel dieses Buches, steht für ein harmonisches, ausgewogenes Verhältnis körperlicher, seelischer und geistiger Bedürfnisse. Wir sind keinesfalls darauf angewiesen, uns um unsere spirituelle Sehnsucht erst nach Befriedigung aller „darunter" liegenden Wünsche zu kümmern. Unsere Beziehungen, unsere berufliche Orientierung und unsere materielle Bedürfnisbefriedigung sollten in enger Verbindung und im steten Wechselspiel mit unserer spirituellen Seite stehen. Nur so können wir erkennen, was wir

wirklich wollen und was für uns „wesentlich“ ist, das heißt was unserem ureigensten Wesen entspricht.

> Ein Musiker muss musizieren, ein Maler muss malen, ein Dichter muss schreiben, wenn er in Frieden mit sich leben will.
>
> *Abraham Maslow*

Die Freiheitspyramide

So wie es eine Reihung unserer Bedürfnisse von den primitivsten Grundbedürfnissen zu den höchsten Ansprüchen gibt, so gibt, es auch eine Pyramide der Rahmenbedingungen für unsere Persönlichkeitsentwicklung. Jede Stufe dieser Pyramide erfordert ihre Beachtung. Und je weiter wir auf diesen Stufen aufwärts steigen, desto freier werden wir, desto mehr verwirklichen wir uns selbst. Ich nenne diese sieben Stufen die ***„Freiheitspyramide“.***

Insgesamt ist unsere **„Freiheitspyramide“** wie folgt aufgebaut:

1. Natur- bzw. geistige Gesetze
2. angeborene Veranlagung
3. Erziehung und Umwelteinflüsse
4. Glaubensätze
5. persönliche Werte
6. Weisheit
7. selbstschöpferisches Sein

Basis unserer Freiheit sind die ***Naturgesetze*** (die Anziehungskraft der Erde, die Wachstumskräfte der Lebewesen etc.). Diese bilden die Voraussetzung für jegliches Leben auf der Erde. Mit ihnen korrespondieren die ***geistigen Gesetze,*** wie etwa das Gesetz von Ursache und Wirkung. Diese Gesetze sind uns vorgegeben. Wir können sie nicht verändern; wir können sie allerdings nutzen, zum Beispiel indem wir elektrische Energie aus Wasserkraft gewinnen.

Die nächste Stufe sind unsere ***angeborenen Veranlagungen*** (körperliche Eigenheiten, Charaktereigenschaften, Temperament, Talente ...) Diese können wir zum Teil beeinflussen. Wir können charakterliche und auch körperliche Schwächen ausgleichen oder verändern; wir können unsere Talente und Fähigkeiten entwickeln, fördern und nutzen. Selbst ein ausgesprochen verspielt-kreativer, oder gar „chaotisch" veranlagter Mensch kann zum Beispiel seine Wohnung und seinen Arbeitsplatz so einrichten, dass er leichter Ordnung halten kann. Auch kann er seine Talente für Improvisation und neue Ideen in Arbeitsteam einbringen. Im Team können andere Teilnehmer seine einseitige Veranlagung ausgleichen und ergänzen. So ist es möglich, seine Fähigkeiten in einer Gemeinschaft wirkungsvoll einzusetzen und zu steigern.
Mindestens ebenso stark wie unsere angeborenen Anlagen bestimmen auch die Einflüsse von ***Erziehung und Gesellschaft*** unsere Entwicklung und Lebensgestaltung. Im Laufe des Erwachsenwerdens können wir unsere Prägungen, die auf diese Faktoren zurückgehen, ebenso klar erkennen lernen wie unsere angeborenen Eigenschaften. Wir können sie darüber hinaus auch in Frage stellen, um uns in weiterer Folge von hinderlichen Einflüssen zu befreien, die unserer Selbstfindung und Entwicklung im Wege stehen.
Hat man dir im Elternhaus vermittelt, dass du einen „anständigen" Beruf zu lernen, eine Familie zu gründen, Kinder zu zeugen, ein standesgemäßes Auto zu fahren hast? Nichts hindert dich, jederzeit zu prüfen, ob du diesen Anforderungen auch selbst wirklich entsprechen willst - beziehungsweise, was tatsächlich deine Berufung, dein Traum, deine Vision für dieses Leben ist. Wer weiß, womöglich liegt deine Erfüllung darin, Pilot, Schauspieler oder Tänzer zu sein und nicht Beamter, Hochschulprofessor oder Automechaniker, wie es deine Eltern gerne gesehen hätten. Vielleicht würdest du in einer langjährigen monogamen Ehe, wie sie deine Eltern für dich erträumt haben, langsam dahinwelken, dich jedoch als Single, umgeben von vielen guten Freunden und/oder Freundinnen, glücklich und frei fühlen können ...
In einem engen Zusammenhang mit Erziehung und Umwelt stehen unsere ***Glaubenssätze***. Wie wir über die Welt denken, bestimmt unseren Lebensstil und unser Wohlbefinden. Ob wir morgens voller Lust und

Tatendrang aus dem Bett springen oder die quälend langsam verrinnende Zeit irgendwie herunterbiegen, hängt davon ab, ob wir die „rosa Brille" tragen oder eine „graue". Glaubensätze bestimmen unser Leben - im kleinen Detail ebenso wie im großen Ganzen. Sie bestimmen, wie du dich ernährst, mit deinen Freunden umgehst und welchen Sinn du im Leben siehst.
Ähnlich verhält es sich mit unseren ***persönlichen Werten***, die festlegen, was uns im Leben wichtig ist. Auf die beiden Letzteren, Glaubensätze und Werte, werden wir im Folgenden noch näher eingehen.
An der Spitze der Pyramide - ***Weisheit, selbstschöpferisches Sein*** - erreichen wir höchste Freiheit. Je besser wir die Gesetze des Lebens durchschauen, je neutraler und je weniger emotional wir uns selbst beobachten und einschätzen können, desto besser erkennen wir unseren Weg. Das erspart uns einerseits jede Menge Kummer und Leid, und andererseits ermöglicht uns diese Weisheit unseren Traum vom erfüllten Dasein, zu verwirklichen.

> Wer andere kennt, ist klug; wer sich selbst kennt, ist erleuchtet. Wer andere überwindet, hat Kraft; wer sich selbst überwindet, ist stark. Wer weiß, dass er genug hat, ist reich. Wer nicht aufgibt, zeigt Willensstärke. Wer seinen Ort nicht verliert, wird nicht untergehen. Wer stirbt, ohne sich selbst aufzugeben, bleibt ewig Teil des Lebens.
>
> *Laotse*

Unsere Werte - unser Kompass

Wie schon gesagt ist meine Überzeugung: Wir sind auf dieser Erde nicht nur, um eben bloß „da" zu sein, sondern um glücklich zu sein. Jeder sucht seine Erfüllung im Leben - und das ist gut so. Erfüllung hat für jeden Menschen eine andere Gestalt. Für den einen mögen Abenteuer im Dschungel des Amazonas oder die Durchquerung der Wüste Gobi auf Kamelen höchstes Glück bedeuten, für den anderen ein ruhiges Familienleben und ein gemütliches Eigenheim. Was der Einzelne als wertvoll empfindet, hängt von seinen Wertvorstellungen ab. Die Werte, die wir in uns tragen, sind unser Kompass im Leben. Nach ihnen richten wir unsere Lebensziele aus.

Die meisten Menschen kennen weder ihre inneren Wertvorstellungen noch die **Hierarchie ihrer Werte**. Auf diesen Umstand gehen viele persönliche Konflikte und Misserfolge zurück. Wenn ein Mensch seine eigene Werteskala vernachlässigt, kann er niemals wirklichen Erfolg erzielen; er sabotiert sich selbst. Jemand, der großen Wert auf ein intensives und erfülltes Familienleben legt, andererseits jedoch sechzig, siebzig, achtzig Stunden die Woche im Büro verbringt, dürfte ein massives Problem haben. Wenn deine Bedürfnisse einander widersprechen, gegeneinander laufen, wirst du ein Gefühl der Zerrissenheit verspüren. Ich musste selbst eine ganze Reihe ziemlich schmerzhafter Erfahrungen machen, bevor ich bereit war, Ordnung in meine einander gegenläufigen Wertvorstellungen zu bringen. Doch bevor ich von meinen eigenen Wertkonflikten im Besonderen erzähle, wollen wir gemeinsam die wichtigsten Werte im Leben des Menschen im allgemeinen betrachten.
Was sind Werte? Wenn wir etwas „wertschätzen", heißt das, dass es eine besondere Bedeutung für unser Gefühlsleben hat. Jeder Mensch hat durch Veranlagung, Erziehung, Kultur, durch eigene Entwicklung und Erfahrung ganz bestimmte Bedürfnisse. Deren Befriedigung ist stets mit Lustgefühlen, ihre Nichterfüllung mit Unlust verbunden. Je höher wir sie wertschätzen, desto umfassender ist das Glücksgefühl, wenn sie befriedigt werden und desto stärker der Schmerz, wenn sie unbefriedigt bleiben. Ein Mensch, dem Macht, Anerkennung, Ansehen besonders viel bedeuten, wird - etwa als Politiker - alles daransetzen, um eine Position zu erringen, die seine wesentliche Sehnsucht stillt. Gewinnt er eine Wahl, wird er glücklich sein; die damit verbundenen Unannehmlichkeiten (eingeschränktes Privatleben, wenig Freizeit etc.) wird er ohne Murren in Kauf nehmen. Bleibt der Wahlerfolg aus, wird er das als schmerzhaft empfinden.
Ein anderer Mensch, dem Macht und Einfluss gar nichts bedeuten, ist wahrscheinlich eher froh, wenn er keine Führungsrolle einnehmen muss. Allerdings mag diesem anderen hingegen seine persönliche Freiheit alles bedeuten; vielleicht sogar so viel, dass er bereit ist, dafür eine dauerhafte Beziehung zu einem Partner aufs Spiel zu setzen ...

> Grundsätzlich gilt: Menschen, die einen Sinn in ihrem Leben sehen, die sich an verbindliche Wertvorstellungen halten, sind glücklicher - und obendrein auch noch gesünder als andere.
>
> *David Myers, US-Glücksforscher*

Teilnehmer meiner Seminare bezeichneten folgende Werte als besonders wichtig. Sie erscheinen den meisten Menschen heute als positiv, wichtig und erstrebenswert:

1. Liebe
2. Erfolg
3. Anerkennung
4. Sicherheit
5. Freiheit
6. Abenteuer
7. Schönheit
8. Gemeinschaft
9. Leidenschaft
10. Macht
11. Gesundheit
12. Humor
13. Ehrlichkeit
14. Weisheit

Es gab eine Zeit, da ich nie auf die Idee gekommen wäre, meine Werte (die mir ohnedies nur vage bewusst waren) mir irgendwie bewusst zu machen und zu ordnen. Ich bin im Grunde genommen abenteuerfreudig und ein wenig sprunghaft veranlagt. Für mich waren alle Werte wichtig. Wann immer sich eine Herausforderung angeboten hat und ich irgendeine Möglichkeit sah, sie anzunehmen, tat ich es einfach. Ein Freund lud mich zu einer Tauchfahrt in der Karibik ein - ich ging tauchen. Es ergab sich die Möglichkeit, mit Drachen und Paragleitern zu fliegen - ich flog, ohne irgendein Risiko einzukalkulieren. Man bot mir einen Restaurantbetrieb zum Kauf an, im Umland der Hauptstadt und mit herrlichem Panoramablick - ich unterschrieb den Vertrag, ohne lange zu zögern. Einige Jahre hindurch wechselte ich meine Wohnsitze öfter als manche Leute ihre Autos. Auch hinsichtlich meiner Beziehungen war ich nur allzu gern bereit, jedes Geschenk anzunehmen, das mir das Leben zu bieten hatte. Rückblickend betrachtet, hatten meine Werte jedoch keinen festen Platz, keine klare Rangordnung. Ich war jederzeit bereit, gerade jenem Wert den Vorzug zu geben, dessen Früchte eben reif geworden waren - ohne mich darum zu bekümmern, ob sie mir, so planlos durcheinander gegessen, Verdauungsschwierigkeiten bereiten könnten. Auf diese Weise traf ich erstklassige Vorbereitungen für eine

Reihe ordentlicher Schwierigkeiten. Den ersten Rippenstoß des Schicksals verschaffte mir ein schwerer Absturz mit meinem Paragleiter, den ich nur mit viel Glück überlebte. Bald folgten finanzielle Probleme und schließlich eine veritable Beziehungskrise.

Meine Konflikte zeigten mir deutlich, dass ich einiges in meinem Leben zu ändern hatte. Ich verordnete mir eine Radikalkur, sowohl in der Außenwelt als auch in meinen Inneren. Eine Zeitlang verzichtete ich auf alle meine liebgewordenen Leidenschaften; ich lebte ziemlich asketisch, meditierte sehr viel und war bestrebt, einen neuen Weg für mich zu finden.

In dieser Lebensphase begegnete ich einem Zen-Meister, der mich fragte: „Welche Werte sind dir eigentlich die wichtigsten?"

Diese Frage gab mir den Anstoß dazu, mich selbst eingehend weiter zu befragen: „Was bedeutet mir meine Reise- und Abenteuerlust? Welchen Stellenwert haben Sicherheit, Geborgenheit, Zweisamkeit eigentlich für mich? **Was will ich wirklich? Wohin soll mein Weg führen? Was erscheint mir sehr wichtig, und was sollte ich hintanstellen?"**

Mittlerweile ist es mir gelungen, meine Werte weitestgehend zu strukturieren, und mein Leben hat sich in der Tat seither erheblich verändert. Ich fühle mich wesentlich freier, obwohl ich, anders als früher, so manchen verlockenden Kelch vorübergehen lasse, den mir das Leben reicht. Ich achte heute stets darauf, was im Einklang mit der Hierarchie meiner Werte steht; dadurch erspare mir manch unangenehme „Achterbahnfahrt". Mein Boot gleitet erheblich stetiger und ruhiger als ehedem über das herrlich weite Meer des Lebens (wenn auch nicht immer auf schnurgeradem Kurs ...). Doch das hindert mich keineswegs daran, mich den Zielen, für die ich mich entscheide, mit Leidenschaft und Begeisterung hinzugeben.

Deine Werte

Abschließend lade ich dich wieder zu einem kleinen Workshop ein.

Nimm ein Blatt Papier und beantworte schriftlich diese Frage:

1. Welche zehn Lebenswerte sind für dich die wichtigsten? Die 14 Werte, die im obenstehend aufgezählt sind, mögen dir dazu zur Anregung dienen. Du kannst jedoch natürlich auch ganz andere Inhalte wählen.

   ____

   ____

   ____

2. Ordne deine zehn Lebenswerte so, dass der wichtigste an erster Stelle steht und der am wenigsten wichtige an zehnter. Erstelle dir dazu zuerst eine grobe Reihenfolge; frage dich dann bei jedem einzelnen Begriff, ob er für dich wichtiger oder weniger wichtig ist als die anderen.

   ____

   ____

   ____

3. Mach dir bewusst, welche Assoziationen du mit den einzelnen Wertbegriffen verbindest. Schreib diese stichwortartig neben deine Werte (zum Beispiel zu Liebe: Hilfsbereitschaft, gemeinsame Unternehmungen, füreinander da sein, Sexualität; oder zu Weisheit: Gespräche, Seminare, Bücher lesen, Meditation).

   ____

   ____

   ____

Es ist wichtig, dass unsere Werte nicht allzu sehr miteinander im Konflikt geraten. Eine Wohnung kann nicht gleichzeitig im Stadtzentrum und in Grünruhelage mit nur wenigen Nachbarn gelegen sein. Ebenso wenig vertragen sich ein großes Freiheitsbedürfnis und ausgeprägte Abenteuerlust im Allgemeinen mit enger Zweisamkeit, Familie, Sicherheit und Geborgenheit.

Finde heraus, was dir entspricht, was für dich das Wichtigste ist. Wenn du deine Prioritäten klar erkannt hast, kannst du eine klare Linie in dein Leben bringen. Das gibt dir wiederum Kraft, Sicherheit und Zielstrebigkeit.

Ich selbst bin, wie gesagt, ein Mensch, der dazu neigt, sich ohne langes Zögern auf Abenteuer einzulassen. Anderen Menschen hingegen fällt es schwer, sich für etwas zu entscheiden; infolgedessen verharren sie oft in der gleichen, immer unbefriedigender werdenden Lebenssituation. Sie ziehen es lieber vor, gar nichts zu unternehmen, als etwas zu unternehmen, das sie in einen Konflikt mit anderen eigenen Interessen bringen könnte. Entscheidungsschwäche ist eine typische Folge von mangelnder Bewusstheit über die eigenen Prioritäten. Wer seine Lebenswerte nicht kennt und sich ihre Hierarchie nicht bewusst macht, gerät früher oder später unausweichlich in Schwierigkeiten.

Zielklarheit ist eine ganz entscheidende Voraussetzung für ein dynamisches und erfolgreiches Leben. Der Kabarettist Helmut Qualtinger spricht in seinem Sketch „Der Wüde auf seiner Machin" : „I was zwor net wo i hin wüll dafür bin i schöller dort!" – doch in Wirklichkeit gehen wir auch nicht zum Bahnhofschalter und verlangen ein Ticket nach „Ich weiß net wohin!" Es gibt allerdings viele Leute, die in ein Warenhaus ohne bestimmten Plan hineingehen. Sie wissen nicht, was sie wollen- „Ja, einfach ein bissl schaun!" Was Wunder, wenn sie alles Mögliche und Unmögliche kaufen und mitnehmen und sich vielleicht zu Hause über ihr Verhalten an den eigenen Kopf greifen. Die Inhaber und Verkäufer im Warenhaus haben klare Vorstellungen davon, was sie wollen: „Dem Kunden möglichst viel zu verkaufen!" Wer wird bei diesem Spiel mehr Erfolg haben: der Kunde oder das Kaufhaus?

Wer keine Ziele hat, ist verdammt für jene zu arbeiten, die welche haben. Ein entschiedener Mensch hingegen wird nicht darauf warten, dass irgendwann in seinem Leben etwas Erfreuliches passiert und sich bis dahin damit begnügen jeden Tag einen Zettel vom Kalender abzureißen. Er ist bereit seine „verrückten Träume“ umzusetzen. Er ist bereit ein faszinierendes, vielleicht ein ekstatisches Leben zu führen. Er plant seine Weltreise, er weiß mit welchen Menschen er sich verbindet, er steuert unaufhaltsam hin zu dem Job, der ihn seit langem begeistert, er jammert nicht, er weiß, was er will und er wird es erreichen. Jeder Tag ist für ihn ein neues Leben, ein Fest, eine neue Herausforderung. Er verliert eine Zeit nicht planlos vor dem Fernseher, er lässt sich nicht von den unzähligen Möglichkeiten seine Zeit zu vergeuden, ablenken. Er fügt sich nicht in das, was „man“ tut, er erkennt seine Ziele und macht sich mutig auf den Weg: nicht Morgen sondern Heute!!!

Du kannst keine größere Herrschaft haben, als du über dich selbst hast.

Leonarde da Vinci (1452 - 1519), italienisches Universalgenie

Es empfiehlt sich, die (einmal ermittelte) Hierarchie der eigenen Werte immer wieder einer Überprüfung zu unterziehen. Unsere Bedürfnisse verändern sich nämlich ständig, und mit ihnen auch unsere Werte. Es kann sein, dass du beginnst, deiner Gesundheit mehr Bedeutung beizumessen, nachdem du erkannt hast, dass dein Körper die Missachtung seiner Bedürfnisse mit den Jahren immer übler nimmt. Es kann sein, dass es für dich auf einmal wichtig ist, viel Zeit für dich und deine Familie zu haben. Es kann sein, dass du in deinem bisherigen Job alles erreicht hast und nun nach neuen Ufern Ausschau hältst. **Deine Werte bilden deine Energiequelle; zugleich sind sie die Sterne, an denen du deinen Kurs orientierst**. Sie sind der Wegweiser zu deinen Zielen, und sie schenken dir die Möglichkeit, deine Kräfte so konzentriert zu bündeln, dass du deine Ziele auch erreichen wirst.

Smalltalk - Mit Charme geht es leichter!

Ohne Small-Talk- Fähigkeiten kann man heutzutage keine Karriere machen.

Herbert Mühlenhoff, Managementberater

Das echte Gespräch bedeutet: Aus dem Ich heraustreten, und an die Tür des du klopfen.

Albert Camus (1913 - 1960), französischer Philosoph, Erzähler und Dramatiker, 1957 Nobelpreis für Literatur

Smalltalk macht Sinn

Wie geht es dir, wenn du bei einem Festessen zwischen zwei Leute gesetzt wirst, die du zuvor noch nie gesehen hast? Oder wenn du im Lift mit einer Kollegin aus einer anderen Abteilung, der du bislang nur flüchtig begegnet bist, sieben Stockwerke hochfährst? Begnügst du dich mit einem verlegenen „Hallo" und hoffst dann schweigend, dass die Zeit etwas schneller vergehen möge? „Hallo", ist für den Anfang übrigens gar nicht schlecht ☺, doch von einer flüchtigen Begrüßung bis zu einer gelungenen Gesprächsentfaltung ist es ein weiter Weg ... Gehörst auch du zu den Menschen, die Angst davor haben, sich bloßzustellen, aufdringlich zu wirken, eine Abfuhr zu bekommen? Beneidest du heimlich jene Menschen, die sich entspannt, gelassen und elegant auf dem Parkett des Smalltalks bewegen? Falls ja, habe ich eine gute Nachricht für dich: Das locker-elegante Gespräch ist lernbar. Ohne Unlustgefühle mit fremden Menschen in Kontakt zu treten, ist sehr viel leichter, als du vielleicht glauben magst.

Smalltalk ist keineswegs so ein neues Thema, wie seine modisch-englische Bezeichnung vermuten lassen könnte. Bereits seit Jahrhunderten gibt es Anleitungen zum richtigen Verhalten und zur richtigen Konversation bei erstmaligen Begegnungen und gesellschaftlichen Zusammenkünften. Adolf Freiherr von Knigge zum Beispiel beschrieb schon 1788

in seinem Buch **„Über den Umgang mit Menschen"** ausführlich das „richtige" Verhalten in der Gesellschaft. Doch entgegen landläufiger Meinung ist „der Knigge" kein Etiketteduch im eigentlichen Sinn, sondern praktische Lebensphilosophie.
Allein das Inhaltsverzeichnis dieser Schrift ist schon lesenswert. So finden wir darin unter anderem folgende Kapitel:

- „Über den Umgang mit Leuten von verschiedenen Gemütsarten, Temperamenten und Stimmungen des Geistes und Herzens"
- „Über den Umgang mit Frauenzimmern"
- „Über den Umgang mit und unter Verliebten"
- „Über das Verhältnis zwischen Wirt und Gast"
- „Über den Umgang mit den Großen der Erde, mit Fürsten, Vornehmen und Reichen"
- „Über geheime Verbindungen und den Umgang mit ihren Mitgliedern"

Lassen wir uns nur einen kleinen Auszug aus dem dicken Original-„Knigge" auf der Zunge zergehen. In der Einleitung zum ersten Teil finden wir den (im verschachtelten Stil der damaligen Zeit geschriebenen, etliches an Konzentration fordernden) Satz:

„Wir sehen die witzigsten, hellsten Köpfe in Gesellschaften, wo aller Augen auf sie gerichtet waren und jedermann begierig auf jedes Wort lauerte, das aus ihrem Munde kommen würde, eine nicht vorteilhafte Rolle spielen, sehen, wie sie verstummen oder lauter gemeine Dinge sagen, indes ein andrer äußerst leerer Mensch seine dreiundzwanzig Begriffe, die er hie und da aufgeschnappt hat, so durcheinander zu werfen und aufzustutzen versteht, dass er Aufmerksamkeit erregt und selbst bei Männern von Kenntnissen für etwas gilt."

Für Freiherr von Knigge war es also bereits klar, dass Intelligenz und Persönlichkeit allein noch nicht genügen um auf dem Parkett des Smalltalks überzeugend aufzutreten.

Es gab Zeiten in meinem Leben, da ich Smalltalk als leeres Geschwätz, als bloße Zeitverschwendung verurteilte. Heute denke ich anders darüber. Warum sollte man sich nicht wie James Bond mit Witz und Smalltalk geschickt durch die Tücken des Lebens jonglieren? Smalltalk hat eine soziale Funktion. Gewöhnlich beginnt jeder Kontakt zwischen zwei Menschen mit ein paar unverbindlichen Worten - und endet auch so. Smalltalk signalisiert Respekt und Interesse gegenüber der Persönlichkeit des Gesprächspartners. Zugleich gibt er mir die Möglichkeit, mich zu öffnen, mich ein wenig zu erkennen zu geben, eine erste Vertrauensbasis zu schaffen. Er ist der einfachste und natürlichste Weg, eine Beziehung zu beginnen. Mit gekonntem Smalltalk können wir den Austausch mit anderen Menschen in Fluss bringen, ohne den Gesprächspartner unter Druck zu setzen.

> Wer die Kunst nicht beherrscht, zu reden, ohne etwas zu sagen, wird sich bei der Beziehungspflege am Arbeitsplatz schwer tun. Smalltalk ist ein unentbehrlicher Bestandteil des Networking.
>
> *Ulrich Goldschmidt, Geschäftsführer des Verbandes der Führungskräfte Essen*

Keine Angst vor Banalitäten

Menschen, denen es Überwindung kostet, auf Fremde zuzugehen und ein Gespräch zu beginnen, halten Smalltalk für etwas Schwieriges und Unangenehmes. Doch gerade dieser Irrtum hindert sie am lockeren Gespräch. Smalltalk ähnelt vielmehr einem leichten, unbeschwerten Spiel. Das „kleine Gespräch" wird gelegentlich mit Pingpong verglichen. Die Kunst dieses Spiels besteht darin, leichte Worte (wie einen Pingpongball) einfach übers Netz zurückzugeben. Das Netz entspricht dabei der natürlichen Barriere, die zwischen mehr oder weniger fremden Menschen stets besteht. Ein paar Worte sagt der eine - ping - ein paar Worte der andere - pong. So einfach ist das.

Wichtig ist, dass du überhaupt ein Thema zum Plaudern findest. Oft ergibt es sich wie von selbst; etwa aus den räumlichen Gegebenheiten oder den spezifischen Umständen, in denen wir uns gerade gemeinsam befinden. „Was sagen sie zu diesem Gemälde? Gefällt ihnen moderne Malerei?" oder „Sind sie auch mit dem Auto hierher gekommen? Wie war der Verkehr?" Etwas, das wir immer mit anderen teilen, ist das Wetter. Somit liefert es stets ein zuverlässiges Smalltalk-Thema. Gespräche über das Wetter sind zwar nicht besonders originell, zugegeben; doch sie sind hundertmal besser als hilflos zu schweigen oder in ein Fettnäpfchen zu treten. Das Wetter verändert sich ständig. Jeder kennt es, jeder hat etwas dazu anzumerken. Alle leiden oder erfreuen sich daran. Es löst keine besonderen Emotionen aus. Kein Mensch ist für die Hitze, den Regen oder das herrliche Badewetter persönlich verantwortlich. (Das gilt zumindest für alltägliche Wetterphänomene; Umweltzerstörung und ähnliche Reizthemen sollten wir in der Phase des behutsamen Smalltalks eher vermeiden.) Warum sollten wir das Wetter nicht als „Mittel zum Zweck" verwenden?

Es ist völlig überflüssig, für den Smalltalk nach einem besonderes aufregenden, spannenden, intelligenten oder tiefschürfenden Thema zu suchen. Gesprächsstoffe dieser Art machen die Konversation schnell kompliziert oder verkrampft und führen rasch dazu, dass der andere den Ball nicht zurückgeben, also quasi nicht mit „Pong" antworten kann.

Sehr leicht können wir uns hingegen „ins Gespräch bringen", indem wir von einem belanglosen Ereignis berichten, etwas erwähnen, das uns vor kurzem aufgefallen ist oder worauf wir uns gerade besonders freuen: „Stellen Sie sich vor, was mir heute in der U-Bahn passiert ist ...", „Haben Sie das auch in der Zeitung gelesen ...?", „Ich bin froh, dass ich in 10 Tagen schon auf Urlaub gehen kann. Endlich einmal abschalten, darauf freue ich mich wirklich schon sehr ..."

> Wetter ist ein beliebter Gesprächs- Stoff, er ist dehnbar, man muss ihn weder waschen noch bügeln. Er hat gute Ansprechmaschen mit Aufhängern für Kommunikation.
>
> *Erhard Horst Bellermann (*1937), deutscher Bauingenieur und Dichter*

Nicht ins Fettnäpfchen treten

Smalltalk dient als hervorragender Einstieg um unser Gegenüber kennen zu lernen. Doch Vorsicht ist dabei immer angebracht. Smalltalk ist stets eine Gratwanderung. Allzu leicht können wir dabei „ins Fettnäpfchen" treten. Dies geschieht umso eher, je persönlicher das Thema wird. So sind Themen wie Sex, Schwangerschaftsunterbrechung und dergleichen - zumindest bei einer ersten Gesprächsanbahnung - tabu. Auch Partnerschaft, Familiengeschichten, Krankheiten, Probleme, Sinnfragen, Parteizugehörigkeit und Religionsbekenntnis sind mit größter Vorsicht zu genießen - kurzum: Vermeide alle Themen, die unversehens eine Kluft zwischen dir und deinem Gesprächspartner öffnen können. Fragen wie „Sind Sie glücklich verheiratet?" oder „Leben Sie allein?" können den andern leicht in Verlegenheit bringen und so die entspannte Atmosphäre stören. Ebenso peinlich kann es mitunter werden, sich über die „Grünen" lustig zu machen oder das Verhalten der Israelis gegenüber den Palästinensern zu kritisieren ... Auch Fragen nach Vermögensverhältnissen oder Familieneinkommen des Gegenübers haben in einem Erstgespräch nichts verloren.
Ansagen wie: „Heute ist es aber ordentlich heiß!" oder „Wie geht es Ihrem Sohn in Amerika?" sind jedenfalls weit weniger heikel.

> Für den ersten Eindruck gibt es keine zweite Chance.
>
> *Sprichwort*

Gemeinsame Interessen

Das ideale Gesprächsthema sind gemeinsame Interessen. Zwei Menschen können in einer halben Stunde dicke Freunde werden, wenn sie ihre gemeinsame Begeisterung für das Sammeln von Schmetterlingen oder Briefmarken entdecken. Was gibt es Schöneres als sich mit einem Menschen auszutauschen, der meine Begeisterung für ein bestimmtes

Thema teilt! Es empfiehlt sich daher, im Smalltalk nach gemeinsamen Lebensinhalten Ausschau zu halten. Erforsche, was sind die Hobbys, des andern! Geht er gerne Wandern oder Schifahren? Interessiert er sich für Theater-, Oper-, Kulturreisen? „Wo werden Sie ihren nächsten Urlaub verbringen?", „Was ist Ihre Lieblingsbeschäftigung in der Freizeit?"...

Nicht glänzen wollen

Wie wirkt ein Mensch auf dich, der unbedingt im Mittelpunkt stehen will und keine Gelegenheit auslässt, um darauf hinzuweisen, wie besonders wichtig er doch sei? - Doch eher unsympathisch, wenn nicht abstoßend. Wie wohltuend ist es hingegen, wenn jemand den Raum betritt und den Anwesenden signalisiert: „Schön, dass Ihr hier seid. Ich freue mich darauf, mit Euch gemeinsam Zeit zu verbringen."

Der Unterschied zwischen Glänzen wollen, Auffallen wollen einerseits und „Sich von seiner besten Seite zeigen" andererseits ist fein, aber wesentlich. Smalltalk eignet sich hervorragend für Marketing in eigener Sache; allerdings erfordert es einiges Fingerspitzengefühl, um nicht aufdringlich und damit unsympathisch zu wirken.

Auch wer sich besonders intelligent, schlagfertig oder witzig zu geben versucht, verschafft sich damit mehr Nach- als Vorteile. Solches Verhalten schreckt zumeist eher ab und schafft eine gekünstelte Atmosphäre; vor allem aber setzt es den anderen unter Druck, ebenso brillant zu kontern.

Der Inhalt des Gespräches ist bei einer ersten Kontaktaufnahme von zweitrangiger Bedeutung. Worte sind in diesem Fall nur ein Vehikel, um einen Austausch in Gang zu bringen. Smalltalk besteht tatsächlich nur aus unbedeutenden Worten, die dazu dienen, zwei Menschen miteinander in Kontakt zu bringen. Nach dem erfolgreichen Einstieg können wir immer noch beweisen, dass unser Horizont über das Wetter hinausgeht. ☺

Sympathie entsteht nicht von selbst

Die Vorteile, die es mit sich bringt, anderen spontan „sympathisch" zu erscheinen, bedürfen wohl keiner besonderen Erläuterung. Doch viele Menschen (wie ich bei meinen Seminarteilnehmern immer wieder beobachten kann) sind der irrigen Meinung, dass es vom Gegenüber abhängt, ob man ihm sympathisch oder unsympathisch erscheint, und dass man das wohl kaum selbst beeinflussen kann. Tatsächlich können wir viel dazu tun, um Zuneigung zu erwerben, um „gut anzukommen". Oft genügt es schon, die eine oder andere kleine Unart abzulegen und die wenigen Regeln des Smalltalks zu beachten. Auf einmal spüren wir, dass förmlich eine Wolke des Behagens um uns entsteht, und staunen darüber, wie einfach, fließend und herzlich Gespräche sein können. Was bewirkt also eigentlich Sympathie, und was bewirkt Antipathie? Hier eine kleine Auflistung:

Sympathie entsteht durch...	*Abneigung wird hervorgerufen durch...*
Freundlichkeit	Unhöflichkeit
Selbstsicherheit	Unsicherheit und Nervosität
Charisma	mangelnde Ausstrahlung
Geduld	Ungeduld
Toleranz	Intoleranz
positive Lebenshaltung	negative Lebenseinstellung
Vertrauen	Misstrauen
Interesse am anderen	Desinteresse
Zuneigung	Abneigung
aktiv zuhören	zu viel reden
Einfühlungsvermögen	mangelnde Sensibilität
Bescheidenheit	Angeberei
Offenheit	Vorurteile
Lächeln	Verbissenheit
Blickkontakt	mangelnder Augenkontakt
offene Körpersprache	verschlossene Körperhaltung
Behutsamkeit	„Fettnäpfchen"

Beziehungen sind Rutschbahnen nach oben.

Karl Farkas (1895 - 1971), österreichischer Komiker und Kabarettist

Business ist nichts anderes als ein Knäuel menschlicher Beziehungen.

Lee Iacocca

Networking

Nicht nur im Privatleben erleichtert der Smalltalk die zwischenmenschliche Annäherung. Richtig eingesetzt, hat er in allen Lebensbereichen unschätzbaren Wert: Gekonnte Plauderei ist das A und O für wertvolle Kontakte im Wirtschaftsleben. Stets kommt derjenige gut an, der sympathisch wirkt, geschickt auf sein Gegenüber eingehen und eine angenehme und ungezwungene Atmosphäre schaffen kann. So entsteht auch im Berufs- und Geschäftsleben die ideale Basis für die Anknüpfung von Kontakten. Diese bilden den Boden für ein gutes Netzwerk an Beziehungen. **„Networking"**, wie es in der modernen Wirtschaftssprache so schön heißt, ist für beruflichen Erfolg, Karriere und für das Erreichen persönlicher Ziele unentbehrlich. Allein kommt keiner durch! Wer Erfolg haben will, braucht Freunde und ein „Netz" an Beziehungen. „Vitamin B." (das „B" steht auch für „Beziehungen") ist nach wie vor lebenswichtig für die persönliche und berufliche „Gesundheit" ☺. Das Wort „Beziehungen" hat zuweilen einen etwas unsauberen Beigeschmack, doch dieser ist durchaus vermeidbar. Er entsteht nämlich nur dann, wenn Beziehungen unlauter angebahnt und ausgenützt werden. Im Allgemeinen ist die gegenseitige Unterstützung und Hilfestellung durch Freunde, Bekannte und bisweilen sogar durch Fremde (zum Beispiel bei einer Autopanne) durchaus menschlich, natürlich, erfreulich und notwendig.

Wer Erfolg anstrebt, sollte jede Gelegenheit nutzen, um mit anderen ins Gespräch zu kommen und Kontakte anzuknüpfen. Wer viele Menschen kennt und als sympathischer Zeitgenosse gilt, hat es bei seinem Fortkommen im Leben wesentlich leichter. Damit verrate ich nichts Neues. Aber ganz abgesehen davon, dass es nützlich ist: Es ist einfach schön

und befriedigend, mit Menschen in Verbindung zu treten und Beziehungen zu pflegen. Das gilt insbesondere dann, wenn eine absichtslose Freude an zwischenmenschlicher Beziehung besteht und wenn ich bereit bin, zu geben, ohne sofort nachzurechnen, was ich dafür erhalten werde. Letzteres sollte nicht nur eine innere Einstellung sein, sondern auch gegenüber meinen Mitmenschen offen zum Ausdruck kommen. Zeigen wir daher unseren Mitmenschen, dass sie uns als Person wichtig sind und dass wir sie nicht gebrauchen oder ausnützen wollen.
Der Schwerpunkt eines „Netzwerks" liegt nicht auf Profit und persönlichem Vorteil. Das zentrale Beziehungsnetz setzt sich vielmehr aus Personen zusammen, die sich gegenseitig sympathisch sind und die wissen, dass sie sich gegenseitig auf aufeinander verlassen können. Wir sollten nicht vergessen: **„Wahre Freunde erkennt man, wenn man sich selbst in einer Notlage befindet: Dann sondert sich der Spreu vom Weizen."**

> Schenken ist ein Brückenschlag über den Abgrund deiner Einsamkeit.
>
> *Antoine de Saint-Exupéry*

Führungskräfte kommen schnell zur Sache

Von Führungskräften wird erwartet, dass sie bei Konferenzen, Empfängen und Geschäftsessen (oder auch bei zufälligen Begegnungen in Restaurants oder Abflughallen) fähig sind, entspannt und locker zu parlieren. Das ist, wie gesagt, halb so schwer, wie es manchem erscheinen mag, wenn gewisse Spielregeln des Smalltalks beachtet werden.
Der Sprachforscher Dr. Thomas Spranz-Fogasy hat sich mit Smalltalk in Politik und Wirtschaft auseinander gesetzt. „Kommunikatives Handeln gesellschaftlicher Führungskräfte" heißt das Forschungsprojekt, das er am Institut für Deutsche Sprache der Wissenschaftsgemeinschaft Wilhelm Gottfried Leibniz (WGL) in Mannheim betreut. Spranz-Fogasy beobachtete - unter vielen anderen Prominenten - auch den früheren

deutschen Bundeskanzler Helmut Kohl: Dieser war in der Lage, innerhalb von wenigen Sekunden geschickt ganz intensive Beziehungen zu seinen Gesprächspartnern herzustellen. *„Das war eine der wesentlichen Komponenten seines Erfolges."*
Spranz-Fogasy über Führungskräfte in deren beruflichem Alltag: ***„Führungskräfte können sehr schnell direkt auf die jeweils andere Person zusteuern und ihr das Gefühl geben, in diesem Augenblick der wichtigste Mensch auf der Welt zu sein".*** - Aber bei oberflächlichem Geplauder zum Einstieg verweilen sie nur kurze Zeit, sozusagen zum Warmlaufen. Dann geht es ruckzuck und ohne weitere Umschweife zur Sache. Eine erfolgreiche Führungskraft schätzt sehr rasch die Persönlichkeit und Kompetenz des Gegenübers ein. Dazu dienen konkrete Fragen wie: „Woher kommen Sie?" oder „Was machen Sie beruflich?" Spranz-Fogasy: *„Führungskräfte holen viel aus Ihnen heraus: Was sind Sie für ein Mensch, was leisten Sie, was ist Ihr Gebiet, wo sind Ihre Schwächen und Stärken?"*

> Sei du selbst! Das ist der beste Tipp, den man einem Assessment-Center-Kandidaten mitgeben kann.
>
> *Michael Rautenberg, Director Strategic Talent Initiative, Deutsche Bank*

Smalltalk im Assessment-Center

Smalltalk dürfte für jeden, der sich um einen Arbeitsplatz bewirbt, von mehr oder weniger entscheidender Bedeutung sein. Das gilt nicht nur für Akademikerstellen oder Vorstandsposten, sondern ebenso für Bewerbungen um den Job einer Putzfrau oder eines Mitarbeiters bei der städtischen Müllabfuhr. Wem wird nämlich das Auswahlteam, der Direktor oder der Personalchef den Vorzug geben? Natürlich demjenigen Bewerber, der - abgesehen von seiner fachlichen Qualifikation - auch sympathisch und freundlich wirkt und es versteht, selbstbewusst und Vertrauen erweckend aufzutreten.

Die meisten Bewerbungsgespräche beginnen mit Smalltalk zur Annäherung, bevor die Fähigkeiten des Kandidaten näher untersucht werden.

Oft entscheidet schon der erste Eindruck. Der Prüfer achtet darauf: „Wie bewegt sich der Kandidat? Hat er einen natürlichen festen Händedruck? Kann er mir gerade und freundlich in die Augen blicken?" Und dann: „Kann der Prüfling ein entspanntes, leichtes Gespräch führen?" Kandidaten, die mit geschicktem Smalltalk das Gespräch aktiv in die Hand nehmen, werden von vielen Personalverantwortlichen als sympathisch und kompetent empfunden.
Eine neuerdings in Mode kommende, spezielle Form der Kandidatenauswahl ist das Assessment Center. Das englische Wort „assessment" bedeutet so viel wie, „Einschätzung", „Bewertung". Das Assessment Center, manchmal auch Auswahltag oder Personalentwicklungsseminar genannt, ist eine Kombination aus verschiedenen Tests, Planspielen und Gesprächen. Meist beauftragen Unternehmen dazu externe Spezialisten. Die Bewerber um einen Posten werden - in Gruppen und Einzelübungen - ein bis drei Tage lang beobachtet und anschließend begutachtet. Gelegentlich organisieren Unternehmen auch „Potential Assessments", um hausintern die Kompetenzen der Angestellten zu überprüfen und um sie in der Folge besser einsetzen zu können.
An einem AC teilzunehmen ist ein zweifelhaftes Vergnügen. Zwar kann es gelegentlich durchaus schon als Auszeichnung gelten, zu gewissen Assessments überhaupt eingeladen zu werden, doch die Stunden und Tage andauernden Tests stellen ziemliche Anforderungen an die Konzentrationsfähigkeit, die Belastbarkeit und insbesondere an die Fähigkeit, locker und unverkrampft mit Dauerstress umzugehen.
Die Kandidaten unterziehen sich bei einem AC verschiedensten Tests mit unterschiedlichen Anforderungen, deren Ergebnisse ein Bild von ihrer Kommunikationsfähigkeit, ihrer sozialen Kompetenz, ihrer Denk- und Entscheidungsfähigkeit zeichnen sollen. Zum Beispiel:

- Gruppendiskussionen,
- Vortragsübungen,
- Rollenspiele,
- Interviews,
- schriftliche Tests ...

Bei den Aufgaben sind die Bewerber sowohl in der Konkurrenz „jeder gegen jeden" gefordert - beispielsweise bei Gruppendiskussionen -, als auch in ihrer Fähigkeit zur Teamarbeit.

> Bewerber, die sich nicht rechtzeitig über die Anforderungen im Assessment Center informieren, nehmen fahrlässig einen Karriereknick in Kauf.
>
> *Christian Püttjer & Uwe Schnierda, Coaches,*
> *Karriereberater und Fachbuchautoren*

Geachtet wird von den Prüfern insbesondere auf folgende Eigenschaften:

1. Soziale Kompetenz

- Einfühlungsvermögen
- Kooperationsfähigkeit
- die Fähigkeit, zuzuhören
- Überzeugungskraft
- Rhetorik

2. Systematisches Denken und Handeln

- Kombinationsfähigkeit
- Auffassungsgabe
- Entscheidungsfähigkeit
- Organisationsfähigkeit

3. Persönlichkeit - Führungskompetenz

- Selbstvertrauen
- Durchsetzungsvermögen
- Zielstrebigkeit
- Belastbarkeit

Es geht also beim AC in der Regel nicht so sehr darum, das Fachwissens der Kandidaten zu überprüfen, sondern um Qualitäten wie

Kommunikationsfähigkeit, Belastungsfähigkeit in Stresssituationen und eine stabile, gefestigte Persönlichkeitsstruktur. Die wichtigsten Verhaltensregeln für ein erfolgreiches Bestehen bei einem AC- Test sind von den Grundsätzen des Smalltalks nicht allzu verschieden:

- genau zuhören, Blickkontakt zum Gesprächspartner halten;
- freundlich, höflich und rücksichtsvoll auftreten;
- selbstbewusst, aber nicht überheblich wirken;
- entspannte, offene Körpersprache;
- Zielstrebigkeit, Durchsetzungsvermögen und Belastbarkeit zeigen;
- durch klare Worte, mutige Vorschläge und Flexibilität überzeugen;
- auf kritische oder unangenehme Fragen gefasst und locker reagieren;
- authentisch bleiben, nicht versuchen, besser oder anders zu sein, als man ist;
- zu Fehlern stehen, nicht perfekt sein wollen.

> Toleranz ist vor allem die Erkenntnis, dass es keinen Sinn hat, sich aufzuregen.
>
> *Helmut Qualtinger (1926 - 1986), österreichischer Schriftsteller und Kabarettist*

> Die bei einem Gespräch schlecht wegkommen, sind meist nicht dabei.
>
> *Erhard Horst Bellermann*

Toleranz

Zum Glück ist jeder Mensch anders, hat jeder seine Besonderheiten und Eigenheiten. **Smalltalk gelingt am besten, wenn wir innerlich positiv gegenüber dem „Anderssein" der Mitmenschen eingestellt sind.** Ablehnende und negative Gedanken oder Sätze wie: „Unmöglich, wie der sich benimmt!", „Wie kann man nur solche Fragen stellen!" oder „Wie unpassend Frau Meier wieder gekleidet ist!", „Also diese Ansicht ist

wirklich absolut abzulehnen!" lassen eine kalte und arrogante Atmosphäre entstehen und sind der beste Nährboden für Vorurteile und Parteilichkeit.
Es ist überhaupt angebracht, den Smalltalk nicht für Tratsch und negative Äußerungen über andere zu missbrauchen, zumal in deren Abwesenheit. Das wird leicht als „Kritiksucht" verstanden und wirft, wie schon erwähnt, kein gutes Licht auf den, der sich so äußert.
Wir dürfen nicht erwarten, dass alle unsere Meinung teilen. Daher empfiehlt es sich, die eigenen Ansichten nicht als allein gültig hinzustellen, sondern sich vielmehr darum zu bemühen, den anderen zu verstehen und auf seine Ideen einzugehen. Es ist ein weitverbreitetes Missverständnis, dass man mit jemand anderem einer Meinung sein muss, nur weil man ihm verständnisvoll zuhört, ihn anerkennt und ihm seine Wertschätzung zeigt.

> Ein Klatschmaul ist, wer mit dir über andere redet. Ein Langweiler ist, wer mit dir über sich selbst redet. Und ein glänzender Gesprächspartner ist, wer mit dir über dich selbst redet.
>
> *Dr. William King*

Den anderen ins Gespräch bringen

Die große Kunst besteht darin, die Themen ins Spiel zu bringen, die dem anderen Spaß machen, die ihn interessieren, zu denen er etwas zu sagen hat. Deshalb kommen wir auch bei Smalltalk durch geschickte Fragen an unser Gegenüber am besten ins Gespräch. Wichtig bei guter Kommunikation ist immer den anderen ins Plaudern zu bringen und nicht selbst der große Wortführer zu sein. Das funktioniert etwa so:

„Gefällt Ihnen die Musik hier?"
„Waren Sie in diesem Jahr schon auf Urlaub?"
„Was planen Sie für die Ferien?"
„In welcher Stadt wohnen Sie?"...

Aktiv zuhören

Ein guter Smalltalker zeigt sich nicht durch ausdauernde Rede, sondern vielmehr durch die Fähigkeit, zuzuhören. Er entwickelt einen feinen Sinn, der auch auf schwache Signale, die vom anderen kommen, reagiert. So bemerkt er rasch, was seinen Gesprächspartner interessiert und hackt dort mit Fragen ein. Er wird schnell bemerken, was seinen Gesprächspartner interessiert und wird an diesen Stellen nachfragen. Signal: „Ich war in letzter Zeit intensiv mit meinem Hausbau beschäftigt und konnte deshalb nicht auf Ihr Offert antworten." Einstieg auf das Signal: „Das kann ich gut verstehen. Darf ich fragen, wo Sie gebaut haben? Hat Ihnen ein Architekt das Haus geplant? ..."
„Aktiv zuhören" ist ein spannendes Thema, es gibt dazu viel interessante Kommunikations-Literatur. Hier gebe ich eine Kurzfassung dessen, worauf es dabei ankommt. Zum aktiven Zuhören gehört es, dass wir

- voll bei einem Gespräch dabei sind und nicht gleichzeitig uns mit anderem beschäftigen (zum Beispiel indem wir gleichzeitig SMS ins Handy tippen),
- intensiven Augenkontakt suchen,
- Fragen zu den Ausführungen des anderen stellen,
- zumindest mit Kopfnicken oder Einwürfen wie „ja", „mh", „also das ist interessant!" unsere Aufmerksamkeit bekunden und den anderen zum Weitererzählen ermuntern,
- den anderen nicht unterbrechen...

Von sich selbst erzählen?

Es ist durchaus nicht verpönt, beim „leichten Gespräch" von sich selbst zu erzählen. Schließlich möchte der andere ja auch gern wissen, mit wem er da spricht. Doch es ist ratsam, dabei

- keine intimen, sonderlichen oder radikalen Details zu erzählen;
- keine langen Monologe zu halten, sondern geschickt den anderen einzuladen, ebenfalls über sich zu sprechen;

- ehrlich, zurückhaltend und eher bescheiden zu bleiben.

Es mag zwar für manchen ein Genuss sein, lang und breit über sich selbst zu reden, doch kommt das bei anderen Menschen nur selten gut an. Deshalb sollten wir uns spätestens, wenn der andere zu gähnen oder sich lustlos umzublicken beginnt, gehörig einbremsen. ☺

Beim Smalltalk sollten wir weder unser Licht unter den Scheffel stellen noch allzu dick auftragen. Wenn sich jemand zu sehr herausstreicht, so ist dies meist ein Zeichen von Unsicherheit. Wer wirklich eine starke, ausgeglichene Persönlichkeit hat, strahlt sie aus und muss sie nicht extra betonen.

> Anerkennung ist der Sauerstoff für menschliche Beziehungen.
>
> *Deutsches Sprichwort*

Kleine Komplimente kommen immer gut an

Auch hier ist Vorsicht angebracht: Nur nicht zu dick auftragen! Ein gutes Kompliment oder Lob muss ehrlich gemeint und „passend" sein. So wäre es beispielsweise ausgesprochen unpassend, bei einem Bewerbungsgespräch die Frisur der Prüferin zu bewundern.

Achte auf deine Körpersprache

Die Sprache deines Körpers ist mindestens ebenso wichtig wie deine Worte. Deine innere Einstellung spiegelt sich in deiner äußeren Körperhaltung wider. Nimm eine positive, offene mentale Einstellung gegenüber deinem Gesprächspartner ein. Offene Gestik und Haltung wirkt einladend. Eine lockere Körperhaltung macht dich auch innerlich gelöst und offen. Verschränkte Arme und Beine hingegen signalisieren Abwehr und Sicherheitsbedürfnis. Vermeide nach Möglichkeit auch nervöse rhythmische Bewegungen (Beinwippen, Fingerschnippen etc.).

Halte ruhigen Blickkontakt mit deinem Gegenüber, ohne ihn zu fixieren oder anzustarren. Mit einem freundlichen Blick und ein Lächeln kommst du immer gut an.

Fachthemen und Ratschläge

Bei Smalltalk geht es um Aufbau oder Pflege einer Beziehung, nicht um fachliche Auseinandersetzungen. Viele Rechtsanwälte lieben es, bei jeder Gelegenheit mit Kollegen „fachzusimpeln", also über ihre Rechtsfälle zu diskutieren und von deren Besonderheiten zu schwärmen. Im Laufe meiner aktiven Anwaltszeit war ich naturgemäß, insbesondere während Verhandlungspausen im Gericht, immer wieder solchen Gesprächen unter Kollegen ausgesetzt. Zumal wenn diese „Gespräche" eher den Charakter kleiner Vorträge hatten, habe ich dabei gelitten und mir gedacht: „Muss das sein? Können wir nicht wenigstens in den Pausen ganz gemütlich über leichte Themen plaudern und uns ein wenig Erholung gönnen?" Niemand macht sich beliebt, wenn er allenthalben nur über seine beruflichen Probleme und Fachthemen diskutieren will. Belehrungen und sonstige Vorträge sind für Smalltalk-Zwecke äußerst ungeeignet. Wenn jemand hilfs- oder informationsbedürftig erscheint, neigen viele Menschen dazu, ihm bereitwillig (und meist ungebeten!) gute Ratschläge zu erteilen. Häufig will der andere aber nur ein wenig über sich und eventuell über seine Sorgen reden. Er möchte, dass ihm jemand zuhört; aber nur selten legt jemand wirklich darauf Wert, ungefragt belehrt zu werden.

Selbstvertrauen

Wohltuende Voraussetzungen für eine lockere Gesprächsführung sind gesundes Selbstvertrauen und die Bereitschaft, die Initiative zu ergreifen. Viele Menschen haben Hemmungen, ein Gespräch mit Fremden zu beginnen und sind dankbar, wenn der andere den ersten Schritt zur Kontaktaufnahme tut.

Selbstvertrauen kann man bedauerlicherweise weder kaufen noch durch konsequentes Umsetzen irgendeines „Kochrezeptes" erwerben. Wir können uns allerdings daranmachen, zu unserer Mitte zu finden und das zu leben und zu verwirklichen, was wir wirklich sind. Dieses Buch enthält zahlreiche Anregungen dazu. Hier noch ein weiterer kleiner Anstoß:

- Bereite dich mental auf Smalltalk vor. Lerne, ihn als Möglichkeit zu schätzen, mit anderen Menschen unkompliziert in Verbindung zu treten.
- Präge dir folgendes Bild ein: Du begegnest jeder Person gelassen und mit aufrechter Körperhaltung; du blickst deinem Gegenüber freundlich und gefestigt in die Augen.
- Geh davon aus, dass jede Person, der du begegnest, auf ihre Art wertvoll ist; dass du bereit bist, auf sie einzugehen und sie zu verstehen.
- Mach dir bewusst, dass du einmalig bist, genauso, wie du bist. Versuche nicht, jemand anderen zu kopieren! Bleib authentisch. Steh zu dir und zu deinen Eigenheiten.

Der Talk-Profi riskiert auch, „einen Korb zu bekommen"; er lässt sich von misslungenen Kontaktversuchen nicht abschrecken. Der Kommunikationspsychologe Dr. Frank Naumann hat für „Anfänger" und jene, die ihre Hemmungen beim besten Willen nicht verbergen können, einen wertvollen Rat bereit: Machen Sie gerade diese Schwäche zum Einstiegsthema. ***„Ich möchte mich gerne mit Ihnen unterhalten. Leider bin ich etwas schüchtern und weiß anfangs nie so richtig, was ich sagen soll!"*** Es wird kaum vorkommen, dass das Gegenüber auf eine solche Anrede nicht freundlich und verständnisvoll eingehen wird. Vielleicht antwortet er gar: „Das kann ich gut verstehen. Mir geht es ebenso, wenn ich mit jemand anderem zum ersten Mal ein Gespräch beginnen will."

Auch Schluss machen will gelernt sein

Stell dir vor, du bist auf einer Party oder auf einem Empfang und hast dich schon einige Zeit mit jemanden unterhalten. Allmählich nimmst du immer deutlicher wahr, dass dein Smalltalk nach einem Ende ruft. Fürchte dich nicht davor, selbst diesen Schritt zu tun (und dabei womöglich unhöflich zu wirken). Höchst wahrscheinlich hat auch dein Gegenüber bereits das Bedürfnis, weiterzugehen, sich jemand anderem zuzuwenden. Was geschieht nun wohl, wenn keiner der beiden Gesprächspartner den Mut aufbringt, das Gespräch zu beenden!? ☺ Bring ruhig und deutlich zum Ausdruck, dass du jetzt die Unterredung zu einem Ende bringen willst. Vermeide nach Möglichkeit Notlügen, die vielleicht später als solche ans Licht kommen könnten: „Ich muss jetzt dringend nach Hause gehen, denn wir haben heute Abend Besuch!" Und drei Stunden später begegnest du deinem solchermaßen abservierten Gegenüber in einem Lokal in der Innenstadt wieder - peinlich, peinlich! Ein sympathischer, positiver Abgang lässt sich mit Offenheit und Freundlichkeit sehr viel gefahrloser erzielen, in dem du beispielsweise sagst: „Entschuldigen Sie mich bitte! Ich habe jetzt noch etwas zu erledigen. Es war wirklich schön, Sie kennen zu lernen!", oder „Verzeihen Sie bitte! Ich möchte noch einen alten Bekannten begrüßen, den ich dort beim Fenster sehe. Es war mir eine Freude, mich mit Ihnen zu unterhalten. Ich wünsche Ihnen noch einen angenehmen Abend und freue mich darauf, Sie bald wieder einmal zu sehen!" Natürlich solltest du bei diesen Worten nicht verlegen zu Boden blicken, sondern dem anderen - mit offenem, strahlenden Lächeln - fest und herzlich in die Augen schauen. Dann wirst du bei deinem Gegenüber sicher einen ausgezeichneten Eindruck hinterlassen, und er wird sich tatsächlich darauf freuen, dir wieder zu begegnen.

Leicht unterwegs mit Intuition und Kreativität

Mit Logik kann man Beweise führen, aber keine neuen Erkenntnisse gewinnen, dazu gehört Intuition.

Henri Poincaré, (1854 - 1912), französischer Mathematiker und Astronom

Man kann ein Problem nicht mit der Denkweise lösen, die es erschaffen hat.

Albert Einstein, (1879 - 1955), deutsch- US-amerikanischer Physiker

Wie entscheide ich mich?

Im Folgenden findest du drei Alltagssituationen, die mit Entscheidungen zu tun haben. Kommt dir die eine oder andere davon irgendwie bekannt vor?

1. **Sebastian** beabsichtigt, in den Wintermonaten Urlaub zu machen. 14 Tage stehen ihm zur Verfügung. Lange ringt er mit sich, ob er wohl lieber zum Schifahren in Europa bleiben oder in irgendein warmes Land mit Sandstrand und Palmen fliegen würde. Schließlich findet er, dass es tatsächlich herrlich wäre, etwas Sonne zu tanken ... aber wo? Karibik, Dominikanische Republik, Kuba, Mexiko oder Bali, Seychellen, Sri Lanka? Oder vielleicht doch einmal eine China-Rundreise? Er besorgt sich die dicken Kataloge eines Reisebüros. Doch je mehr er darin herumschmökert, desto unsicherer wird Sebastian, was für ihn das Beste sein könnte ...

2. **Susanne** hat alles erreicht, was man im Rahmen eines bürgerlichen Lebens nur erreichen kann. Sie ist verheiratet, hat Kinder und einen gutbezahlten Job als Chefsekretärin. Sie besitzt, was immer man so braucht, ein hübsches Haus, ein neues Auto - und dennoch ist da ein gewisses, unbestimmtes Gefühl der Unzufriedenheit. Sie meint, irgendwie an sich selbst vorbeizuleben. Irgendwas fehlt ihr. Was ist es? Was könnte sie unternehmen, um ihrem Leben mehr Sinn, mehr Inhalt zu geben?

3. **Eduard** ist Inhaber einer Firma mit 30 Mitarbeitern. Das Unternehmen geht gut, doch könnte es gut auch besser gehen. Eines Tages zeichnet sich für Eduard die Chance ab, in einen neuen Erwerbszweig einzusteigen. Soll er sich darauf einlassen? Sicher, ein zweites Standbein zu haben würde ihn reizen. Die neue Aufgabe ist verlockend und verspricht interessante Möglichkeiten. Die notwendigen Investitionen sind jedoch nicht unerheblich ... Die Risiken sind schwer abzuschätzen. Eduard berät sich mit Freunden, Mitarbeitern und Experten. Dennoch findet er keine klare Entscheidung. Er überlegt hin und her. Die anstehende Entscheidung verfolgt ihn bis in seine Träume. Was soll er tun?

Sebastian aus Beispiel 1 hat die Qual der Wahl, die ihm die Entscheidung schwer macht.

Noch schwerer hat es Susanne aus dem zweiten Beispiel: Sie hat augenscheinlich alles, was sie für ihr Glück benötigt. Dennoch fehlt ihr etwas, doch sie weiß nicht was.

Eduard aus dem letzten Beispiel soll für sich und seine Firma eine schwerwiegende Entscheidung treffen. Er muss sich entscheiden, ob er es wagt oder nicht. Doch trotz aller logisch-intellektueller Überlegungen, trotz Beratung durch Experten, trotz Marktanalysen bleiben eine Menge Fragen offen. Letzten Endes kann ja niemand in die Zukunft schauen und vorhersagen, ob eine unternehmerische Entscheidung Erfolg haben wird oder nicht. Es ist wie an der Börse: Kein Mensch kann sagen, ob die Kurse fallen oder steigen werden. Zu viele Einzelfaktoren, die weder zur Gänze überblickbar noch gar vorhersehbar sind, bestimmen die Zukunft.

Für alle drei Beispiele ergibt sich letztlich dieselbe Problematik. Mit Hilfe des logisch-rationalen Denkens können wir eine Menge Fakten und Informationen sammeln und das Für und Wider sinnvoll abwägen. Doch eine schwerwiegende Entscheidung allein aus dem Verstand heraus zu treffen, hinterlässt, wenn wir uns aufmerksam beobachten, stets einen Nachgeschmack von Unsicherheit. Irgendetwas fehlt, wir fühlen uns unbehaglich. Wenn sich hinterher herausstellt, dass wir trotz aller Vernunft eine Fehlentscheidung getroffen haben, zeigt sich oft, dass es noch einige andere Alternativen gegeben hätte als die, die wir in Betracht gezogen haben ... Sebastian etwa könnte, statt **entweder** eine Fernreise mit dem Flugzeug anzutreten **oder** auf Skitour zu gehen, auch in ein weniger entlegenes Land (etwa auf die Kanaren) fliegen **und** ein paar Tage Schifahren anschließen. - Susanne wiederum lässt sich von ihrem Sicherheitsbedürfnis daran hindern, ihr Leben umzukrempeln, um ihren langgehegten Berufstraum zu verwirklichen. Ihre Arbeit als Sekretärin empfindet sie als unbefriedigend, und doch denkt sie nicht daran, die gewohnte Sicherheit aufzugeben. - Auch für Eduard schließlich gibt es mehr als die bloße Ja-Nein-Entscheidung, die ihm so sperrig erscheint. Er könnte beispielsweise eine Kooperation mit einem anderen Unternehmer eingehen, der schon einiges an Know-how und guten Kundenkontakten für das neue Unternehmen mitbringt.

> Es liegt im Wesen des Genies, die einfachsten Ideen auszunutzen.
>
> *Charles Pierre Péguy (1873 - 1914), französischer Dramatiker*

> Die Zukunft gehört denjenigen, die die Möglichkeiten erkennen, bevor sie offensichtlich werden.
>
> *Theodore Levitt, Wirtschaftsforscher - Harvard Business Shool*

Was sagt „mein Bauch"?

Wenn wir eine Entscheidung zu treffen haben, vertrauen wir gewöhnlich auf unseren Verstand. Zuerst sammeln wir die Fakten, dann wägen wir rational ab, was dafür und was dagegen spricht, die neue Chance zu ergreifen. Unser kreatives Potential lassen wir dabei meist ziemlich unbeachtet. Dementsprechend erfolgen unsere Entscheidungen oft aus einer einseitigen und etwas engen Perspektive. Infolgedessen sind die Ziele und Pläne, die wir verfolgen, häufig ohne Witz, ohne zündende Ideen, trocken und unbefriedigend. Erst wenn wir beginnen, ganzheitlich zu denken, wenn wir unsere dynamische, intuitiv-schöpferische Seite einbeziehen, sind wir als ganzer Mensch, oder, wie man so sagt: „mit Leib und Seele" dabei. Menschen, die auch wichtige, weitreichende Entscheidungen mit einer gewissen Leichtigkeit treffen (und oft damit Erfolg haben), sind solche, die - bewusst oder unbewusst - stark mit ihrer Intuition verbunden sind. **Erfolgsmenschen entscheiden in erster Linie aus ihrer Mitte, „aus dem Bauch" heraus.**

Was versteht man nun unter dieser „Intuition"? Was ist die „Stimme aus dem Bauch"?

„Intuition" kann mit „**Eingebung**" übersetzt werden. „Intuitive" Menschen stehen mit einer Kraft in Verbindung, die klüger und weitblickender ist als der alltägliche logische Verstand. Woher diese Stimme kommt und was ihr Wesen eigentlich ist, lässt sich nicht exakt erklären oder beweisen. Manche Wissenschaftler vertreten die Ansicht, dass wir uns mit unserem **Unterbewusstsein** (wir können es auch „Über-" Bewusstsein nennen) gezielt in Verbindung setzen können - und dass dieses Bewusstsein seinerseits mit dem „kosmischen Wissen" verbunden ist. Ich will mich auf diese Annahme hier nicht näher einlassen. Wichtig ist für uns, dass es funktioniert: **Wir können in der Tat mit einer „höheren, umfassenderen Weisheit" in Verbindung treten und wir können diese Fähigkeit auch schulen und verstärken.** Jede schöpferische Idee hat ihre Quelle in diesem geheimnisvoll-metaphysischen Bereich. Große Künstler sind stark mit ihrer Intuition verbunden. Jede neue Schöpfung - mag es auch nur eine kleine Verbesserung eines Produktionsvorganges oder eines Produkts sein - kommt aus einer Eingebung. Der gewöhnliche, intellektuelle Verstand funktioniert wie ein Computer. Er kann nie etwas Neues schaffen. Er kann nur das reproduzieren, was ihm zuvor einprogrammiert wurde.

Ganzheitlich entscheiden

Die neurologisch-medizinische Wissenschaft hat klar belegt, dass wir die linke Gehirnhälfte für das mathematisch-logische, die rechte für das kreative-künstlerische Denken verwenden. Die rechte Hemisphäre ist also quasi der **Empfänger für die Botschaften aus dem Unterbewusstsein.** Unser logisches Denken funktioniert über Sprache. Die Intuition hingegen ist in den bildhaft-emotionalen Zentren des Gehirns zu Hause. Bilder, Töne, Gefühle lassen eine ganz andere, viel breitere und tiefere Erfahrungswelt zu als der relativ enge Bereich der gesprochenen oder gedachten Sprache. Das intellektuelle Denken zergliedert die Sinnes- und Gedächtnisdaten in ihre Bestandteile, während das intuitive Denken Einzelbilder zu ganzheitlichen Ideen zusammenfügt.

Gewöhnlich überdecken die sprachlich-rationalen Schlussfolgerungen die wesentlich subtileren intuitiven Bilder. Besonders im Schlaf, wenn das intellektuelle Denken schweigt, erwacht das bildhafte Denken in unseren Träumen zum Leben, ungestört durch den rationalen Verstand. **Was also müssen wir tun, wenn wir die Stimme unserer Intuition besser hören wollen?** Wir müssen dem analytischen Denken gestatten, in den Hintergrund zu treten. Kreative, visionäre Menschen vernachlässigen bezeichnenderweise meist die Fähigkeiten der linken Gehirnhälfte oder haben sie deutlich schwächer ausgebildet als der Durchschnitt. Sie wirken deshalb auf andere oft chaotisch, sprunghaft und emotionell. Sie sind weniger von rationalem Denken „behindert" als der gewöhnliche Verstandesmensch.

Ideal ist es, wenn wir das klare, rationale Denken einerseits und das lebhaftere intuitive Denken andererseits in Balance bringen können. Die intuitiv-gefühlsmäßig orientierte Seite in uns benötigen wir, um über das althergebrachte hinauszugehen, um neue Ideen zu empfangen. Das intellektuelle Denken hingegen ist notwendig, um unsere Kreativität und unsere Visionen schließlich auf den Boden der Realität zu bringen. Wir benötigen den alltäglichen, nüchternen Verstand, um unsere Ideen mit der materiellen Welt in Einklang zu bringen und um sie in dieser Welt praktisch umzusetzen.

> Dass an Ideen und Kreativität kein Mangel herrscht, zeigt die zunehmende Schwarzarbeit.
>
> *Herbert Henzler, deutscher Chef von McKinsey*

> Kreativität ist die Eintrittskarte für die Zukunft.
>
> *Norbert Stoffel, (*1931), deutscher Unternehmer*

Teste deine Kreativität

Die meisten westlichen Menschen sind hinsichtlich des Einsatzes ihrer Gehirnhälften eher „linkslastig". Das hängt mit Veranlagung, Erziehung, kulturellen Maßstäben und Gewohnheit zusammen. Doch jeder Mensch ist grundsätzlich in der Lage, die Fähigkeiten beider Gehirnhälften zu entfalten.
Der nachstehende Test gibt dir Gelegenheit, zu prüfen, wie stark du mit deiner rechten, kreativen Gehirnhälfte in Verbindung stehst.

1. Bist du bereit, deine momentanen Impulse und Launen spontan auszuleben?
   Ja ☐ Nein ☐
2. Bist du neugierig auf ungewohnte Erfahrungen?
   Ja ☐ Nein ☐
3. Kannst du dich schnell und heftig für etwas begeistern?
   Ja ☐ Nein ☐
4. Hast du häufig originelle Einfälle?
   Ja ☐ Nein ☐

5. Überrascht oder schockierst du gelegentlich deine Umwelt mit ausgefallenen Ideen?
   Ja ☐ Nein ☐
6. Reagierst du eher spontan auf plötzlich auftretende Fragen oder Herausforderungen?
   Ja ☐ Nein ☐
7. Widerstrebt es dir, eine Problemstellung ausführlich und mit akribischer Genauigkeit zu analysieren?
   Ja ☐ Nein ☐
8. Ist deine Handschrift dynamisch und schwer leserlich?
   Ja ☐ Nein ☐
9. Vernachlässigst du eher das Detail, weil für dich hauptsächlich der Gesamtüberblick wichtig ist?
   Ja ☐ Nein ☐
10. Neigst du dazu, die Zeit zu vergessen, wenn du in eine Arbeit vertieft bist?
    Ja ☐ Nein ☐
11. Suchst du gerne nach neuen Aufgaben, weil dich die altgewohnten nicht mehr befriedigen?
    Ja ☐ Nein ☐
12. Kann dich ein Naturerlebnis oder ein Kunstgenuss in ein rauschartiges Gefühlserlebnis versetzen?
    Ja ☐ Nein ☐
13. Achtest du bei Entscheidungen auf deine Gefühle?
    Ja ☐ Nein ☐
14. Sind deine Gefühle leicht verletzbar?
    Ja ☐ Nein ☐
15. Hast du erhebliche Schwierigkeiten, Ordnung zu halten?
    Ja ☐ Nein ☐

Testauswertung:

12 bis 15 Ja-Antworten:
Du bist ungewöhnlich stark mit deiner kreativen Gehirnhälfte verbunden. Die rechte Gehirnhälfte dominiert bei dir klar gegenüber der linken.
8 bis 11 Ja-Antworten:
Du hast ein gutes bildhaftes Vorstellungsvermögen und kannst leicht die Verbindung mit deiner intuitiv-kreativen Seite herstellen.
1 bis 7 Ja-Antworten:
Deine kreativen Möglichkeiten sind durchschnittlich. Du kannst sie sicher noch erheblich entfalten. Die linke Gehirnhälfte dominiert gegenüber der rechten.

Intuition und Kreativität sind miteinander eng verwandt. Eine gute Intuition zu haben bedeutet, mit der inneren Stimme, mit dem Unterbewusstsein in guter Verbindung zu sein. **Die Intuition zeigt uns, was für uns wesentlich ist, was unserem Wesen entspricht. Aus der Intuition schöpfen wir Kraft und Sicherheit.** In der Verbindung mit dem Unterbewusstsein sind wir bei unserem Selbst. Wir folgen so nicht nur dem, was Erziehung, Gesellschaft, Gewohnheit und Verstandesargumente uns vorschreiben. Unsere kreative Fähigkeit ermöglicht es uns, Neues zu schaffen, neue Ideen und neue Lösungen zu finden. Intuition ist der Ursprung von Kreativität.

Kreativitätssperren

Es gibt viele Möglichkeiten, stärker mit der Intuition in Verbindung zu treten. Wer kreatives Denken - für sich selbst oder auch für die Mitarbeiter in einem Unternehmen - fördern will, ist gut beraten, wenn er die - meist vorhandenen - Hindernisse für die Entfaltung von Intuition und Kreativität aus dem Weg räumt. Diese Hindernisse liegen im eigenen Denken, in den eigenen Worten aber auch in der Missbilligung neuer, kreativer Ideen durch Freunde, Familienmitglieder, Kollegen und Vorgesetzte. Es sind vor allem die sogenannten „Ideenkiller", die uns vorerst von außen einsuggeriert werden und die schließlich zu festen Inhalt unseres Glaubens gehören.

> Gute Ideen werden oft am Anfang verlacht,
> dann bekämpft und zum Schluss kopiert.
>
> *Autor unbekannt*

> Ein Mann mit neuen Ideen ist ein Narr - bis die Idee
> sich durchgesetzt hat.
>
> *Mark Twain*

Ideenkiller

Ideenkiller sind Worte, die Neuerungen aus Angst, Gewohnheit, negativer Einstellung im Keim ersticken. Einige Beispiele:

- Das kann nicht funktionieren!
- Das schaffst du nie!
- Du bist ein Fantast!
- Das haben wir noch nie so gemacht!
- Wenn das so einfach wäre!
- Das wissen wir doch schon lange!
- Wie kann man so was nur denken/tun?
- Wem ist denn das eingefallen?
- Was soll diese verrückte Idee?
- Das ist technisch nicht durchführbar!
- Das ist völlig unrealistisch!
- Wenn diese Idee brauchbar wäre, hätte es schon längst jemand anderer gemacht!
- Das wird die Chefetage niemals akzeptieren!
- Das kostet viel zu viel!

Weitere Hindernisse, die unsere kreative Entfaltung oft stören:

- Stress und Überlastung
- Ängste, Sorgen
- schwache Motivation

- schwaches Feedback, mangelnde Anerkennung
- ungünstiges Umfeld, schlechte Arbeitsbedingungen

> Der beste Weg, eine gute Idee zu haben, ist eine Menge Ideen zu haben.
>
> *Linus Carl Pauling, US-Chemiker, Nobelpreis 1954*

Wie kann ich meine Intuition stärken, meine Kreativität steigern?

Es gibt unzählige Techniken, die uns unterstützen, unsere Kreativität zu steigern. Werner Hürlimann veröffentlichte 1981 zum Beispiel ein systematisches Inventar von über 3000 (!) Problemlösungsmethoden. Doch keine Sorge ☺ - wir wollen uns in diesem Buch nur mit einigen wenigen bewährten und leicht umsetzbaren Techniken auseinandersetzen.
Der aus der Schweiz stammende Designer Luigi Colani erzählt - mit unverhohlenem Stolz - über sich selbst: ***„Ich muss für etwa drei Millionen Arbeiter allein in Japan denken.*** *In Europa sind es vielleicht eine Million, die meine Produkte herstellen."* Wie kommt er zu diesem Erfolg? Seine Erklärung: ***„Man lässt die Gedanken vagabundieren, bündelt sie, durchdenkt sie ingenieurmäßig und wendet sie an."*** Mit diesen Worten charakterisiert Colani das Grundprinzip aller kreativen Techniken. Anders gesagt: Zuerst der Fantasie freien Lauf lassen; dann die Ergebnisse zusammenfassen, dann die Umsetzungsmöglichkeiten prüfen und schließlich die Durchführung bewerkstelligen. **Chaotisch- wildes, fantasiereiches Denken wechselt ab mit verstandesmäßiger Durchleuchtung und Aufarbeitung.** Das ungestörte schöpferische Wirken der rechten Gehirnhälfte verbindet sich harmonisch mit praktischer, logischer Umsetzungsarbeit.
Im Folgenden beschreibe ich einige einfache Techniken, unsere Intuition zu erschließen und unsere Kreativität zu steigern, die jeder - ohne besondere Vorkenntnisse oder Schulungen - sofort anwenden kann:

Die meditativ-visuelle Methode

1. Begib dich an einen ruhigen Ort, an dem du dich wohl fühlst und nicht gestört wirst. Richte dir Papier und Schreibzeug für Notizen.
2. Versetze dich selbst in einen entspannten Zustand. Sitz aufrecht, in meditativer Körperhaltung. Atme ruhig und tief. Beobachte deinen Atem. Lass deine Gedanken los, beobachte gelassen, was um dich und in dir vor sich geht. Werde zum außenstehenden, neutralen Zeugen deiner Umgebung und deiner selbst. (siehe Kapitel „*Schlicht und einfach – Zen*“) Verbleibe etwa 5 bis 10 Minuten in diesem Zustand.
3. Mach dir bewusst, dass du eine Lösung für eine anstehende Aufgabe oder Entscheidung benötigst. Sag still zu dir selbst: **„Ich vertraue meiner inneren intuitiven Kraft. Wenn ich ruhig bin und in mich gehe, wird mir wie von selbst der beste Weg aufgezeigt.“** Führe dir die Aufgabenstellung (ohne verbissen nach einer Lösung zu suchen!) möglichst bildhaft, lebendig und farbig vor dein inneres Auge.
4. Sebastian aus unserem ersten Beispiel oben könnte auf der Suche nach seinem Urlaubsziel folgendermaßen vorgehen: Er lässt alle Bilder kommen, die er mit Urlaub, Freude, Ausspannen, Wohlbefinden verbindet, und erinnert sich an vergangene schöne Urlaube ...
5. Verbleib so weitere 5 bis 10 Minuten, möglichst ruhig und entspannt. Vertraue darauf, dass die Antwort aus dir selbst kommt.
6. Lass deine Fantasie frei schweifen. Welche Assoziationen, Bilder, Ideen kommen dir? **Vermeide es, irgendetwas zu „machen“. Lass geschehen.** Nimm keinen Einfluss. beobachte, was vor sich geht.
7. Beginne aufzuzeichnen oder aufzuschreiben, was dir an Ideen und Bildern in den Sinn gekommen ist. Deine Fantasien mögen noch so verrückt sein: Lass dich dadurch nicht beirren, verwirf sie nicht sofort als irreal oder abwegig. Deine Zeichnungen können ganz schlicht, kindlich oder ungeschickt sein. Lass auch beim Zeichnen geschehen, was geschehen will.
8. Nun stell dir lebhaft vor, du würdest deine Ideen (auch die wildesten!) praktisch realisieren. Male dir in der Fantasie alle Einzelheiten

aus, wie die Umsetzung deiner Träume vor sich gehen könnte ... Vielleicht hattest du zum Beispiel die Idee, deinen Job aufzugeben und mit einem eigenen Boot um die Welt zu segeln. - Stell dir vor, wie du deine Kündigung aussprichst, wie dein Chef und deine Verwandten darauf reagieren. Du gehst zur Bank und hebst alle deine Ersparnisse ab, kaufst ein Boot, bist wochenlang auf dem Meer unterwegs ... Achte auf die Gefühle, die in dir hochkommen. Ist es Begeisterung, Lust am Abenteuer, Unsicherheit, Sorge, es könnte etwas schief laufen ...? Achte auch darauf, was in deinem Körper geschieht. Verspannst du gewisse Muskeln, hast du ein flaues Gefühl im Magen? Oder fühlst du dich befreit und wie im siebenten Himmel? ...

9. Triff deine Entscheidung erst, wenn sich bei dir das Gefühl einstellt, dass es dich unwiderstehlich drängt, deine Idee zu verwirklichen. Bist du noch unsicher, so kannst du die Entscheidung verschieben und die Übung später, eventuell am nächsten Tag, wiederholen. **Wichtig ist dabei stets die Überzeugung und das tiefe Vertrauen, dass dir zur rechten Zeit die Antwort auf deine Fragen aus dem Unterbewusstsein gegeben wird!**

> Wer wirklich Neues erdenken will, kann nicht verrückt genug sein.
>
> *Niels Bohr (1885 - 1962), dänischer Physiker,*
> *1922 Nobelpreis für Physik*

Brainstorming

Das Wort „Brainstorming" kann mit „**Geistessturm**" oder, etwas freier, mit „**Ideenwirbel**" übersetzt werden. Diese Methode wird verwendet, um gemeinsam mit anderen neue Ideen und Lösungsmöglichkeiten zu entwickeln. Brainstorming ist für Gruppen von zwei (zum Beispiel, wenn ein Paar gemeinsam entscheiden will, wohin die nächste gemeinsame Urlaubsreise gehen soll) bis höchstens ca. 15 Personen geeignet. In Unternehmen ist es wahrscheinlich die am häufigsten genutzte Technik zur Ideenfindung. Alex Osborn gilt als sein Erfinder. Er beobachtete bei

Konferenzen, dass gewöhnlich einige wenige Wortführer die Diskussion dominieren. Neue Ideen werden dabei oft mit Worten wie: „unmöglich, das kommt gar nicht in Frage, was soll denn das..." im Keim erstickt. In einer solchen Atmosphäre neigt die Mehrheit der Teilnehmer dazu, sich mit eigenen Ideen zurückzuhalten, um sich nicht vor den anderen bloßzustellen. **Mit Hilfe des Brainstormings kann ein breiter positiver Raum für jede Art von Vorstellungen geschaffen werden.** Neue Ideen werden nicht sogleich kritisch oder gar ablehnend behandelt, sondern im Gegenteil herzlich begrüßt, mögen sie fürs erste noch so verrückt wirken. Wer ein Brainstorming leitet, sollte die Teilnehmer immer wieder dazu animieren, auch die wildesten, verrücktesten Gedanken, die ihnen in den Sinn kommen, auf den Tisch zu bringen. Das Zitat des berühmten dänischen Physikers und Nobelpreisträgers Niels Bohr: ***„Wer wirklich Neues erdenken will, kann nicht verrückt genug sein!"*** eignet sich vortrefflich dazu...

Grundsätze des Brainstormings:

1. *Keine Kritik!*

Es geht vorerst nur um eine breite, großzügige Ideenfindung. Der Ideenfluss soll ungehindert strömen. Jede Wortmeldung ist erlaubt, die ein lebhaftes Sprudeln der Gedanken fördert.

2. *Je mehr, desto besser!*

Nicht die Qualität, sondern die Quantität der Beiträge ist wesentlich. Je mehr Vorschläge zusammenkommen, desto mehr fühlen sich alle Teilnehmer animiert, auch ihre Beiträge zu äußern, und desto eher finden sich schließlich auch verwertbare Ideen.

3. *Lass deinen Gedanken freien Lauf!*

Die Beiträge sollen möglichst ungezwungen, unüberlegt und spontan geäußert werden. Jede Anregung ist willkommen. Alles wird akzeptiert.

4. *Gegenseitige Inspiration!*

Brainstorming ist Teamarbeit. Die Ideen anderer aufzugreifen und weiter zu verfolgen ist nicht nur erlaubt, sondern ausdrücklich erwünscht. Auf diese Weise wird der Synergieeffekt der Gruppe zur Gänze ausgenützt.

5. ***Spaß kann sein und soll sein!***
„Verrückte Ideen" lassen Spaß aufkommen. Spaß wiederum fördert Entspannung und kreatives Denken. Nebenbei tut Lebendigkeit und Freudigkeit dem Wohlbefinden aller Beteiligten und dem Teamgeist ganz besonders gut.

Vorbereitung:

- Schaffung der äußeren Bedingungen (Arbeitsraum, Flip-Chart, Getränke)
- Frühzeitige Einladung der Teilnehmer (im Idealfall 5 bis 10 Personen mit möglichst unterschiedlichen Voraussetzungen und Perspektiven), Bekanntgabe von Termin, Ort und maximaler Dauer
- Auswahl eines erfahrenen Moderators

Durchführung:

1. Aufbereitung der Problemstellung
2. Klarstellung der Gesprächsregeln
3. Ideenaustausch nach den oben angeführten Grundsätzen. Dauer maximal 30 bis 45 Minuten. Alle Ideen werden auf dem Flip-Chart mitgeschrieben; Diskussionen über einzelne Ideen während des Brainstormings sind zu vermeiden
4. Anfertigung eines Ideenprotokolls; Ausfolgung an die Teilnehmer (mit dem Ersuchen, allfällige weitere Ideen noch nachzureichen)
5. Auswertung der gesammelten Ideen im kleineren Kreis; Auswahl
6. Umsetzung der ausgewählten Ideen in die Wege leiten.

Das Geheimnis aller Erfinder ist, nichts für unmöglich anzusehen.

Justus Freiherr von Liebig (1803 - 1873), deutscher Chemiker

Mindmapping

Sicher erinnerst du dich - aus deiner Schulzeit oder auch aus einer späteren Periode deines Lebens - an eine Situation wie diese: Du sitzt vor einem Schulheft oder einem Blatt Papier. Die Seite ist leer. Du sollst einen Aufsatz oder einen Artikel schreiben. Es fällt dir nicht viel ein. Schließlich beginnst Du mit einigen Sätzen. Sie gefallen dir nicht. Du streichst sie durch, fängst wieder von vorne an …

Mindmapping eignet sich hervorragend dafür, solche Frustrationsgefühle zu vermeiden. Du wirst mit Hilfe dieser Technik schnell feststellen, wie leicht und einfach es ist, Ideen zu entwickeln, zu sammeln und in eine sinnvolle Ordnung zu bringen ...
Als Urvater der Methode gilt der geniale Künstler und Erfinder Leonardo da Vinci. In seinen Tagebüchern notierte er unzählige Einfälle und Ideen mit Stichworten und kleinen Skizzen. Der Engländer Tony Buzan hat, durch Leonardos Aufzeichnungen inspiriert, das Mindmapping entwickelt und populär gemacht. - Wie geht diese Technik nun im Einzelnen vor sich?

1. Nimm ein ausreichend großes Blatt Papier (DIN A4) und schreib - oder noch besser: zeichne - in die Mitte das Thema oder Problem, mit dem du befasst bist. Deine Zeichnung kann sehr einfach und „primitiv" sein: Eine selbstgemachte Zeichnung regt deine Kreativität wesentlich besser an als das geschriebene Wort.
2. In die Mitte des Blattes kommt das Thema und du machst einen Kreis herum. Zeichne eine Verbindungslinie zum Thema in der Mitte und schreib ans Ende dieser Linie ein zum Thema passendes Stichwort, und zwar in Blockbuchstaben. Sie sind leichter lesbar und prägen sich besser der Erinnerung ein. Für jedes weitere Stichwort, das dir in den Sinn kommt, ziehst du eine weitere Linie und setzt das Wort an ihr Ende - also für jedes Stichwort eine Linie. Fallen dir zu einem Stichwort untergeordnete Stichworte ein, unterteile diesen Zweig in Äste: Jeder Ast führt zu einem weiteren Stichwort, das mit dem Hauptstichwort in Bezug steht. - Mach dir keine Gedanken darüber, ob die Stichworte passend sind oder nicht. Halte den Fluss der Gedanken aufrecht.

3. Wenn du das Gefühl hast, dass dir keine weiteren spontanen Ideen mehr in den Sinn kommen, mach dich daran, dein Werk, deine „**Gedanken-Landkarte**" zu betrachten. Jetzt kannst du durch Pfeile und Marken einzelne Stichworte untereinander verbinden, um innere Zusammenhänge herzustellen und sichtbar zu machen. Verwende dazu verschiedenfarbige Stifte. So können Worte oder Pfeile hervorgehoben und Zusammenhänge verdeutlicht werden. Streich Worte, die dir unwesentlich erscheinen. Willst du zeitliche Reihenfolgen aufzeigen, kannst du einzelne Stichworte nummerieren.
4. Wenn deine „Map" allmählich unübersichtlich zu werden droht, schreib sie neu auf, verbessert und bereinigt. Zeitliche Reihenfolgen kannst du jetzt darstellen, indem du deine Stichworte umgruppierst und sie im Uhrzeigersinn nacheinander notierst.

Die Methode des Mindmapping ist hervorragend geeignet, um komplexe Aufgaben zu lösen, zum Beispiel, um sich für eine Rede, eine Präsentation oder eine Prüfung vorzubereiten. Sinnvoll ist es, diese Technik anfangs mit einfachen Aufgaben zu üben, etwa, um deinen Tagesplan zu strukturieren oder eine Geburtstagsfeier zu planen.

Cluster-Technik

Eine Abart des herkömmlichen Mindmappings ist die „Cluster-Technik" (entwickelt von Gabriele Rico). Sie ist etwas einfacher und für den Anfänger leichter zu handhaben. Beim Cluster werden die Stichworte wahllos rund um das Hauptthema niedergeschrieben. Danach werden sie, einzeln oder in zusammengehörigen Gruppen, mit einem Kreis umrahmt und mit dem zentralen Thema durch Linien verbunden. So entsteht eine „Weintraube" oder eine Struktur von „Blasen". Ähnlich wie beim Mindmapping können sich einzelne solcher Blasen in weitere untergeordnete Stichworte verzweigen. Der Vorteil des Clusters gegenüber der klassischen Technik besteht darin, dass eine solche „Blase" auch mehrere Stichworte enthalten kann. Mindmapping wiederum zwingt - durch die Beschränkung auf einzelne Stichworte - zu präziserer Wortwahl.

Wo man nehmen will, da muss man erst geben.

Laotse

Lenkung durch das höhere Selbst

Aus welchen Quellen intuitive Eingebungen auch immer stammen mögen: Wenn du sie „anforderst", bekommst du sie auch. ***„Bittet, und es wird euch gegeben werden;*** *sucht, und ihr werdet finden; klopft an, und es wird euch aufgetan werden."* (Matthäus 7,7). Paul Brunton war einer der ersten abendländischen Denker, der sich intensiv mit orientalischer Weisheit auseinandergesetzt hat und der auch selbst einen meditativ-spirituellen Weg gegangen ist. Sein Buch „Yogis. Verborgene Weisheit Indiens" (1937) hat im Westen starkes Echo gefunden und gilt nach wie vor als „Klassiker" der indischen Weisheitslehren. Brunton empfiehlt darin, als tägliche Übung unmittelbar vor dem Einschlafen das höhere Selbst anzurufen und um Lenkung zu bitten und dann: *„Unmittelbar nach dem morgendlichen Erwachen oder vielmehr in jenem kurzen Zustand zwischen Schlafen und Wachen sollten wir passiv gegen jeden Gedanken, jede Botschaft oder jedes Bild bleiben, das auftaucht."* Wichtig ist also, dass du deine Eingebungen nicht gleich durch irgendwelche Überlegungen oder Beurteilungen verfälschst, sondern gelassen und ruhig beobachtest, was in deinem Bewusstsein auftaucht.

Alle großen Weisheitslehrer zeigen auf, dass eine gewisse **selbstlose Geisteshaltung** notwendig ist, um klare intuitive Eingebungen zu erhalten. Es leuchtet auch ein, dass ein nervöser, ängstlicher, gieriger mentaler Zustand nicht förderlich ist, um mit dem eigenen höheren Selbst in Verbindung zu treten. **Je, gelassener wir den Aufgaben und Herausforderungen gegenüberstehen können, desto klarer spricht die Intuition.** Es ist ein geistiges Gesetz, dass nur der empfangen kann, der auch zu geben vermag. Wie Laotse, auf den die Lehre des Tao zurückgeht, sagt: ***„Wo du nehmen willst, musst du erst geben!"*** Das entspricht dem „Win-Win-Prinzip" in der Wirtschaft. Dem gemäß sind gute und menschlich befriedigende Geschäfte auf Dauer nur dann möglich, wenn beide Seiten profitieren. Bewahre dir daher immer als geistige Grundhaltung die Bereitschaft zu geben, Nutzen zu stiften. Nur so wird deine gesteigerte Intuitionsfähigkeit für dich und andere langfristig zum Vorteil gereichen.

Wir dürfen nicht erwarten, dass wir durch Anrufung der Intuition sofort ein Patentrezept als Antwort auf unsere Fragen zugeschickt bekommen. Doch können wir vertrauen, dass wir zur rechten Zeit und am rechten Ort Hilfe aus dem Unterbewusstsein bekommen. Dazu Brunton: *„Sich von der Intuition lenken zu lassen bedeutet nicht, dass jedes Problem in dem Augenblick gelöst wird, in dem es entsteht. Einige Lösungen tauchen erst in letzter Minute, kurz bevor sie wirklich gebraucht werden, auf.* ***Lernt geduldig zu sein, lernt, die höhere Macht ihren eigenen Lauf nehmen zu lassen!*** *Es gibt kein einziges spezielles Muster, dem ein intuitiv gelenktes Leben folgen muss. Gelegentlich wird eine blitzartige Einsicht uns sowohl Handlungsweise als auch Ziel enthüllen, aber zu anderen Zeiten wird nur der nächste Schritt zu sehen sein, und wir werden aufgeschlossen bleiben müssen für den zweiten und das Endziel."*

Fragen, Fragen, Fragen

Der Zugang zur Intuition kann geübt werden. Du musst dich nicht unbedingt, wie im Zusammenhang mit den meditativ-visuellen Methoden beschrieben, für jede kleine Entscheidung von der Welt zurückziehen, um zu meditieren und zu visualisieren. Das wäre im Alltag schon aus Zeitgründen nicht praktikabel. Du kannst dir jedoch angewöhnen, dich auch bei kleinen Entscheidungen für eine kurze Weile zu entspannen und in dich hineinzuhorchen. Befrag deine innere Stimme, dein Gefühl: **„Ist das für mich richtig? Soll ich das machen?"** So lernst du immer besser, mit deiner rechten Gehirnhälfte beziehungsweise deinem Unterbewusstsein in Verbindung zu treten.

Unter Intuition versteht man die Fähigkeit gewisser Leute, eine Lage in Sekundenschnelle falsch zu beurteilen. ☺

Friedrich Dürrenmatt (1921 - 1990), Schweizer Dichter

Kann ich meiner Eingebung vertrauen?

Ich werde oft gefragt, wie man unterscheiden kann, ob ein Gefühl, ein Gedanke aus unserem vorprogrammierten Verstand oder aus der Intuition herrührt. Eine Faustregel hat sich meiner Ansicht nach bewährt: **Je ruhiger, emotionsloser und freier von Verlangen du beim Fragen und bei der Entgegennahme der Antwort bist, desto sicherer entspringt diese Antwort einer guten Intuition.** Brunton sagt dazu: *„Nutzen für alle anderen und für mich selbst ist ein Zeichen, dass wirklich innere intuitive Führung vorliegt."* Im Übrigen ergibt sich durch regelmäßige Meditation eine stärkere Verbindung zu deinen tieferen Bewusstseinsschichten, und es wird für dich zunehmend leichter werden, Intuition von gewöhnlichen gedanklichen Reflexen zu unterscheiden.

Die Feinheit und Tiefe eurer Intuition wird zunehmen, wenn ihr schnell auf eure Eingebungen reagiert und ihnen bereitwillig willfahrt.

Paul Brunton

Das Koan - die Methode des Zen

Zazen und das Koan sind nicht der Zweck des Zen-Lebens. Sie sind eine Art geistiger Gymnastik, ein Mittel zum Herbeiführen einer bestimmten Erfahrung.

Alan Watts

Die Koans dienen vornehmlich dazu, alle nur möglichen Zugänge zum Rationalismus zu versperren.

Daisetz T. Suzuki

Körperliche Arbeit, Zazen (Sitzen, Meditation) und das Koan sind die drei Grundstoffe, die dem Zen-Mönch zum Satori (Erleuchtung, höchster Weisheit) verhelfen sollen. Arbeit, Gebet und/oder Meditation finden sich in allen religiösen Gemeinschaften der Welt als Mittel zur spirituellen Entwicklung. Das Koan hingegen ist ein besonderes Werkzeug, das nur im buddhistischen Zen zu finden ist. Der Zen-Meister gibt dabei seinem Schüler die Aufgabe, ein Koan zu lösen - ein an sich unlösbares Rätsel - damit er sich vom herkömmlichen rationalen Denken lösen und auf eine andere geistige Ebene wechseln kann. Ein Koan besteht meist aus einem Satz des Meisters, sei es eine Frage an den Schüler oder eine Antwort auf eine Frage des Schülers, an dem jedes alltägliche Denken scheitern muss. Der Verstand soll mit dem Koan absichtlich so verwirrt werden, sodass eine neue Art des Verstehens (die mit intuitiver Eingebung vergleichbar ist) ausgelöst wird. Eines der berühmtesten Koans ist **„das Klatschen der einen Hand"**: Meister Hakuin hielt eine Hand in die Höhe und forderte seine Schüler auf, das Geräusch ihres Klatschens zu hören. Eine Hand allein kann kein Geräusch verursachen! Doch gerade mit dieser scheinbar unsinnigen, unlogischen Aufforderung versucht der Meister den Schüler auf eine andere Denk- und Seinsweise hinzulenken, als sie der normalen Verstandestätigkeit entspricht. Auf derselben Grundidee beruht das oben beschriebene Brainstorming. Ein „Wirbelsturm im Gehirn" soll die herkömmlichen Gedanken vertreiben, damit neue Ideen Eingang finden.

Das Koan wird erst im Zusammenhang mit Meditation wirksam. Wenn das Koan in die Stille der Meditation hineingetragen wird, fällt es leichter, vom logischen Denken loszulassen und in ein anderes Bewusstsein hinüberzuwechseln. Ein oft zitiertes Koan ist die Erzählung, wonach ein Mann eine Gans in einer großen Flasche aufbewahrte. „Die Gans wurde immer größer und schließlich konnte sie aus der Flasche nicht mehr heraus. Der Mann wollte weder die Flasche zerschlagen noch die Gans verletzen. Wie konnte er dennoch die Gans befreien?

Dem westlichen Menschen mag ein Koan als völliger Unsinn erscheinen. Welchen praktischen Wert sollte eine unlösbare Aufgabe schon haben? **Für die Eingeweihten des Zen entspricht das Koan jedoch der**

Widersprüchlichkeit allen Lebens. Wie schon mehrmals angemerkt, sind wir meist bestrebt, das Leben und seinen Sinn festzuhalten und zu definieren oder in Regeln und Erfolgsrezepte zu pressen. Doch das Leben ist immer im Fluss. Wie alles Lebendige lässt es sich nicht einsperren, besitzen, erkaufen, erzwingen. Es ist wie ein Schmetterling. Je fester wir ihn halten, desto sicherer bewirken wir seinen Tod. Je mehr Freiheit wir ihm schenken, desto schöner kann er sich entfalten und fliegen. Die Koans enthalten zumeist eine tiefe Symbolik. So könnte man die Gans mit dem Menschen und die Flasche mit den Lebensumständen gleichsetzen, in denen er sich befindet. Der Mensch müsste die Welt aufgeben, um sich von ihr zu befreien - oder es droht ihm das Schicksal, sein Leben lang ein Sklave, ein Gefangener der äußeren Gegebenheiten zu bleiben. Doch wie beim Versuch, ein Koan zu lösen, führt jegliche Spekulation, jede religiöse Doktrin, jede Philosophie über das Leben letztlich nur in eine Sackgasse.

Für den Zen-Schüler ist das Koan ein Mittel, um die Tür zum Satori aufzusprengen. Meister Hakuin beschreibt, wie durch jahrelange intensive Arbeit mit dem Koan ein Zustand höchster seelischer Spannung erreicht wird: Der Schüler fühlt sich schließlich, als ob er über einem Abgrund hängt und weder vor noch zurück weiß. *„Da, auf einen Schlag, befindet er sich, als ob Seele und Leib mitsamt dem Koan aus dem Dasein ausgewischt sind. Dies ist es, was man ‚Loslassen' nennt. Während du aus der Betäubung erwachst und wieder zu Atem kommst, ist es, als ob du Wasser trinkst und unmittelbar spürst, dass es kalt ist. Es wird eine unaussprechliche Wonne sein."*

Für den westlichen Menschen wird es selten möglich sein, sich jahrelang in einem Zen-Kloster mit einem Koan auseinander zu setzen. **Doch auch wir können lernen, die immer wiederkehrenden Konflikte und Widersprüche in und um uns als einen Teil dieser wundersamen, nicht fassbaren Leichtigkeit des Daseins wahrzunehmen und als Quelle der Vielfalt und der Lebendigkeit anzusehen.**

> Das Leben bleibt immerfort frei, ursprünglich und schrankenlos und lässt sich zu niemandes Eigentum machen.
>
> *Alan Watts*

Immer wieder in diesem Buch und auch in diesem Kapitel habe ich darzustellen versucht, wie wir mit Hingabe, Begeisterung und dem Einsatz unserer Intuition Aufgaben zu einer Lösung führen können. Das tägliche Leben verlangt von uns immer wieder Entscheidungen und den Einsatz von Logik und Kreativität, um produktiv wirken zu können. Die Weisheit des Zen lehrt uns, in scheinbarem Widerspruch dazu, dass es auf der Grundlage des gewöhnlichen Denkens keine Lösungen für die Sinnfragen des Daseins gibt. Dieses Spannungsfeld bedeutet jedoch zugleich einen besonderen Reiz für jene Menschen, die sich daran machen, **Leben, Arbeit und Zen** miteinander zu verbinden. Sie begegnen mit Intuition und Tatkraft den Anforderungen des täglichen Lebens und sind sich zugleich bewusst, dass alles im Fluss ist, dass es im Leben keine Sicherheit und keine endgültigen Lösungen gibt. **Diese Unsicherheit ist der Preis für die Freiheit, die Schrankenlosigkeit und Schönheit des menschlichen Daseins.**

Quellenverzeichnis:

Aurel Marc, Selbstbetrachtungen, Frankfurt, 1992

Beck J. Charlotte, Einfach Zen, München, 1995

Beck J. Charlotte, Zen im Alltag, München, 1990

Blomberg Anne, Der Lustquotient, Hamburg, 2001

Bodhidarma Lehre des Zen, Zürich, 1990

Buzan Tony, Nichts vergessen! München, 2000

Carr Allen, Endlich Wunschgewicht, München, 2000

Carnegie Dale, Sorge Dich nicht- Lebe! Frankfurt, 2003

Carnegie Dale, Wie man Freunde gewinnt, Stuttgart 1990

Csikszentmihalyi Mihaly, Flow, das Geheimnis des Glücks, Stuttgart, 1992

Cusins Norman, Anatomy of an Illness, Bantam Books, New York, 1988

Diamond H und M, Fit for live, Bremen, 1986

Drukpa Rinpoche, Tibetanische Weisheiten, München, 1999

Englisch Gundula, Jobnomaden, Frankfurt, 2001

Gelb J. Michael, Das Leonardo- Prinzip, Köln, 1998

Gibran Khalil, Der Prophet, Düsseldorf, 1973

Goleman Daniel, Emotionale Intelligenz, München, 1997

Goleman Daniel, Kreativität entdecken, München, 2000

Grube Claus David, Das Zen der ersten Million, München, 2000

Gunaratana Henepola, Die Praxis der Achtsamkeit, Heidelberg, 1996

Hammer Michael, Champy James, Bussines Reengeneering, New York, 1993

Heller Robert, Auf der Suche nach Spitzenleistungen in Europa, München, 1998

Hill Napoleon, Denke nach und werde reich, München, 2000

Höhn Wolfgang, Heilfasten mit Früchten, München, 2000

Huber Johannes/ Worm Alfred, Länger leben, später altern, Wien, 1998

Hui- Neng, Das Sutra des sechsten Patriachen, Bern, 1993

Kapleau Philip, Die drei Pfeiler des Zen, Bern, 1965

Kellner Hedwig, Konflikte verstehen, verhindern, lösen, München, 2000
Knieß Michael, Kreatives Arbeiten, München, 1995
Lassalle Hugo M. Enomiya, Der Versenkungsweg, Freiburg, 1992
Lermer Dr. Stephan, Nichtrauchen beginnt im Kopf, München, 1997
Löck Iwer, Der Weg zur freien Rede, Wiesbaden, 1987
Maharshi Ramana, Und die Suche nach dem Selbst, Kempten, 1979
Mann Rudolf, Das ganzheitliche Unternehmen, Bern, 1988
Meditationssutras des Mahayana- Buddhismus, Bern, 1988
Murphy Joseph, Die Kraft schöpferischen Denkens, München, 1988
Naumann Frank, Die Kunst leicht ins Gespräch zu kommen, Hamburg, 2001
Nöllke Matthias, Schlagfertigkeit, Planegg, 1999
Nyanaponika, Geistestraining durch Achtsamkeit, Konstanz, 2000
Peters Tom, Selbstmanagement, München, 2001
Peters Tom, Kreatives Chaos, Hamburg, 1988
Ries AL / Laura, Die 22 unumstößlichen Gebote des Branding, München, 1999
Robbins Anthony, Das Power Prinzip, München, 1994
Sanders Eva Maria, Leben! Ich hatte Krebs und wurde gesund, München, 1997
Schulz von Thun Friedemann, Miteinander reden, Hamburg, 1998
Sekida Katsuki, Zen- Training, Freiburg, 1993
Sonnenholzer Dieter A., Mitarbeiter Reanimation, Frankfurt, 1999
Suzuki T. Daisetz, Die große Befreiung, Bern, 1976
Suzuki T. Daisetz, Essays in Zen Buddhism, Zazen, Bern, 1993
Takuan Soho, Zen in der Kunst des kampflosen Kampfes, Bern, 1998
Watzlawick Paul, Anleitung zum Unglücklichsein, München, 1998
Watts Alan, Leben im Jetzt, Freiburg, 2001
Watts Alan, Zen- Stille des Geistes, Zürich, 2001
Wei- Lang, Das Sutra des sechsten Patriarchen, Bern, 1993
Welch Jack / Robert Slater, Business is simple, München, 2002
Wilber Ken, Wege zum Selbst, München, 1984
Zilkowski Katherina, Coco Chanel, München, 1988